陈春花文集

第三集

春暖花开 ❶

不为彼岸只为海

陈春花人生感悟

陈春花 著

华南理工大学出版社
·广州·

图书在版编目（CIP）数据

不为彼岸只为海：陈春花人生感悟/陈春花著.—广州：华南理工大学出版社，2018.9

（陈春花文集．第三集，春暖花开；1）

ISBN 978-7-5623-5766-7

Ⅰ.①不… Ⅱ.①陈… Ⅲ.①陈春花—企业管理—经验 Ⅳ.①F279.23

中国版本图书馆CIP数据核字（2018）第193376号

Bu Wei Bi'an Zhi Wei Hai：Chen Chunhua Rensheng Ganwu

不为彼岸只为海：陈春花人生感悟

陈春花 著

出 版 人：卢家明
出版发行：华南理工大学出版社
（广州五山华南理工大学17号楼，邮编510640）
http://www.scutpress.com.cn　E-mail:scutc13@scut.edu.cn
营销部电话：020-87113487　87111048（传真）
总 策 划：卢家明
策划编辑：罗月花
责任编辑：张晓红　陈哲菲
印 刷 者：广州市新怡印务有限公司
开　　本：787mm×960mm　1/16　印张：23　字数：425千
版　　次：2018年9月第1版　2018年9月第1次印刷
印　　数：1～2000册
定　　价：98.00元

版权所有　盗版必究　印装差错　负责调换

《陈春花文集》
总序

对实践敬仰，守理论自信

  如果不是这样的幸运，我相信这套文集不会有面世的一天。

  我是幸运的。1982年开始能够在华南理工大学学习和工作，让我有机会置身于改革开放浪潮下的珠江三角洲这片热土。1992年开始，因为青年教师需要到基层学习和实践，我来到东莞厚街镇，在这里我直接接触并切身体会到乡镇经济发展的点点滴滴。之后由于学校的机缘到汕头春源集团任职，在这家香港企业家投资创办的加工企业参与管理，深入了解境外投资企业本土化的管理过程。随后，我开始有机会到康佳、TCL、科龙、美的、万和、顺德农商银行（原顺德信用合作社）、南方航空、深圳航空、南方电网、广东电信、珠江啤酒、香港星光集团、招商基金、威创股份、东方园林等企业做管理顾问工作或者主持咨询项目，与这些企业一起成长并拥有了长期近距离观察企业的机会。更有幸的是，2003—2004年出任山东六和集团总裁，2013—2016年出任新希望六和股份有限公司联席董事长兼首席执行官，2017年则接任新华都集团的工作。这些直接的管理实践，让我更清晰地理解管理研究与管理实践之间的融合度，也为我能够展开研究奠定了丰厚的企业实践基础。

  而对我而言，最大的幸运是一直可以保有作为一个管理学教师和研究者的身份，与众多的商学院学生们一起学习和交流，见证和参与了中国改革开放40年间中国企业的成长与进步。这些经历无疑给了我巨大的帮助，让我能够因应企业的成长去透彻理解管理理论的价值,去理解并找寻理论的本质内涵,去发现和发展管理理论与研究的真正意义。也正因如此,在过去30年从教经历中,可以针对管理问题展开充分的讨论,并形成了这些文字。企业实践中不断涌现出新的方案,也促使我的思考、研究与写作源源不断,那些实践激荡我的想法,甚至有无法停下来的感觉,这种感觉真的很好。感恩这所大学,感恩这片热土,感恩这个时代,感恩中国,感恩中国企业实践。

研究会带来什么?

当我决定做一个教师,把教学与研究作为终生职业的时候,我并未真的理解"研究到底意味着什么"。20多年前,我把自己的研究目标确定为研究"中国本土企业成长模式"时,我和我的团队开始对研究进行了漫长而艰难的思考,其产品就是那本《领先之道》。这本书的内容是对中国企业成长的分析,在其中,我们试图回答这些问题:一些中国企业为什么可以成为领先者?这个成长的过程到底发生了什么?这些影响因素是否可以让其他企业借鉴并获得成长?对于这三个问题的追问和探讨,持续了接近30年,我们持续给出阶段性的答案,这些答案帮助到一些企业成长,也帮助了我和我的团队成长。更重要的是,对这些问题的答案的不断追寻使我持续与企业互动,并将感悟持续融入教学、研究中,让更多人去关注这三个问题,去寻找属于每个思考过这三个问题者自己的答案。接近30年持续的研究,让我可以真切地理解研究带来的贡献到底是什么,研究本身给我的帮助是什么。

我深受彼得·德鲁克先生的影响,德鲁克先生1994年写给《经济学人》主编的信中再一次重申管理研究要解决实践问题。在信中,他列举自己1950—1971年间从事管理学研究和实践的累累硕果。这一时期,他完成了自己9部主要管理学著作中的6部;这一时期,他是纽约大学研究生院的全职管理学教授,其中有10年,他还在宾夕法尼亚大学沃顿商学院任兼职教授;他的主要商业咨询活动也是在这一时期完成的。这样的研究路径,让德鲁克的著作承载着其极具旺盛生命力的管理实践思想。

德鲁克先生认为,管理研究要解答实践问题。能提出管理实践中出现的问题并解决这些问题,是管理学进步的标志。在其一系列经典著作中,德鲁克回答了管理实践研究中最根本的问题:管理作为独特的组织活动如何设定自己的结构?管理中如何面对人?管理决策的依据是什么?管理的范围如何界定?管理实践界定的标准是什么?管理的成效如何评价?当德鲁克先生清晰、准确地回答了这些问题的时候,管理实践所取得的成效成为人类历史上最激动人心的一项创新。而对于管理教育应该如何具有价值,也应该如德鲁克先生所设计的那样,让管理者"可以把课堂上学的东西立即运用到他们的实践中,同时把他们在日常工作中的经验和问题拿到课堂上进行讨论分析"。

"比使命更重要的是实践"这句话是我总结德鲁克先生经典著作《价值贡献》一文的结束语。在点评先生的信件时,我忍不住还是用这句话做结束语,但是改动了一个词"行动"——"比使命更重要的是行动"。我们一直在思考德鲁克思想旺盛生命力的来源,最后发现其长盛不衰的原因就在于,作为旁观者的德鲁克的思考是如此地贴近管理实践的真实情况,以至于后人的所有优秀作品的重要观点几乎都可以从其思想中找到根源。德鲁克的思想可以被不同的个人和组织所接受,并且应用于不同的领域。正是源于他对于管理本质的界定:"管理是一种实践,其本质不在于'知',而在于'行',其验证不在于逻辑,而在于成果。"对于每一个管理学者而言,比使命更重要的是行动,就像德鲁克先生倾力实践他的使命一样。我是这样评价先生的,也是这样去要求自己的。

研究会带来什么?在管理学领域,研究可以解答实践问题。我的研究致力于关注中国企业的实践,那些存在于管理日常行为中的、对绩效和成长有意义的、充满着鲜明个性的却又隐含着共性价值的各种真实案例。在我看来,如果不能够真切地去观察、去理解并融入其中,是无法真正理解管理本身、无法真正理解管理理论本身的。管理研究的对象不仅仅是管理本身,同时也是管理研究及理论在管理实践中的位置,它对日常管理生活的意义,它在日常管理生活中的功能,尤其是它的思想方式和行为方式本身,都会直接或者间接地彰显着管理理论及研究的价值。如果作为管理研究学者,根本未关注到这些真实的管理对象,未能真正接受和理解这一事实,我们又怎么可能真正有对于管理理论与知识的自信呢?

波提舍(Sulpiz Boisser`ee,1783—1854)说过一句让我记忆深刻的话:"对不引人注意之事的虔敬。"在19世纪的进程中,这一揶揄之词却成了充满敬意的话语，因为人们开始将许多被忽略的民间文化看作是文化的见证。每每想到这句话，我也总是对企业实践充满敬意，从1992年的东莞厚街开始，我几乎一半的时间都在与实践者交流、与实践对话，这些交流与对话，给了我用实践的视角去看待管理问题的帮助，正如哲学家恩斯特·布洛赫（Ernst Bloch）提出的警言，即我们不能隔岸钓鱼。

我也同样要求自己拿出另外一半的时间，保持与实践的距离，因为我把自己定位于一个研究学者，定位于一个让理论与研究创造价值的人，如果我完全陷入到具体的日常管理中，这又会导致我因缺少必要的时间和距离，无法去反思实践，无法去找寻理论的价值，或者只是满足于解决个案，满足于具体的实践绩效，而陷入到经验主义之中。

珠江三角洲企业的实践给了我莫大的帮助，这里有大量的企业实践、大量的创新和可见的绩效，这里区域经济发展和产业集群的功效，让我既可以看到企业成功的个案，也可以理解产业价值链的集合成效；让我既可以了解非经济因素的作用，也可以感受每一次外部环境变化对企业成长的影响；只要我踏实地走在这片土地上，这里的企业实践总是会以它们鲜活的事例，给我的研究以支撑和启示，甚至于我的很多观点完全是因为它们而得出。

保持对实践的敬仰，又坚守理论的自信，这就是过去近30年的研究带给我的帮助。正是这个帮助，让我可以安静而持续地做研究，可以真切地与中国本土企业成长互动，可以呈现出自己的思考和观点，并与企业实践做深度的对话。

研究学者会带来什么？

在我的初中学习生活中，因为宁齐堃老师，每一天我们都要提前一个小时到学校，大声朗诵《古文观止》《增广贤文》和唐宋诗词。年少的我并不知道这样的学习，对我意味着什么。到了大学的时候，我保留了阅读典籍的习惯，《大学》《论语》《道德经》《金刚经》《易经》和《六祖坛经》等，这些经书典籍的阅读，在其时我并不能够完全理解，只是因为阅读变成习惯，保持了下来。但是多年后，我才恍然大悟，这些不期然的、积极投入的朗诵和阅读，已经把这些经典沉淀在我的认知和秉性里，这些我早年并不理解的典籍，已经在多年前成了改变我人生埋入的种子。时至今日,这些看似遥远的典籍,却真实地解决了今天世事的苦恼与问题——怎样与自然相处?怎样与变化相处?怎样与人相处?怎样去发现和想象美好?选择怎样的生活?让我在今天,能够去理解"如何成为一个更好的人"和"如何创造一个更好的世界"的思维方式和可能性。

借助于怀特海在《教育的目的》一书中的一段话来说明我的想法,他在书中写道:"要用充满想象力的视角去看任何人类组织的约束力,用充满同情的眼光去看人类天赋的局限性以及唤起服务忠诚度的条件。要掌握一些养生规律、疲劳规律和保持持久耐力的条件的知识。要富有想象地理解工厂的社会影响。要对科学对现代社会的作用有充分的概念。要懂得对别人说'不'或是'好'的原则,不是出于盲目的固执,而是出于对相关可选择的方案经过理智的评估后得出的坚定回答。"

无论是中国传统文化的典籍还是有关现代大学教育作用的诠释,都给予我们有关知识的魅力和价值的理解。美国《独立宣言》的作者杰弗逊(Thomas Jefferson)曾说:"我们相信最终会证明,人是可以受理性和真理支配的。"先贤把知识比喻为一个代代相传的火炬,照亮着人类前行的路,并指向人类的理想。人类的自信心是由人类社会在获取知识进步方面所取得的成就而产生的自豪感,如果回顾人类发展的历程,进步的地方通常就是那些知识空前繁荣的地方。怀特海继续写道:"学者的作用是唤起生活中的智慧和美……一个前进中的社会需要依靠这三类人:学者、发现者和发明者。它的进步也依赖这样一个事实,即社会中的受教育人群由同时具有些许学识、发现能力和创造能力的人组成。我在这里用的'发现',指的是关于具有高度一般性的原理方面的知识进步;'发明',指的是根据当前的需求,一般原理以某些特殊方式进行应用的知识进步。"

研究学者会带来什么?在管理学领域,研究学者带来理论知识与实践经验的完美组合。我从这个组合中获益良多。我之所以能够享受到管理研究与管理实践之间的自由切换,正是基于这样的原因:一是理论研究与教学,让我得以了解较为完整的知识体系;更多的阅读让我了解丰富的案例和文献,让我可以隔开一定的距离理性地面对问题,并了解其中关联与相互的影响。二是承担具体的企业绩效成长,让我得以面对各式各样的实际问题与挑战,并与同事们寻找一个又一个解决方案，从而取得绩效实现目标；承担具体的绩效成长，让我得以承受压力而去感受管理者真实的立场和角色，从而要求自己做出理性决策并承担责任。

我明确地意识到了这种组合的完美，我们去看管理经典理论产生的背景和缘由，不难发现，那些贡献了经典管理理论的研究学者，无一不是把理论知识与实践经验完美组合的人。Coloquitt和Zapata-Phelan（2007）回顾了1963—2007年在AMJ杂志上发表的667篇文章，发现管理学领域中的大部分理论都是在20世纪50—80年代之间发展起来的。结合管理实践现象不难发现，在这个时期出现了有意思的实践现象。在20世纪50—80年代，是欧美经济快速发展、工业化进程非常高的时期，也就是在这个时期，管理实践的创新层出不穷。以前从来没有过一家工厂可以有十几万人，在大工业革命时代成为现实；以前从来没有过一个小的组织单元可以全球分布，这个时候已经做出来了；以前也从来没有过用绩效来获取收益的职业经理人。所以我们会发现，实践上做出一堆创新，研究上就会贡献出一堆新理论。管理研究和管理实践本身的合一，造就了非常多的、具有影响力的、改变世界进程的管理理论。这些理论学者共性的地方，是密切观察，并且亲身经历了他们那个时代的社会问题。更重要的是他们对已观察到的各种组织形式和实践的变异，具有很深的感受和困惑，然后试图去解答它，而且幸运的是，他们解答出来了，也就出现了相应的管理理论。因此研究与实践是本源归一的。

所以，管理研究学者的基本价值取向是：理论研究与实践经验不能分离，研究主题的选择要基于某些管理实践现实中的问题并包含着对现实的启蒙。就如《浮士德》里的句子："如果你们没有感觉，你们就不能有所追求！"在具体责任之下的、对决策结果的理解是最真实的。当你需要对几万人的成长负责、对每一个顾客负责、对每一分钱的投资负责、对利益相关者和社会负责的时候，对于管理决策本身的理解是极为深刻而清晰的，而由此对理论价值的阐述和界定也是深刻而清晰的。就如泰勒对于生产效率的理解，波特对于成本与竞争优势关系的理解，德鲁克对于知识员工价值创造的理解，他们都是把自己置身于真实的管理实践之中，寻找到有效的答案——将实践经验升华为理论知识。

康德在《实践理性批判》第一卷第一章第一节中，对实践原理下了定义，在他看来，所谓实践原理是包含意志一般决定的一些命题，这种决定在自身之下有更多的实践规则。当主体认为条件仅对自己的意志有效时，这些原理是主观的，或者是准则；当主体认为条件是客观的，对于每个理性存在者的意志均有效时，这些原理是客观的，或者就是法则。这些话的意思其实就是说只有这些实践原理对每个理性存在者都是客观有效的，才能够成为普遍受用的法则，否则就是准则了，这些准则只能主观上受用。康德还明确地指出："实践的规则始终是理性的产物，因为它指定作为手段的行为，以达到作为目的的结果。"我试着去理解康德，去理解实践理性，这也许可以帮助我们去理解研究学者的价值与意义。

研究学者必须强调学术性，必须能够运用抽象的、理论性的表述，准确的引文以及规范性训练，这是基本技能，但是这不是学术本身，即便是詹姆斯·马奇（James G. March），一个被誉为一以贯之的数理科学倾向的学者，其核心也是一直围绕着人类的各种决策过程和问题的解决过程，以及这些过程在不同组织中的表现和意义。

研究主题的选择要基于某些管理实践中的问题并包含着对现实的启蒙，这就是研究学者能够贡献的价值。《墨经》上说：知，接也。人的知觉，是与外面物质界接触而生的。我依然觉得自己幸运，可以与中国企业的实践界充分接触，从而有机会去感受管理理论知识的意义与价值，并有机会把这些理论知识借助课堂传递出去，从而见证和参与了一些企业的成长和发展。

重新创造"道"

我曾经为我的一个班的学生写过一段毕业寄语，这段话比较完整地表达了我之所以写出这样多文章的原因。毕业寄语如下：

你们无疑会成为各自领域里的未来领导者，也正因如此，你们的品性与思想将会显得更重要，因为那会影响到很多人。所以，我决定手抄《德道经》送给大家，因为这是对我影响至深的，关于"道"的启悟。

很多人都相信每个人应该是一个充分认识自我的独特个体，尤其是在互联网技术的驱动下，每个人都相信自己应该活得真实，对真理保持忠诚。所以，我们都会为"如何成为一个更好的人"和"如何创造一个更好的世界"做出努力，这也是我想教授给你们的一种世界观。

因我们拥有着共同生长的训练，你不会让自己从整个世界中抽离出来，而是让自己深深地融入现实世界中,因为你我都很清楚,唯有在实践与行动中,人的性格才会被培养出来。换句话说:我们不止于我们现在的样子,我们还可以成为更好的人。这项任务并不简单,这要求我们改变自己,而从你我认识的那一天开始,我希望改变开始发生。

我们再回到"道"。**"道"并不是一个我们必须尽力遵循的"理想",而是一条通过我们自身的选择、行动与努力而不断去开拓的道路。**

这套文集就是我的选择、行动与努力,集合了过去20多年我对于中国企业实践的观察、思考与判断。这套文集,我并不曾想如管理学家们,有系统、有组织、严格地、精准地,把思想凝练在一条线上,依照逻辑的推演,祈求创造出一个理论体系。我只是想把伴随中国企业成长过程中所遭遇的各种真实问题,展开真实的对话,让理论与实践之间实现动态呼应,让管理研究与管理教育,能够根植于中国企业的实践,能够面向中国企业实践,能够与企业管理者交流,并给实践以理论的回应和支持。

所以这套文集分为3集10卷,第一集《管理研究》,包含5卷,分别为:《组织与文化管理》《变革与创新》《企业家与领导力》《组织学习与知识管理》《本土管理研究》,这是我在管理学研究领域所发表的观点,我在自己定位组织与文化管理领域、关注组织与文化管理过程中所产生的问题,以及有关这些问题的答案。第二集《商业评论》,包含3卷,分别为:《经营》《管理》《成长》,这是围绕着每个阶段现实案例和企业实践所面对的现实问题而展开的思考,我曾经分别在主要的财经杂志开设专栏,及时与大家探讨中国企业面临的现实问题,并给出我自己的答案。第三集《春暖花开》,包含2卷,分别为:《不为彼岸只为海:陈春花人生感悟》和《正在发生的未来:陈春花商业洞见》,这是在我所主持的微信公众号"春暖花开"上所发布的一系列的随笔,虽然不是全部,但是也收入了大部分。在"春暖花开"公众号上,我不仅仅关注企业管理实践,也关注人们的日常生活,甚至是人生部分的自我管理与自我成长,这是我另外一部分的价值创造。

整理这套文集出版,是接受了华南理工大学出版社卢家明社长的建议,社长从学术价值如何得以更持久展开的视角,尤其是对于中国改革开放40年取得成效的视角,给了我这个建议,让我深受感动和鼓舞;编审罗月花老师细心地和我探讨具体的内容安排、文体以及相应的建议和帮助，罗老师从其专业的视角给出明确的指引和帮助，让我下定决心整理这套文集。整理这套文集整整花费了10个月的时间，在这10个月的时间里，苏涛、程城、李芷慧、王霞、袁璐、蔡明峡、刘祯一直陪伴着我，刘祯最后还承担了分类和分卷的工作。这些工作需要极大的耐心和细心，需要专注与认真，当我看到最后文集总成的文稿时，内心充满了感激，感恩学生们与我在一起，激励并启发我。而在这套文集整理好交付给出版社后，华南理工大学出版基金又给予了巨大的支持，让这套文集得以呈现在大家面前，正如我开篇说的那样，能够在华南理工大学学习与工作，是我的大幸！

整理出版这套文集，我需要着重强调，我坚持持续研究写作，也是为了鼓励我的同仁们采取行动。管理本身是知行合一的，而其核心在于"行"。在过去40年中国企业成长的过程中，管理研究与管理教育产生了很大的影响并贡献了价值，但是在学界和实践界也一直存在着质疑，质疑管理研究是否对管理实践真正发挥了应有的价值影响。我对这种质疑深表理解，但依然坚持认为管理研究与管理实践是合一的，并确信管理理论能够解决管理实践的问题，我是这样想的，也是这样做的，并借此希望，我的写作能够起到一种作用，促使管理学界付诸行动，让自己的研究面向企业实践，面对现实问题并对现实启蒙。

对中国企业来讲，我们来到了一个最重要的时代机遇点。这是中国企业从未有过的一个时间点，我们在改革开放40年前里一直都在跟随西方先进企业，并没有太多的优势，无论是在规模上，还是在技术、人才和资本积累上，都无法与传统强国企业竞争。但是，我们来到了一个特殊的时间点，互联网技术使得数据、协同、智能等全新的生产力要素能高效组合在一起，也就重构了整个商业系统。

处在整个商业系统重构的今天，无论是中国企业还是世界企业，都重新站在同一条起跑线上。所以，有人跟我讲我们要不要做"弯道超车"，我不同意这个词。我们今天没有弯道，我们共同站在一个全新的起点上，我们不需要在弯道超越谁，只需要站在一个新起点上重新开始就可以。

而且已有很多中国企业的确做到了。在彭博社公布的2017年4月份全球市值排名榜中，中国有两家企业进入前十，这在以前是不可思议的，可见中国企业进步的速度是非常快的。在2017年世界500强的名单中，无论是中国的国有企业，还是民营企业，都在彰显着它们的中国力量，也越来越多进入世界500强的排行榜。再看看中国的"新四大发明"以及很多的优秀产品案例，其实中国企业正在悄然地改变着世界。不仅仅是在规模和市值方面，我觉得最重要的是中国企业开始真正去创造一些全新的价值，这个价值跟人类所追寻的美好生活相关，蕴含着生活的意义。

如果说中国企业已经来到最好的时代机遇点上，这也同样意味着中国管理研究也已经来到最好的时代机遇点上。说到致敬改革开放40年，我们最好的致敬方式就是：站在这个时代最好的机遇点上，昂然走出一条全新的道路来。这条道路如果按照十九大的报告，用国家领导人的说法就是"中国智慧和中国方案"。我相信经历了改革开放40年的中国实践，肯定会为世界贡献一个优秀的中国方案，这就是我们研究学者的价值贡献，这是使命更是行动！

陈春花

2018年1月3日于朗润园

第三集

序

春到浓时花自开

"春到浓时花自开"这句话是2015年立春日"春暖花开"公众微信号发刊词的标题。我在发刊词中写出来说明自己开设这个公众号的缘由。"微博出现,我还是固守写信的习惯,希望能够沉淀自己的想法,获得真正的交流和回馈,保留属于自己的思考空间。直到有一天,发现别人在用'陈春花教授'开设微博时,我忽然明白,这个时代,你不去与别人沟通,别人会'帮'你沟通。也许在某些地方我仍固执和保守,依然确信写信仍是我的喜爱。但是知道自己需要融入时代,才可与变化共舞,这是我开启微信公众号的缘由。"

但是创刊之时,坦白讲,我并未深刻理解这个选择对于自己是多么大的挑战,当时间来到2018年1月时,也就是"春暖花开"将要迎来第三个立春周年日的时候,我已经深深地知道,这份选择是一个巨大的挑战,我唯有竭力前行。

快三年的时间里,我把"春暖花开"看成是自己的禅修之地,也许是用一种修行的态度来对待这份选择,让我可以很从容地、安心地并充满喜悦和感恩地去努力。每一天、每一周、每一个月、每一年,与公众号运营小伙伴们持续地耕耘着这个田园。到了2017年,"春暖花开"已经影响到了接近700万的人群,每每念及此,我更不敢有半点懈怠。

持续的管理研究,一方面需要自己不断地关注环境变化,关注企业实践。另外一方面也需要回归本心,需要自己不断地关注内心,关注人性,这也是在"春暖花开"中,我每一周都要安排一篇随笔发布,每一天都有"每日花语"发布的缘由。在我浅显的认知里,曾经以为每个人都沉迷在物质世界的追求里,认为一个被物质文明所惯纵的人,怎么可能有着强韧的精神?而没有强韧的精神的人,又怎样可以具有品格,又怎样可以具有"商道"呢?

其实，人们在不断地为了摆脱物质贫困的状态，为了过上富裕生活而拼命劳作的时候，精神同样获得了富足的提升，也理解了和力行了财富的价值，正如我把"春暖花开"作为禅修之地一样，人们也可以把商业之地变成精神提升之地，从而获得升华。因为最好的"生意"，正是呈现生活的意义。

每个人都需要问自己为什么要做这件事情，必须知道这件事情本身带来的快乐是什么，就如我现在需要先问自己为什么要开设"春暖花开"一样，我想这份快乐是来自于呼应变化、顺应时代、挑战自己并由此获得的成长。

记得到不丹禅修时仁波切讲过的一个故事：一个很穷苦的人，住在一个藏着黄金的屋子里，因为他并不知道所住的屋子底下藏有很多黄金，所以他一直很贫困。如果他早知道屋子底下有黄金，他早拿出来，生活就会好起来而不至于贫困。这就是人生的寓意，其实自己的黄金屋就在自己的脚下。快乐不依赖于外在，而依赖于内心，这是极其简单的道理，而"春暖花开"就是我的"黄金屋"。

继续在发刊词中写道："因为名字的缘故，我喜欢春天，喜欢春暖花开的感觉，恰巧今天是2015年立春之日，一早起来看到学生们发来的问候，远在悉尼的正在上课的新加坡国立大学的学生们用接龙的方式，在微信中让'春暖花开'延展开来。所以一直以为，一切都是顺势而为，哪怕遇到逆境，也可逆来顺受，单纯地，按照自然和内心去做即可，春到浓时花自开。"

陈春花

2018年1月18日 于福州

目录

第一部分　家

春节：让身心都回家 / 002

哈佛，两个人的信任和欣赏（上）/ 004

哈佛，两个人的信任和欣赏（中）/ 009

哈佛，两个人的信任与欣赏（下）/ 013

清明节就是中国的感恩节 / 017

妈妈是我们家祖传的宝贝 / 019

雨中漫步·哈佛 / 021

因为家人，我开始喜欢摩卡 / 022

陪伴是给家人最好的礼物 / 025

年夜饭 / 026

清生死，明感恩 / 029

给妈妈的最好礼物就是陪伴 / 033

父亲：一种无声的力量 / 035

写在母亲80岁
　　——唯有平和，可享岁月 / 037

背后的乡音，当年的故地 / 044

第二部分　心

春到浓时花自开 / 050

你懂得信仰吗? / 052

让心安住 / 056

真正的快乐和满足来自内心及内心的改变 / 060

李光耀：让人用心纪念的一个人 / 063

真的富足（上） / 065

真的富足（下） / 068

似君非君好声音 / 070

爱的发心
　　——南法游记：圣雷米（Saint-Rémy） / 072

禁欲与爱情：塞农克修道院（Abbayede Senanque）
　　——南法游记 / 076

空寂不诱，功利不贪：红土城（Roussillon）
　　——南法游记 / 078

距离 / 081

猴子的执着 / 084

我可以付出欣赏 / 087

无心之茶，柳绿花红 / 089

不为彼岸只为海 / 092

人需要的只是战胜自己（一） / 094

人情应是关爱 / 098

珠峰即你，你即珠峰 / 101

一次亲身经历关于信任的故事 / 103

内心安静才是快乐的源泉 / 107

我们焦虑和不安源于没能成为"漫步者" / 111

第三部分　知

冬至如春天 / 114

学习，是对自己的教育 / 118

人生因读书而改变
　　——献给第20个世界读书日 / 120

我的母校 / 122

会有一个你，温暖学生的心
　　——写在新华都商学院5周年　／ 125

每一种成长都需要战胜艰辛与自我
　　——2015新员工寄语　／ 127

生日快乐！肯特岗的情　／ 129

忆高中恩师　／ 132

陈春花谈大学生创业：保有赤子之心，勿忘初心　／ 134

大学的意义　／ 136

请记住这个夜晚　／ 140

聊聊中庸：致和之道　／ 142

在大学里面只为遇见最好的你　／ 146

南大散记　／ 152

思辨是最基本的素养　／ 154

成为未来领导者，要注意三个关键　／ 161

确信是成长的开始　／ 166

苏格拉底：未经省察的人生没有价值　／ 170

给自己找一位导师　／ 172

你效率低是因为你不会管理时间　／ 174

敲开那扇心门　　/ 179
超越自我是人生价值的最高追求　　/ 183
创造性思考，就是日常要做一个有心人　　/ 185
让教育开启"爱"的大门　　/ 190
年轻的唯一资本就是时间　　/ 195

第四部分　行

我所理解的能力三内涵　　/ 200
人生是旅行，工作是修行　　/ 202
人生的七个规划　　/ 205
变化就是无常　　/ 214
感恩戈10：心更柔软，步更坚　　/ 217
你是否杀了自己的马？　　/ 222
真正的强者：中国女排　　/ 224
花开雅典：首次全马感受生命的力量　　/ 226
经历是一段长长的路　　/ 228

管理者要每日精进自己　/　231

美好很近，路亦不远　/　235

人生本身就是一场传奇之旅　/　238

比"洪荒之力"更强大的力叫"铁榔头力"　/　242

人需要的只是战胜自己（二）　/　244

你为什么从鹰变成鸡　/　250

学会接受是变好的开始　/　252

成功只属于不断行动的人　/　255

走上戈壁赛道，只为认识自己　/　258

学会接受　/　266

丰满的人生需要一个好的自我设计　/　269

保有理想是我们一生都要谨记的事　/　271

成功只是多付出一点点　/　273

学会控制自己的注意力　/　276

超越自己才可以忍受孤独　/　279

人的高度不是思想决定的，人的高度是双手决定的　/　282

第五部分 美

衡山缘   / 286

鸣沙山，那千年不绝的鸣响   / 288

爱在流水落花间   / 290

天空之城：石头城（Gordes）   / 292

薰衣草圣地：瓦伦索勒（Valensole）   / 295

戈壁滩   / 299

青岛烟雨意境佳   / 300

葡萄沟   / 302

西北明珠
　　——乌鲁木齐   / 304

通天神树   / 306

花落、茶香（上）   / 309

花落，茶香（下）   / 311

天山给我的真印象   / 313

没有桃花的桃花园   / 315

巴黎桥、圣母院   / 317

西塘　/　321

得之于己　/　323

今生之后有来世　/　327

高原圣湖，羊卓雍错　/　330

相思　/　332

公爵夫人庄园（Chateau De La Duchesse）·酌饮的光　/　334

大道无为　/　337

阿尔（Arles）·黄色咖啡厅　/　339

枫萨克（Fronsac）·不朽者　/　344

第一部分

家

春节：
让身心都回家

电视每天通报春运的信息，让春节的味道浓烈地散发开来。其中，最令我心动的是从珠江三角洲回家过年的摩托车大军，据说有百万辆，看着他们日夜兼程，驮着大包小包，走过山丘，走过泥泞，走过雨雪，走过骄阳，走过漆黑，一路上那颗急切回家的心照亮着前行的路。每次看到这个画面，总是涌出泪水，回家是多么强烈的情感，纵使千山万水，纵使千难万难。

春节对于你意味着什么？妹妹在家庭群里抛出这个问题。一个孩子说："春节对我意味着吃好吃的，穿新衣服，开开心心，热热闹闹，哈哈，还有和姥姥一起打麻将！"另一个孩子说："春节对我来说就意味着能和家人一起。"一个姐妹说："春节对我来说，小时候是新衣服和酸酸的话梅糖，现在是全家齐聚其乐融融！"另一个姐妹说："春节对我意味着小时候穿新衣、吃年夜饭、收压岁钱、放鞭炮，长大放假、准备红包、买新衣；还意味着全家人要在大年夜火热地给五哥找有花生豆的饺子。今年还意味着随时迎接新太姥的诞生！"这是家里人对于春节的感受，多么开心啊！

春节对于中国人意味着什么？我的确无法描述，只是知道，唯有春节是真的能与家人在一起，是真的属于家人的节日，所以我也和这些骑着摩托车上路的人一样，总是用满心的期待，渴望和享受着春节在家的时光。

家，意味着什么？是一个空间、一组有前世今生缘分的人、一个卸下伪装的自己、一个不需要任何借口随意出入的门？是一个无论身在何处，心都所系的地方？一个你想起来，都会面带微笑的地方？一个给你依靠、包容、奉献、欣赏与温暖的地方？一个让你自由而又自在的地方？是的，生命的每一刻都因为家，拥有了勃发的盎然，让生命自身的力量得以绵延和依托。

家人，又意味着什么？是责任、麻烦、负担、没完没了的唠叨？是让你觉得不骄傲、不帅气、心委屈，却又满心欢喜、驱动向上、带来力量、充满感恩？是让你觉得琐碎、疲惫、了无生气，可又让你觉得时光丰满、充满期待、不再孤单？是的，生活的每一刻都因为家人，涂上了光的梦幻，让平淡无奇变得色彩斑斓。

可惜的是，我总感觉到人们对家与家人的淡漠和忽略。很多人几乎把绝大部分时间交给事业、顾客、合作伙伴、朋友、自己，甚至"不喜欢的人"，却很少把时间留给家人。而且这些人常常将事业和工作作为借口，这一点尤为令人紧张。

我还是感动于百万摩托大军穿山越岭回家过年的场景；感动于无论如何也要回到家里与家人吃年夜饭的场景；感动于除夕夜一起包饺子、吃饺子，大年初一给家人拜年的场景。每一年温馨地度过这些场景，感受一个又一个团圆年的温暖时光。一年日日夜夜的努力，就算只为春节这几天的丰盛，我觉得也是值得啊！

小的时候，物资短缺，爸爸长年在野外勘探。到了春节爸爸回来了，意味着丰盛的春节开始，全家老少都有新衣服，会有饺子、肉鱼、冻梨、糖果和瓜子；爸爸会亲自下厨，做他拿手的拔丝土豆，妹妹和我争着去看，拔丝到底可以拉多长；一家人围在桌前，吃着美味的饭菜，听爸爸讲好玩的野外故事；虽然家里都是女孩子，爸爸还是会买鞭炮来燃放，我们站在雪地寒风中，看着燃放的爆竹，心却是暖暖的，加上一家人欢快的笑声，真是美极了。

自己长大了才能够体会爸爸、妈妈当时的满足感；才可以感受到春节浓浓的味道就是家的味道；才明了家人团聚的时光才是人生最值得收藏的记忆。

是啊，春节就是家的味道，就是家人的味道，就是人生的味道。无论一年多苦，还是多顺；无论远在天边，还是近在咫尺，春节就是一个节点，让家人可团聚，让生活被刻记，让丰盛能呈现。好好地享受这段属于你和家人自己的日子，好好把身心都带回家，好好让相聚充满温馨与愉悦。把一年的努力在这几日中挥霍，让家人的幸福可以肆意地生长，让身心安住在春节里、安住在家中、安住在家人身旁。

春节是什么？春节就是让身心都可回家的时光。

看到此文的时候，春节已经就在你我身边，安心把时间交给家人，纯粹地与家人在一起，不要再割舍给朋友和其他的事情，单纯回归家，单纯回归属于家人的自在生活。把春节里的每个时刻嵌上爱，让家人因为你的用心，感受别样的温馨、充盈的幸福。如果你这样做了，也就是我送上的祝福——因为有你，家人拥有一个暖暖的金羊之年！

（原载：春暖花开公众号，2015年2月18日）

不为彼岸只为海：陈春花人生感悟

哈佛，
两个人的信任和欣赏（上）

今年的3月，女儿给我满满的欣喜，她分别被哈佛大学、哥伦比亚大学、宾夕法尼亚大学录取。当把这些录取通知书告知好友，大家的祝贺和喜悦溢于言表，这些爱我的人欢喜地分享，给我满满的幸福。畅第一时间在她的微信圈传播这份喜悦，然后是家人、学生以及同事，大家都在转告庆祝，感动之余，心里一直在感恩。

看着女儿发来的录取通知书，我甚至不知道和她说什么，女儿在电话里问我："妈妈，你高兴吗？"我回答说："高兴，妈妈太高兴了！"我也问她："你高兴吗？"女儿回答说："高兴。"我想她是因为实现了自己的愿望而高兴，结果她接着说："妈妈，我高兴的是，帮助妈妈实现了妈妈的愿望！"听到女儿这样讲时，我已经眼含泪水，在这之前，我真的并不知道女儿是在为我的理想努力。记得她在中学时问我："妈妈，你最喜欢什么大学？"我说："妈妈最喜欢哈佛，可惜妈妈没有能力和机会去那里读书。"这是我们很早之前的对话，我说过就忘了。

我从未对女儿提出过这一类的要求，因为我在内心认为，孩子一定要快乐，一定要去做自己力所能及的事情，目标一定要孩子自己去确定。做父母的，只做一个坚定的支持者、永远的欣赏者，以及耐心的倾听者就可以了。想不到女儿把这件事留在她的内心里，在她决定报考硕士研究生时，她竟然申请哈佛，就为完成妈妈的理想，除了感激之外，我真的不知道再说什么。真心的感激，因为女儿，让我知道做妈妈是件多么荣耀的事情。

一、住校的十大好处

　　我和女儿的关系很平常，唯一独特的地方，就是我们彼此的信任和欣赏。因为生活和工作的原因，女儿从三岁开始就去全托幼儿园，直到高二结束去美国，她一直是住校。还记得，她在幼儿园时，有时周末回来，我因为要多上课，也无法回家陪她，她就要姥姥陪着她在阳台上坐着，然后告诉姥姥，她想妈妈了，需要哭一会儿，姥姥就陪着她，等她哭完了，和她一起讲幼儿园的故事。我一直感谢我的妈妈可以陪着我带大女儿，让女儿在我不在身边时，有姥姥可以依靠。晚上我回到家时，女儿都入睡了，妈妈和我说白天阳台的故事，我只有把泪压进肚子里，心里暗暗地告诉女儿，妈妈爱她。但从那之后，我尽量找时间陪她，也开始要求自己节假日一定要和家人在一起，好好去度过每一个和女儿在一起的节日。

　　等女儿上小学二年级时，她竟然回家和我说，她发现了住校的"十大好处"，我让她说说，她就高兴地一一告诉我。我最记得她说的，"很多小朋友一起吃饭；每天准时睡觉；有问题可以马上找到老师；写作业很快；有朋友一起玩"等等，我觉得这十大好处，还真是非常好。自从她说了住校的十大好处后，我心里踏实了很多，因为在那之前，很多朋友都说我，这么早让女儿住校，会对女儿的成长不好，但是女儿自己解决了这个问题，我大大松了一口气。

　　对于孩子的培养，我一直坚持一些重要的事情不能掉以轻心。在我看来，这三点最重要：乐观而善良的性情、自我学习的习惯、担当与进取之心。也许这是我的子女教育观。所以，我并没有太过在意女儿的学习成绩，我几乎没有问过她的考试成绩，只是问她，她自己觉得是否满意，她满意了我就满意。当然这样做也有问题，在她进入高中，一下子无法适应高中学习时，成绩一度急速下滑，她自己很恐慌。所以在一个周末，她终于爆发了，大哭着问我："为什么不要求我的学习目标？为什么不关心我的成绩？为什么别人的妈妈都在意考试，你不在意？"看着大哭的女儿，我被问愣住了，那一刻我很心酸，但是知道，这是恐慌造成的，所以只有默默地陪着她，让她安静下来，然后我们俩再找解决的办法。

　　小的时候，女儿总是要求第一个进入校门，所以每周一送她回学校的时候，我们就早早起床，快快出门，有时遇到塞车，她会在离学校不远的地方要求下车，然后自己跑着去学校。这个时候，我塞在车流里，看着女儿背着大大书包跑步的背影，很开心，我知道她有进取之心。女儿一直都当班长，为了尽责，她会很热心地关心班级和同学。有一次她回家说，要帮助大家热爱学习英语，所以要搞一次英语晚会，这个晚会需要播放一段录像，但是班级没有设备，问我可否把家里的录像播放机带到学校去用，我说可以。她就约了几个同学，拿着小行李推车，想办法把设备运到学校。一周后女儿回家很紧张地说，晚会很成功，不过播放机坏了，觉得对不起妈妈。我说："没关系了，坏了就坏了，只要没有影响到你的晚会就好。"女儿听我说完可高兴了，不过，因为没有更多闲钱再买一个，我们也就不再看录像了。现在想想，培养女儿也是要有成本代价的，呵呵。

二、非洲同学

在国内读中学时，女儿让我印象特别深的有两件事。第一件事是女儿带非洲同学回家。有一天她从学校回家过周末，同时和她回家的还有两个非洲来的孩子。当她和这两个孩子一起回家时，我很惊讶。女儿告诉我，学校接待40个从非洲来交流的学生，交流项目中有一项内容是要到中国同学家里度过一个周末。在项目报名时，女儿并没有得到这个名额，但是等非洲孩子到了之后，有两个家庭通知学校，不方便安排非洲学生到家里住了，女儿觉得她应该帮助这两个没有地方去的非洲学生，就直接带回自己家了，因为她认为妈妈会支持她。当女儿笑笑地望着我时，我当然得支持她了。

很多时候，孩子会有很多内在的善良、内在的勇气，往往这个时候，是父母最需要保护他们的时候。因为他们会有一段时间单纯地对待所遇到的事情，不会世俗地去解决问题，甚至会在别人看来是有点傻傻的，总是吃亏或者做些在常人看来不划算的事情。越是这个时候，父母越要支持。因为在这样的情形下，正是孩子最本性的善良在起作用，他们用单纯的价值取向、单纯的眼光看待外事外物，并且简单地做出选择和行动，这时的孩子是最美的，也是最需要呵护的。我在女儿的成长过程中遇到过很多这样的情形，我总是想办法支持她，不计较得失，不计较付出，所以女儿能够有非常单纯的一面，有正向积极的一面，让她面对未来的挑战时，会有足够的内在力量来支撑自己。

三、换班主任风波

第二件事发生在初二第一个学期。女儿开学第一周回家，和我商量让我下周去学校开家长会。我问她为什么学校第二周开家长会，她说不是学校开的，是班级同学自发组织的，要求所有同学的家长都要去。我听了觉得很奇怪，就问原因。女儿说，他们班主任更换了，初一班主任去当学校的团委书记，不再担任他们的班主任，换新老师来当班主任。但是全班同学都喜欢初一班主任，所以打算召开家长会，让家长签名给学校，请学校把初一班主任还给他们。我觉得这是件比较重要的事情，所以决定和女儿好好聊聊这件事。我问女儿："初一班主任好不好？大家是不是特别喜欢他？"她说："班主任特别好，我们都喜欢他。"我继续问："那，你们是不是喜欢初一班主任在学校里被重视啊？"她回答说："是。"我再问："如果学校免了初一班主任的职务，再让他回来做你们班主任，你们觉得这样做好吗？"女儿想了一会儿，回答说："不好。"我又接着问："新班主任还没来，你们怎么会知道她好不好呢？"女儿想想觉得我说的有道理，的确他们还不知道新班主任好还是不好。谈到这里，我给女儿一个建议，建议她回到学校和全班同学开个班会，讨论我问她的这些问题，看看是否可以给新班主任一个机会，也许这个班主任也和初一班主任一样棒呢！

女儿的确按照我说的去做了，唯一不同的是，新班主任参加了女儿组织的这次讨论会。全班同学认真地讨论了我问的这些问题，并形成了一致的决定，给新班主任一个机会。后来新班主任给我打电话，对我说了感谢，感谢我让女儿这样去处理这件事情。她告诉我，当时她坐在最后一排，倾听了讨论会的全过程，感动得流了眼泪，她觉得这个班的孩子特别好。有了这个基础，女儿所在的班在初中阶段，成为全校的明星班，而女儿也获得"广州市优秀学生干部"这个特别的荣誉。

在女儿去美国读书后，我看到这位班主任写的博客，她是这样写的：

常常情不自禁地想起那张明眸皓齿的娇俏脸庞，她是2003级8班的班长陈涤菲，冰雪聪明、乐天达观、颇有大将之风，在班级的威信很高。而我印象最深刻的，是她那美丽的笑容和甜甜的酒窝。无论何时，她都是笑容灿烂，从未见过她皱眉叹气，这一点常常令我暗自咋舌。记得有一次晚自习，我循例检查，结果发现班里有点吵，我就着急了，下课后气急败坏地把她找来，痛陈纪律涣散的恶果，并断言"长此以往，班将不班"。可她呢，笑吟吟地，像是辩解又像是安慰我："老师，别着急，平时都挺安静的，今天因为要赶着报二课。偶尔一次，没关系。"我一愣，再细想想，的确，班级晚自习已经好很多了。后来，我们还说了什么，我已经不记得了，但她那气定神闲的从容，让我这个做老师的至今想起来都自愧不如；而她的笑脸也常提醒我要宽容乐观，要允许别人犯错。她现在已经在美国的某所学校里开始她的另一段追梦之旅。祝福你，菲菲！

虽然我很少和女儿的老师沟通，也没有很好地了解女儿在学校的每一个细节，但是从班主任的这段话中，我知道女儿已经形成了"乐观、宽容、自信、从容"的心态。我喜欢这样的心态，也喜欢老师对女儿的认识和祝福。

（原载：春暖花开公众号，2015年3月27日）

哈佛，
两个人的信任和欣赏（中）

女儿就这样一点点成长起来，我信任她去做的事情，也信任她的选择。初中将要结束时，女儿有机会可以出国读高中，她觉得可以出去，我就帮她忙乎。当一切手续都办完时，女儿很认真地和我商量说，她不能这个时候出国，我问她为什么，她说因为答应了班里的同学，要带领大家把中考考好，成为年级第一名，她要完成这个任务，所以不出国了。我虽然已经办完所有的手续，但是觉得女儿的决定是对的，就告诉她，我支持她的决定。中考的结果出来，女儿所在的班级考得很好，也许这个成绩和女儿没有什么关系，但是我真的为她开心，因她为担当做出了选择。

一、懂得什么是努力

也许是我不怎么在学习上给女儿设定目标，所以她也总是在班级里中上的位置上徘徊。有时她会问我，为什么她不能够像最厉害的同学那样考试排在前三名，我会认真地告诉她："你的努力一定不如前三名的同学。"她说："我很努力了。我也一样用很多很多时间看书、做练习、写作业。我也每天早早起来，晚晚才睡，为什么结果不一样呢？一定是他们比我脑袋好使。"听她这样讲，我没有反驳，就告诉她继续努力就好了，没有前三名，也不是最后三名，很不错了。她听我这样讲，放心了。不过这样的对话，我明白其实她并没有搞懂，我也不去刻意要求她懂，只是让她知道成绩与努力成正比就可以了。有一次，女儿写信来告诉我，她搞懂什么是努力了，她是这样写的：

"真正开始认真学习应该是从高中开始吧。小时候老听您说我不够努力，不够努力,其实根本不知道原来努力就是要用脑子想。直到高中有一次数学期末考150分考了50多分,不知道您还记不记得,我才开始知道什么是努力学习。因为第二个学期,我很认真地对待了数学,比我以为我很认真对待的时候还要认真。然后我的数学成绩就很稳定了,而且就算分数不够高,但还是比以前好得多。之后出国,知道出国不容易,所以也很努力学习,比在中国还要努力。因为知道那是自己争取到的,我可以自己完成自己的想法。所以后来也是全年级的前百分之二。同时出国前我也有了自己的理想,所以一出国就学画画。本来我对画画完全没有兴趣,更别说信心。可是学了画画以后,发现其实并没有想象中那么难。"

看到她写出这段话,我知道她懂得了什么是努力了。女儿成长的过程,有过低谷、有过难过,但是更多时候,是我们彼此信任带来的快乐。到美国读高中后,在给我的一封信中,她写过一段话让我记忆深刻:"我知道来了美国就没有退路,我也没打算走退路,所以我学会处理自己的心态,让自己保持对目标的热情,努力学习;同时,来美国是一个新的开始,我做任何事情都很认真,花很多时间,的确成效也不错,在一个大家都认为很严格很可怕的老师那里拿了A-。在广州的时候,我也承认你没有给我多少压力,而且学习也一直是我自己的事,但是我总是觉得学习好是为了让你开心,当然也为了自己的尊严。但是过来这里后,我知道成绩好是为了进入我梦想中的大学。"的确,我们就是这样为了让对方开心而去努力,这份信任是驱动我们彼此进步的原因。

二、竞选学生会主席

女儿到美国读高中的第二年,决定参加竞选学生会主席,她打电话征求我的意见。她在电话里告诉我,因为第一年里她都没有怎么参加过活动,所以当她提出要竞选学生会主席时,她周围的几个中国同学马上表示惊讶而且还建议最好放弃,这一下给她打击很大,所以,她立刻就变得很犹豫了。她很不甘心,就叫这几个中国同学分析给她看。他们就说:首先,竞争对手太强,一个候选人已经在学生会做过至少一年了,而且还被布朗大学的学生领袖夏令营接受了,所以这个人很有可能被同学们选为主席;另外一个候选人经常为学校在体育等方面做出贡献,所以他是第二可能被选上的。这一下弄得女儿没话说,信心也没了。她还是很不甘心,所以只好打电话给我了,女儿认为,"至少我妈会支持我吧"!我和她聊完电话后,告诉她,我非常支持,这一下她的决心就定了。她说:"不管结果如何，总得试一下，享受一下过程也好，我要马上着手准备。"

我喜欢她做这个决定，因为只有融入一些活动，才可以真正了解当地文化，了解自己。所以我支持她的，不是去当主席，而是参加这次竞选。在准备竞选的时间里，她写了一封信给我，说了她自己的心路历程，我真的觉得她开始理解美国文化了。她写到：

"刚开始，我最需要支持的时候，我身边的同学没能给我，但妈妈给我了，然后就是我的好朋友和老师，最后就是美国人。美国人有一句话我很佩服，在中国不太可能听得到，就是'每个人都可以，你应该来试试看'。虽然这句话刚开始对我并没有起多大作用，但后来我回想一下，这就是美国人的想法。他们不会担心没经验的人把事情搞砸，因为总会有办法补救的，所以他们更注重机会平等。以上就是我信心的来源，所以我想对妈妈说一声谢谢，还有支持我的同学、老师和美国人。现在我要继续努力准备竞选了，等结果出来我再告诉您吧！"

一周后，女儿写信给我说，她竞选成功了！这是一个不可思议的结果，开票的老师说这是学校10年来从未发生过的，最终两个人票数如此接近，而且是女儿赢。她说那一刻很多同学拥抱她，祝贺她，甚至流下热泪。更晚一些时候，女儿发来竞选结果揭晓的当晚，一位同学写了博客，博客内容节选如下：

不管怎么看

各方面

你都输

你想你既然比她差这么多

怎么会赢呢？

运气吗？说运气好是吧

拉票吗？我们讲中文的加起来也不到20人

有可能吗？拉票绝对没有，也不可能

一切要从你的presentation中说起

我们看到了一个充满理想抱负的你

不惧怕地站在讲台前对全校师生做演讲

不扭捏做作地讲出"vote for me"

看似容易还有谁可以啊？

很多跟你不熟甚至是你对手的朋友

都跟我说他们投给你一票！

我不解地回问他们为什么？

就因为他们相信这样的你

你就是：

一个没经验

来这不到一年

英文也不是很熟练

写作更差

没有处理过我们学校的大事

"但是"却热情、认真，很努力地争取这个位子的你

每天傻笑，没什么大脾气，负责任

喜欢篮球，游泳不怎么样，有胆量

有自己想法、凭一股冲劲办事的你

他们相信这样的你可以改变些什么

他们的票

不只是一叠纸而已

是对你的所有期望　把全体学生权益利益

稳稳地交给你了

　　同学的博客，真是让我看到完全不同的女儿，完全不同的美国中学教育。我也理解了要全面培养一个孩子，学校需要从各个角度做出努力和设计。很多时候，我们可能只是在意学习成绩，只是在意老师的想法，并没有提供公平的机会，让孩子们自己去争取。很多时候，做父母的也没有认真去想，孩子最重要的是获得成长，并不是输赢或者成绩，这种成长一定要被孩子从自己内心深处激发出来，是一种自我激发和自我需求的驱动。当孩子可以养成这样的习惯，他们一定会成为能够创造价值的人。

　　我也回信给女儿，告诉她"这真是最美好的回馈：一个有信心，而且有信心来源的行动的女儿，正是妈妈想看到的。我喜欢你对于自己选择是否参加学生会主席竞选的所有思考和行动，更喜欢你从这件事本身获得认知以及判断。"

（原载：春暖花开公众号，2015年3月31日）

哈佛，
两个人的信任与欣赏（下）

这是一个很好玩的暑假。女儿为了去美国要考托福，就跟着我到华南理工大学复习，她看书累了，告诉我想去校园好好走走。其实女儿是在这个校园里出生的，很长一段时间我们就住在学校里，她长大后才搬出去了，已经很久没有在华工校园里散步。我看她那么高的兴致，就说："你自己去吧，妈妈还要写东西。"她高兴地答应着，人已经跑出去了。过了一个多小时，女儿兴冲冲地回来，并高声告诉我说，她知道自己要读什么专业了，她决定学建筑设计。我很惊讶，就问她为什么，她说："我在校园里闲逛，走到建筑红楼，走进去看到很多好看的设计，整个楼特别讲究，包括洗手间，比你们的商学院好看多了，所以我要学建筑设计。"想不到，这样一个平常下午的校园漫步，就决定了女儿的专业取向。虽然我还不确定她是否真的就此明确自己未来的方向，但是看到她兴高采烈的样子，我也很开心，毕竟这是她第一次明确自己的专业目标，这是一件极其重要的事情，我由衷地为她高兴。在我看来，如果一个孩子能够为自己设定目标，知道自己想要什么，几乎可以断定，他能够独立面对挑战了，因为目标才是牵引成长的原动力。

一、自己为自己设立目标

我真的喜欢这个确定女儿专业取向的暑假，我也常常在想，如果没有这个暑假会是什么样子呢？因为在这之前，她从未想过学建筑设计，其实女儿不具备任何学建筑设计专业的基础，比如从未学过画画，没有显示过空间想象的天赋。我虽然很担心，但是在她确定这个方向时，我只是问她，你要去学画画可以吗？

她竟然说当然可以。说这句话的时候是她高二已经结束，马上去美国读中学的前期，我认为她低估了这个理想带给自己的困难，但也没有反对她的选择。

女儿真正长大，正是从自己为自己设定目标开始。也许是我从未给她设定目标，因为我知道如果我给她目标，不会真正激发她内在的动力，只有她自己设定目标来激励自己，才是真实有效的。对于这一点，我非常坚持，要让孩子为自己设定目标，而不是家长为孩子设定目标。当孩子能够为自己设定目标的时候，他也同时学会了为实现目标所做的种种努力，努力的过程就是成长的过程。

女儿为了学建筑设计，开始学画画。同时美国很多大学建筑设计专业录取条件还要再附加一个，就是要在中学有生物科成绩。这对刚去美国的女儿真是巨大的挑战，她在短短的两年时间里，要适应美国生活、听懂课程并要获得最好的高中成绩，还要参加托福、SAT考试，以及尽可能参加社会活动，现在她还要比别人多两个课程的成绩——画画和生物。因为是她自己的目标，她以极大的努力克服一切困难，取得了属于自己的成绩，并如愿拿到三所大学建筑设计专业的录取通知书。

虽然在美高中两年她证明了自己可以去实现设定的目标，但我还是担心她准备不足，同时因为她是女孩子，所以我真心不想她去报读建筑设计专业，一是要读5年，二是这个专业非常辛苦。我决定帮她做两场交流会，来看看这是否她内心的选择。一场是让几个建筑设计专业毕业的学生和女儿交流，告知她学习过程的艰苦，以及就业后的压力和挑战。一场是让几个商学院毕业的学生和女儿交流，告知她商学院学习的特点，认识的人群以及就业后的待遇。女儿与这些同学交流完后，问了我两个问题，我知道，我必须支持她的选择了。她问我："妈妈，你是不是觉得建筑设计专业学费太贵了？你愿不愿意让我按照自己的兴趣去发展未来的职业？"答案显而易见。

当她开始建筑设计专业学习时，她自己也体会到真的非常辛苦。有时她打电话来诉苦，我就马上说："快换专业吧！"她略微想想会说："这是我选择的专业，我要坚持下去。"辛苦的大学生活，就在这个目标的牵引下，被她熬过来了。她在给我的信里说："选择大学专业的时候（这是高中就几乎要决定的事情），我遇到过难题，我自己很喜欢建筑，可是妈妈希望我学商。因为建筑是一门非常苦的专业，而学商相对而言会比较轻松。而且，在美国的情况是，商学院毕业生的年薪要比建筑学院毕业生的高出很多倍。经过了很长时间的思考，我最后决定选择建筑专业，因为建筑专业是我感兴趣的领域，以后工作的枯燥度会因为这个兴趣而减小,而且学习的动力会增加。多少苦,我都不怕。"

这就是自己设定目标的魅力。我庆幸女儿比较早就确定了自己的目标,也很高兴我没有把我的意愿强加给她,更没有因为心疼她而强加我的担心给她,影响她对目标的笃定。很多时候,父母以为自己为孩子想得周全一些,会给孩子帮助,却不知,将全部心力和照顾都投放给孩子,反而会让孩子因为过于沉重的爱,无法获得独立成长的空间和机会。给孩子自己做选择的机会,给孩子自己成长的空间,这是至关重要的,用女儿的话来说:"这三年,我学会了很多道理。比如说,只有努力了,才会有回报。比如说,学会管理自己的时间,才能在保证成绩的同时,提高自己其他方面的能力。比如说,坚持自己的理想,就会有动力去实现。还比如说,没有什么是过不去的,只要乐观就可以克服一切困难。"这就是父母给予孩子独立空间,以及选择权所获得的好处。

二、家庭日

女儿上大学的这一年,我决定让她主导一个"家庭日"活动。她很棒,先是让小弟凡仔做她的助手,然后开始向几位姨妈拉赞助,她为家庭日确定了一个主题"第一次成长纪念日",设计了T恤,图案是一棵大树与一棵小树,培育这两棵树的是每个家人的姓氏,我特别喜欢这个设计。女儿要求每个孩子讲述成长过程中的"第一次",每人准备20分钟PPT,每个家长要点评,姥姥还要给优胜者发奖。那一天到来时,我们穿着女儿设计的T恤,听着孩子们回顾自己成长过程中一个又一个的"第一次",孩子们每个惊喜的瞬间,都带着感恩,带着喜悦。与爱和感恩在一起的家人,总是泛着幸福的光芒。

我很在意家庭氛围的营造,因为家庭才是教育的第一场所。我总是很认真对待节假日,总是用尽自己的努力让全家人可以愉悦地度过这些假日。这样做一方面可以让老人感受到幸福,另一方面也可以让孩子们感受到孝顺、谦让以及合作带来的幸福。虽然我们姐妹几个都只能有一个孩子,但是孩子们却是在一起长大的。我外婆在世时,我们是四世同堂,暑假和节假日孩子们都会来到一起。这些团聚的日子,让孩子们在不知不觉中推崇儒家思想,这种思想会潜移默化地渗透进孩子们的习惯中。这样的团聚,会让每个人都展示出最好的一面,努力去做善事、孝顺长辈、分担责任、服从大局、关注他人。

我会想办法带领家人去旅游,因为我知道,与自然美景交流,是熏陶孩子的最好方式。女儿和我们去过很多美丽的地方，她知道故宫和长城的宏伟、西安和黄河的深远、丽江和三亚的柔美、厦门和哈尔滨的温度之差、河北坝上的俊美、上海50周年国庆庆典的烟花、2008年北京奥运的盛大、吴哥窟的微笑、新加坡的时尚、东京街的人流、罗马古老建筑的宏大与悠远、巴西世界杯的盛典……这些一定还留在女儿的记忆里面。让孩子们与古人接触、与历史接触、与自然接触，会给他们内心嵌入超乎寻常的能量，会让他们潜意识里蕴藏着天地。

观察和感知历史，会给人深沉与悠远的帮助，一旦内心产生共鸣，人的创造力就会显现出来。我之所以在女儿很小的时候，就带她去看古老的建筑和传统文化，是想让她在童年的记忆中留下一点点痕迹。穿行在庄严、宏大的建筑群中，虽然无法让女儿去了解和理解其内在的厚度，但是只要留有痕迹，就会在她长大的某一天，这痕迹忽然被唤醒，觉醒的力量就会带来持久的影响。

回顾与女儿一起成长的这些年，我也有过低谷，有过难过，但是更多时候，是女儿的欣赏给我动力。我们为了各自的欣赏，非常努力地表现，我们分享着彼此的进步，保持着相互的欣赏。这份欣赏让彼此默契，也理解对方。女儿在她读大学后给我的一封信里这样写："只要有人说我很像妈妈，我就开心得不得了。说实话，我的偶像还真的只是妈妈。可能别人都觉得怎么这么普通，没有一个什么名人或者成功人士做偶像，但我也不知道为什么就真的只有妈妈。"女儿一直给我欣赏，我只有好好努力才可以配得上做她的偶像。

我也写信告诉女儿我心中的想法："拥有菲菲，是我极大的福分！你没有让我操太多的心，你善良、温和、自我管理、关心别人、具有责任感和极强的管理能力，拥有自己的理想并正在为此努力！所以，妈妈一生中拥有过很多值得骄傲的事，而其中最骄傲的是：你做我的女儿，我们一起成长！其实，如果不是为了你，妈妈也许只是一个非常普通的中国女性，或者一个普通的教师而已，绝对不会变成现在的我。"

我们就是这样相互欣赏、相互信任、相互理解而彼此成长。能够和孩子一起成长，不仅是做父母的责任，更是做父母的一份幸运，因为孩子，我们可以真正感受自身的价值，真正感受荣耀与欣喜。做父母不代表要为孩子撑起一片天，也不代表要为孩子完全牺牲自我。相反，做父母应该真正理解爱，爱是信任和欣赏。请一定了解，父母和孩子之间是信任与欣赏，这份信任与欣赏，让彼此成为独立而丰满的人，成为彼此期待的人。

（原载：春暖花开公众号，2015年4月3日）

清明节
就是中国的感恩节

曾经在一个大雨日去拜访绵山，少建一路担心我们被大雨淋到。到了绵山，雨却停了下来，似乎是想让我们可以静听介子推踏着木屐、叩响山径的坦然。神奇的是，从绵山下来，瓢泼大雨又从天而降，坐在车里，感恩这份呵护，自此绵山就深深地留在记忆中。

我感动的不只是介子推的割肉奉君，还有介子推退隐陪母亲的安心，哪怕晋文公惊醒羞愧亲请，相邀不得而下令从三面火烧绵山，想逼出介子推。火熄后，人们才发现，背着老母亲的介子推，已坐在一棵老柳树下死了。晋文公见状，恸哭。装殓时，从树洞里发现一血书，上写道："割肉奉君尽丹心，但愿主公常清明"。

这是清明节的来历，也是让人特别在意这个节日的缘由：奉献与淡泊，感恩与尊重。总该时时自问，总该常常省思。

每逢清明总是和家人一起去拜祭先人，有时会牵着妈妈的手走走老街，在烟雨蒙蒙中细细体味。仰望詹天佑故居前茂盛的大树，感恩本身就是恒久的力量。

生死相依的是亲情，是家人，是默默守护的朋友，感恩让这一切维系。这是个混沌、多变的世界，很多的无奈、很多的取舍、很多的诱惑以及数不清的机遇……人总会疲劳、亦有困顿、还会焦躁甚至松懈……当这些情形出现的时候，唯有亲情能够让人释然、让心安然。唯有感恩，能够将混沌中的自己整理得简单明净，照亮自己前行的路，知道自己为什么活着，也因此理解了感恩之意义、奉献之价值。

冥冥中似乎理解了清明时节，为什么多是雨纷纷。世事总是混沌，而感恩，可让生命之力清明恒久。

清明时也会去拜祭为今天美好生活付出生命的英雄，仰天入云的大树，缀满

枝头的花朵，和孩子轻声诉说的母亲，在英雄纪念碑和国旗下留影的学生，每一个画面都是一种感恩。

生死的坚忍，让英烈们就这样走进我们的心；泽恩于后人，让先人们恒久地与我们在一起；虔诚地感恩，让彼此珍贵和善良。凝望茂盛的大树、碧绿的草地、多姿的繁花，知道因懂得感恩，人本身才具有了恒久的力量。

这个节日起源于感恩，人们祭祀先祖和英烈，同样是沿袭着这种感恩的情怀，让感恩成为内在品性的一部分，也让感恩成为你我的习惯。

闻着春的气息，走在光的明亮中，内心感恩遇到的每一个人与每一件事，每一刻柔美生活的瞬间，因感恩而丰满了我们自己。

清义利、明感恩，这是我对清明节的诠释。在我看来，清明节就是中国的感恩节。

（原载：春暖花开公众号，2015年4月5日）

妈妈
是我们家祖传的宝贝

因为到北京工作,多年来第一次母亲节没有在妈妈身边,于是把陪妈妈去过的地方从记忆中搜寻了出来,牵着妈妈手欢歌笑语的每个时刻,让我内心泛起阵阵温暖,一瞬间决定写这本书送给妈妈做礼物,权当无法在这个节日陪妈妈的一个补偿。

每每想到妈妈,总是有一种安然的情愫触动,总会感到一种如同溪水流淌过的温柔。妈妈话语并不多,但是和她交流的时候,她的快乐、幽默和灵敏又常常给人意外的惊喜和持久的回味。记得有一次和妈妈一起看电视剧《南锣鼓巷》,它讲述一个祖传的宝贝被人惦记的故事。我们和妈妈开玩笑说,为什么我们家没有祖传的宝贝,她很认真地说:"有啊!我就是我们家祖传的宝贝!"当时我们都愣住了,绝对想不到妈妈会说出这个答案。但是这个答案充满了智慧,妈妈的确就是祖传的宝贝,我们得以传承、得以受益、得以快乐。

从妈妈的身上,能够觉察到作为母亲所拥有的一切美好秉性:快乐的接纳、坦然的生活、安然的应变、专注于美好。生活就是在一个又一个平淡的日子中度过,这些平淡的日子却又让生命多姿多彩、丰富绚烂。平淡中蕴含着美丽,需要我们的各种思绪和情感能感知得到,发觉它们的存在,专注于它们的内涵。这极大的专注,就会构成我们的力量,就会让我们拥有一切。能够给孩子营造专注的空间,只有母亲做得到;能够给孩子"爱的觉察",只有母亲做得到。母亲和孩子的关系,让母亲不加思索地全然接受,这份全然接受给孩子无我的爱,也让孩子拥有了爱的能力。不知道从哪一年开始,换作我牵妈妈的手去看世界,只是知道牵住的是一份美好、一份安然、一份幸福。

书稿将要写好的时候,我问女儿陈涤菲是否要为此书写一篇序,女儿爽快地答应了。她问我就以这次去巴西看世界杯为背景写可以吗？我当然觉得好啊！在等着女儿文稿发来的时间里，我内心里充满期待，三代人因为这本小书能够拥有一个持久的交流，实在是莫大的福分，谢谢妈妈给我这些美妙的时光，谢谢女儿给我为人母的幸福感！

您看到这篇文章的时候已经迎来了第101个母亲节，我也在"春暖花开"祝福全天下所有的母亲节日快乐、身体健康、顺心和乐。希望为子女的我们，今天无论身在哪里，都能抽出一段时间，或在身边，或用电话，抛开其他烦扰，陪妈妈过一个属于她自己的节日。爱妈妈，就让妈妈真切地感受到。在一起，总美好！

（原载：春暖花开公众号，2015年5月10日）

雨中漫步·哈佛

陪女儿搬家到波士顿,她租的小房子就在哈佛广场,让我得以安闲地在这著名之地漫步。

波士顿一直在雨里,让一切多少朦胧起来,显得不太真实。一直很向往的哈佛大学和麻省理工,身在其中,比我想象的还要多些神圣的气息,无论是哈佛的古朴,还是MIT的简洁,内在崇尚创造和价值自信的力量,从各个角度扑面而来,即使是走在其中,也会让人不由得端严起来。参加戈10挑战赛让我重新去体认玄奘法师西行取经之旅,玄奘法师渴望去到的那烂陀寺,就是有史料记载的最早的大学,建于公元5世纪。那烂陀寺在梵文中意为莲花给予者,而莲花在古尼泊尔象征知识。

我一直喜欢古希腊哲学,今天的"University"这个词追溯到拉丁语,大约在1300年,而更早则是柏拉图于公元前387年在雅典附近的Academos建立的"Academy",教授哲学、数学、体育,这被认为是欧洲大学的先驱。1810年,威廉·冯·洪堡建立柏林大学,将研究与教学结合起来,被称为"现代大学之母"。根据洪堡的理念,现代的大学应该是"知识的总和",教学与研究同时在大学内进行,而且学术自由,大学完全以知识及学术为最终的目的,而非实务的人才培育。洪堡认为大学兼有双重任务,一是对科学的探求,二是个性与道德的修养。他说的科学指纯科学,即哲学。而修养是人作为社会人应具有的素质,是个性全面发展的结果,它与专门的能力和技艺无关。根据纯科学的要求,大学的基本组织原则有二:寂寞和自由。寂寞意味着不为政治、经济、社会利益所左右,与之保持距离。在洪堡看来,大学全部的外在组织即以这两点为依据。

此刻走在哈佛的校园里,漫步在MIT绵长的走廊里,洪堡对于大学的定义,被完整地展示出来,这感觉真好。

(原载:春暖花开公众号,2015年6月5日)

因为家人，
我开始喜欢摩卡

自己本来是一个非常安静、恬淡的人，所以不会想到饮用咖啡。只是一个偶然的下午，和家人去逛街，走累了，家人建议在星巴克坐一坐，我也就坐了下来。家人劝我喝咖啡，尤其是女儿在一旁鼓励，那种苦还是让我皱眉头，但是内心的甘甜却停留下来，尤其是一家人陪在左右，那是一个家的温暖的画面。

忍不住写一首诗：
有人说爱是种烈酒，会让人失去了左右
我却对爱有种不同的感觉
深深地觉得
它像手中摩卡
爱像摩卡 浓浓的眷恋泡沫
诱人的气息
苦苦的美丽滋味
藏在我心头久久
我以为我能够很
理性地面对一切 在这个微寒气候
坐在咖啡馆中
温柔不再是心中的虚构
有些爱无法形容
只有尝过的人才懂
如果你深深爱过
付出过温柔

上了瘾之后

就如这一杯摩卡

思念浓

　　其实家是人生的港湾，家人是人生旅途中的伴侣，我不知道如何来形容这种溶于血液的关系，只知道，没有谁可以真正坚强，如果没有家人的呵护和支持。无论是成功、顺利还是收获，家人总是默默地留在身后，远远地祝福；无论是困难、波折还是逆境，家人总是坚定地站在你的面前，全力地帮助。哪怕你没有为家人做什么，他们也总是理解，甚至不计回报地为你付出。生活中会有各种各样的爱，唯有家人的爱是最纯粹的。

　　上午与学院一些老师谈心，10点半学校教务处来做迎评的第一次检查，检查结果很满意，我也松了一口气。工作是一件需要尽力的事情，所以要做的环节还是需要做到，但是我更希望的是不需要检查，不需要用形式上的东西来约束，老师和学生之间，更真切的关系应该是爱与责任，就如家人的关系一样。我无法释放我内心袒露的渴望，我更希望基于爱来展开责任体系，因为我发现自己并没有完全做到。如果不能够真心释放对学生的爱，这个责任也是虚幻的，因此我常常自责，常常觉得自己没有尽到真实的责任，反而误了这个职位所应该做的事情，这是我很痛苦的地方，但是我又该如何做呢？

　　我常常直问内心，我到底要什么？美国回来的朋友告诉我说，当你不知道自己想要做什么的时候，就问自己，如果现在只剩下半年的时间，你会选择做什么？我立即知道答案，那就是与家人在一起。我内心已经非常明确，但是行动上我却没有做到，这使得我自己觉得非常困扰和痛苦。我们花费太多的时间和精力在一些并没有太多价值和意义的事情上，并没有用爱去生活和工作，我们总是简单地用责任去评判，但是没有爱的责任的确没有任何价值。

　　在生活中我们太强调责任，我也知道只要生活，就会有问题、任务和约束，没有人可以真的逃离这些，我自然也不例外。对于自己，我非常清楚责任和内心的需求，这也是我有时觉得很苦的地方，如果我没有那么清醒也许会好一些，如果我没有那么重的责任心也许也会好一些，如果我不是那么愿意思考也许会更好一些。但是我更确信这些是命运的安排，我必须承担，也必须如此。

　　可我更知道生活非常厚爱我，我要面对的问题总是有解的，我承担责任总是我能力所及，我能够思考并有机会论证，我渴望呵护并可以真实地感受宠爱，所以我们其实并不要担心是否存在爱，爱一直都在。生活一直在厚爱我们每一个人，让我们力所能及，让我们享受时光，只是我们需要反问自己，对于生活我们又给予了什么样的爱护呢？

摩卡依然在我的舌尖留着淡淡的甘苦味，在这之后，我开始有一点喜欢摩卡，因为家人，也因为家人的鼓励。

（原载：春暖花开公众号，2016年5月6日）

第一部分　家

陪伴是给家人最好的礼物

爸爸妈妈都是广东湛江人，爸爸是一个地质工作者，因为要不断地去勘探，所以从南方一直走到了黑龙江，妈妈也就随着爸爸到了黑龙江。地质工作一般是在野外作业，我们很少能见到爸爸，他一年里大概就一个月的时间可以回到家里，跟我们在一起。爸爸给我最深印象就是——很少见面，见面的时候他总是关心我们的学习，看到我们每个人成绩都很好，他特别开心。

也正是因为父亲特别关心我们的学习，所以我们每个孩子都特别热爱学习，特别珍惜见到他时，他那开心的样子，我想父母给孩子的欣赏是影响至深的。

我们有姐妹五个人，外婆也跟我们一起住，妈妈支撑起这个大家庭，非常辛苦。她话语不多，但她有坚韧的性格，把这个大家庭完全担了起来。一个广东湛江人在黑龙江生活是非常非常困难的，但她都一一克服了，这些困难也造就了她乐观的性格。

这样的性格使得我也深受感染。在爸爸离开我们后，妈妈陪着我的日子里，我们两个依然能够快乐地生活。我记得最好玩的一次是我们看电视剧《南锣鼓巷》，那里面讲祖传的一个宝贝被很多人惦记，然后我问她："妈妈你为什么没有祖传宝贝留下来给我们，这样我们也可以有一些财富。"她想了想很正经地说："我就是我们家的宝贝呀！"这样的回答让我非常非常开心，妈妈这种乐观豁达的性格对我影响深远。

虽然妈妈读书不多，可是她这种对生活开朗、乐观的态度，让我和我的姐妹们能够很好地去发现生活中的美好。我很感激妈妈能够一直陪着我，我也为此写了一本书——《带妈妈去旅游》，这张照片也是妈妈平时锻炼当中时常表现出来的非常好玩的样子，这就是她日常的样子，和她在一起我感到很幸福。

月到中秋分外明，又是一年团圆日。值此佳节，愿您开心快乐，美满幸福！

（原载：春暖花开公众号，2016年9月15日）

年夜饭

喜欢在广州过春节,因为这里的春节味道极浓。花街上,熙熙攘攘的浓烈,人人兴高采烈,一幅真的"暖春图"。广州人的春节习俗:家家户户都要买一盆金桔,意寓着"大吉大利";很多人还会买一棵桃花树,意寓着"好运";会买一大束鲜花,意寓着"多彩丰盛"。

当你走入花街,鲜花的品种真的是让人眼花缭乱,银柳、剑花、鸡冠花、牡丹、月季、玫瑰、郁金香、百合、勿忘我、向日葵、马蹄莲、兰花、水仙、含笑、各种颜色和各色品类的菊花,还有很多我根本就说不上名字的花。整条花街蜿蜒几里,一个档口连着一个档口,除了花,还有各种盆栽植物、各种配饰,色彩纷呈、春意盎然。

年三十的早上,全家人去逛花街。姐姐和妹妹们都选了她们各自喜欢的花;孩子们则穿梭在各个花档,去选那些独特的、叫不上名字的花,还有他们喜欢的气球和玩具;家里的男生们负责买大棵金桔树、盆栽兰花和各色菊花。一家人兴高采烈地带着鲜花回家,春节的味道就这样被带进了家门。

回到家里,大家开始忙乎起来,用菊花围抱着金桔树。孩子们最喜欢做的事情,则是为金桔树挂上很多利是封(红包),每个利是封里都放了一分钱。女儿小的时候和我一起为金桔树挂利是封时,问:"妈妈,为什么要挂啊?为什么里面要放钱啊?"其实她问我的时候,我还真是没有想过,只是跟着习俗去做,为了回答她,就去寻找答案,也没有找到权威答案,便把自己想到的告诉她:"也许意味着,吉利满树,丰盛生长。"我想小小的女儿也不太清楚我说的意思,不过这个环节至今依然是孩子们最喜欢的。

摆好金桔树和菊花,孩子们还要负责在门口贴对联、在窗户上贴窗花。而我最喜欢的是插花,拿出喜爱的花瓶,姐妹几个,每人拿出自己的想象,把各种鲜花搭配起来,放入不同的花瓶里,虽不专业,却也透着"艺术的气息",摆在茶几上、书架旁。

阳台上挂满利是封的金桔树和菊花，门上的对联和大大的福字，窗户上的红色窗花，客厅里的各色插花，再加上妈妈一个月前就浸泡的水仙花，一下子就让满屋有了春节的气息。

把这一切弄好，全家人启程去吃年夜饭了。广州人的年夜饭大多数会选在餐馆里，需要提早两个月预定，预定的时候还要把菜单确定下来。年夜饭的菜单很特别，厨师手写的菜单漂亮极了，我真的认为是一幅极美的书法作品，可惜的是，每年都没有拍照留存，否则一定是很有意思的一份特殊收藏。菜单里每一个菜肴的名字，都有极好的寓意，简直就是一首诗词。说实话，我第一次看到年夜饭菜单时，甚至无法判断写的是什么菜，直到一道道菜上桌，才感叹其比喻的贴切和优美。餐馆的年夜饭分为17:00-19:00和20:00-22:00两个时段，由顾客选择，我们会选择17:00-19:00时段，好赶在20:00前回家看春晚。

在我的认知里，年夜饭是一家人一年中最大的一餐饭，家人从各地赶回来，围坐在妈妈的四周，祝酒、祝福、欢歌、笑语。孩子们组成小分队，向每一个长辈敬酒，我们则相互祝福，看着妈妈洋溢着幸福的笑容，一个大家庭其乐融融，在年夜饭中有了一个最美的呈现。

年夜饭结束回家，开始看春晚、玩游戏的家庭活动，而一部分人则去做另一个项目——包饺子。姐夫和妹夫剁肉馅，大姐姐调馅料最棒，三姐和面，我和孩子们则剥花生、榛子，因为等一下包饺子时，家里的习俗是要放入一些花生和榛子，看看谁的运气好。能够吃到有干果的，就是运气好的，往往到这个时候，就会想起孩子们小时候紧张地想吃到带有干果饺子的样子，特别好玩。馅料和面准备好，擀饺子皮是大姐夫、二姐、三姐的长项，包饺子则是大姐、妹妹和我的长项，孩子们也参加学习，所以，几百个饺子会长成各色形状，手工制作的多姿多彩显现得淋漓尽致，实在是棒极了！

很快到年夜倒数了，在迎来新年第一刻的时候，给孩子们压岁钱的时刻也如期而至。这一刻不仅仅是孩子最喜欢的，更是长辈们最喜欢的。孩子们争相为长辈送上祝福，长辈们则把准备好的红包放在孩子们手上。每年，妈妈总是早早就会提醒我去银行换崭新的钱，去买最好看的利是封，认真地为每个孩子准备好压岁钱。我总是可以想象，妈妈在装红包时的那份幸福。

家乡的习俗是只有未结婚的孩子才会有压岁钱，随着孩子们长大，一个一个结婚，不需要准备那么多红包了，妈妈既高兴又有些失落。我就告诉她说，在她那里，孩子们永远不会长大，她依然可以给每个孩子准备压岁钱。所以就算是今天，我依然可以在除夕夜得到妈妈给的压岁钱。每一年我都把妈妈给的这个红包，收藏一整年，揣着妈妈给的压岁钱，一整年的安心和丰盛就在那里。

压岁钱环节之后，饺子宴开始。热气腾腾的饺子摆上桌，新一年的美好也升腾起来。大家开心地品味着每种馅料饺子的不同，当然最关心的还是那些藏着干果的饺子。孩子们为了吃到有干果的饺子，吃的量和吃的速度明显比平时要多、要快，只要有一个人吃到干果饺子，大家就一起为他（她）欢呼，那感觉真的是太美好了。虽然已是深夜，妈妈一样精神抖擞地和我们在一起欢呼雀跃，就如孩子般，每每这个时刻，内心总是很温暖。饺子宴结束，我们家的年夜饭也圆满结束了，全家人在这最美好的一天，感恩过去的一年，迎来美好新一年。

很快，今年的年夜饭就要到来，我同样怀着满心的欢喜，期待这份家人的幸福再次呈现。

也许是我很固守春节全家相聚的美好，所以当杨瑞问我，春节期间"春暖花开"是否如常推送文章的时候，我说不推送了，让大家把所有的注意力放在家人那里，不要分心去做其他的事情，安心去准备年夜饭，欢乐地去包饺子，带着喜悦去准备压岁钱，按照当地的习俗去做每一个仪式和环节。因为这一切所给予你的，绝对胜过任何一篇文章、任何一个思考所能给予你的生活真谛。

所以，当你看完这篇文章，我们会在年初七再见！

爱你们，亦如爱我的家人！

祝春节快乐、安心、美好！

（原载：春暖花开公众号，2017年1月27日）

清生死，明感恩

又到清明节，陪妈妈和家人去为外婆和爸爸扫墓。天气很好，带着外婆和爸爸喜欢的东西，也带着香烛与祝愿。到了墓园，我们默契而安静地做着每一个程序，在这过程中，大多数是大姐带着我们和外婆、爸爸交流，向两位老人介绍家里发生的变化，最常说的是孩子们的进步，我们知道这是两位老人最关注的话题。牵着妈妈的手，看着围在妈妈身旁的家人，一种很愉快的心情充满四月的空气，略微热的自然温度，也很衬托暖暖的亲情。

每一次扫墓结束，我们就会一大家子人去聚餐，也许是还沉浸在与过世老人聊天的时空里，大家又开始回忆起过去生活的种种来。每每到这个时候，妈妈会特别神气，我们这一代人也会有极大的共鸣，小一辈们除了充满好奇之外，多少还有些跟不上节奏，看着他们不断问问题，妈妈和姐妹们骄傲地回答，在一起的美好，就这样呈现了出来，时光也一下子推到从前，推到我们年幼的时候，推到我们成长的历程中。

爸爸是个地质工作者，从事水文地质勘探。在我的印象中，爸爸每年只有一个月的时间与我们在一起。每逢爸爸回来的那个月，都是家里盛大的节日，一整个月的节日啊！

爸爸、妈妈都是湛江人，因为爸爸的工作，妈妈随着爸爸到黑龙江工作。因为当时生活条件还很艰苦，妈妈会想办法节省细粮留着爸爸回来吃，而爸爸回来的那个月，家里天天都充满着欢声笑语，因为爸爸喜欢讲故事，把他在野外作业的故事讲给我们听。我最记得黑熊的故事，林中的黑熊会在人背后袭击，它会跟着人走，然后从背后跃起，搭在行人的背后就如老朋友一般，如果你以为有老朋友从背后搂过来，转过头去和朋友打招呼，你就上了黑熊的当了，如果你不理它，不回头继续走，黑熊会觉得没有趣，走一段时间后，它会自己离开。

说实话，我不知道这个故事是真的还是假的，只是觉得爸爸讲的这个故事给我极深的印象,脑海里一直留着一个趴在人肩膀上走路的黑熊样子,觉得完全不可思议。

爸爸很热爱学习,喜欢写文章,他总是写啊,写啊,可惜的是,他都是写工作报告,所以我们也没有机会看到。爸爸喜欢穿戴整齐、一丝不苟,在我的印象里,似乎爸爸爱穿平整的衬衫、整洁的工装。到了改革开放后,爸爸是那个很早穿西装系领带的人,所以在我的内心里,爸爸非常帅气,而且还有点书卷气。虽然爸爸每年在家只有一个月,但是他会写信给我们,写信的习惯一直保留到我上大学,他在信里总会谈论学习、谈论进步、谈论要做一个有用的人,我相信这些交流在潜移默化地影响着我们。

可惜的是,因为爸爸很少回家,我们能够一起生活的时间真的少得可怜,因此在我生命的痕迹中,妈妈占据了绝大部分空间,能够让我忆及爸爸的东西真的很少。但是在那样一个时代,爸爸选择了把自己贡献给国家和山川野外,确保孩子们能够有温饱,家得以安稳,应该也是尽了爸爸自己最大的努力了,每念及此,我都在心里暗暗感激他,虽有遗憾,却也无怨。

外婆在我们很小的时候,从湛江来到黑龙江与我们生活在一起。外婆是一位非常坚强的女性,这一点在她与她的父母做反对裹小脚的斗争中可见一斑。外婆可能是她们那个时代,少有的"大脚",因为她不肯裹脚,我曾经问过她这个问题,她总是笑笑回答说,她坚持了也就成功了。

外公在妈妈很小很小的时候就病逝了,外婆一个人抚养妈妈长大,也许是因为此,外婆的性格中有着极其坚毅的部分,也保留着非常强的韧性以及追求美好的秉性。记得外婆很爱干净,孩子们如果要和她住在一起,要在她的监督下洗澡,她才放心。她喜欢关注身边的变化,特别喜欢新东西,我记得最清楚的是她第一次看到电熨斗的时候,希望我们买一个给她,她好奇为什么看不到加热,就可以把衣服熨平,所以当她第一次拿到电熨斗的时候,她用原来的方式来感受热度,让电熨斗太靠近自己的脸庞了,差点烫坏自己的脸。

外婆是一个特别强调自力更生、自我管理的人。她在已经超过90岁的时候,还是自己清洗内衣,做些她力所能及的事情。她发现自己可以帮助把门擦干净,而且她特别喜欢我家的大门,觉得整个小区里,只有我家的大门最好看,所以她每天都去擦拭这个大门,因此我们家的大门一直保持着一尘不染的洁净程度。

外婆保持着与时俱进的精神,她会认真去看新闻,从她自己的角度来理解世界和时代。记得有一次她和我的朋友们聊天,她说改革开放好,我的朋友问她为什么这么说,她说她以前没有工作,改革开放后她的外孙们都有工作,她觉得那真好。当时在场的朋友都被她这个观点给愣住了,也许我们在习以为常之中没有什么特别的感受,但是在一个1915年出生的人眼里,这是一个多么了不起的进步和成就啊!

外婆直到92岁去世,都保持着自我管理的习惯,以及理性对待生活的态度。她会珍惜每一分钱,理解每一个努力的艰辛;她会珍惜每一个进步,理解每一个潮流的活力;她会珍惜每一个新的事物,欣赏每一个新的东西。这份自律、理性以及面向新事物的特征,也深深地影响着我们,让我们也具有了很大的开放性,以及接纳变化的能力。

挂念着逝去的老人,总让我们有团聚的机会以及叙旧的缘由,每每这个时候,会让人更感受到家的温暖,以及在一起的美好。我们可以回馈给前辈的很少、很少,唯一能够回馈的,就是珍惜和他们在一起的每时每刻,尽可能多地陪伴着他们。所以,每年这个节日或者其他节日,我都尽可能让全家人在一起。这些相聚的时光,让每个家人的生命具有了恒久的丰富性,也让我们在一个剧烈变化的时代,有着永恒的稳定性。因为这些记忆、这些相聚会随着时间的推移,越发显现出内在的凝聚力量来,会化作一代又一代传承的脉络,根植于血液里、秉性中。

我曾经资助过一个学生读大学四年,他本科毕业后告诉我想继续深造,要继续读硕士,我建议他不要继续读硕士,而是应该先去工作,等自己有了供自己读书的能力,再来读硕士。他回答我说,想不到我会不支持他深造,并说我让他很失望,自此之后这个学生不再与我联系。说实话我在心里为这个学生惋惜,因为他不懂得感恩与回馈,我之所以不再继续支持他读硕士,是因为同样的资金我决定给其他贫苦的大学生,而他大学已经毕业,就不该再要求资助读硕士。虽然我讲清楚了不再资助的理由,他依然觉得受伤害,并采用了断绝来往的行为,我除了觉得惋惜之外,还有一点点失望。

有时候遇到学生给我写信,问到这样的问题,他想到国外去深造,但是家里非常困难,他该如何选择?我都会回答说,先在国内把大学读完,去工作,帮助父母改善生活,然后再考虑自己继续深造的事情。如果父母有能力支持,自然可以选择先读书,但是也需要记得,读完书之后,还是要好好回报父母。

父母之于我们是生命之托,也是生命之重。他们赋予了我们生命以及因生命而来的一切体验;他们赋予了我们成长以及因成长而来的一切美好;他们赋予了我们机会以及因机会而来的一切可能。但是，仔细想想，我们给予父母的又有多少呢？

中国文化中，虽然一直讲"孝"，但是人们内心中"向下关怀"的习惯却根深蒂固，对于孩子们所需要的一切，甚至未需要的一切，父母都竭尽全力去满足，但是孩子们却很少以相同的力度来回馈父母。

我很幸运，外婆和爸爸都可以很开心地与我们在一起，而在他们晚年的时候，我们也有能力照顾到他们并安顿好一切。我更幸运妈妈现在就坐在我们身边，我们可以牵着她的手，走在春光里，走在笑语中。我们虽有自己的工作、自己的生活、自己的追求，但是希望在这其中也加上父母的需要，如果可以并行考虑，兼顾到彼此，人生真的可得圆满。

清明节是晋文公与介子推的故事，是孝道与感恩的故事，因此我特别喜欢这个节日。

（原载：春暖花开公众号，2017年4月4日）

给妈妈的最好礼物就是陪伴

人是很奇特的，总是会受到环境的影响，因此能够融入环境并享受不同的环境，本身就是一种极其重要的秉性。很多人总是试图让环境契合自己的要求和想象，一些人甚至无法让自己面对环境安然处之，还有一些人在任何环境中都是觉得一切不如意，与环境处在这样的情境中，无疑只会让人感到痛苦。环境只是一种心境而已，环境对你而言，就如站在镜子前的你，你看到镜中的一切就是你自己的反射。你如何看待环境，环境就会变成你看待的样子。因此，让自己安于环境，使环境与自己是一个正向的互动，对于一个人的成长和幸福来说，是非常重要的。妈妈做到了这一点，所以她可以享受新的城市、新的生活。

周末到了，朝晖、纯珍、小张带着女儿去钓鱼，他们还真是钓到一条鱼回家，我马上动手来烹制这条鱼，效果不错，女儿高兴地为这道菜取名叫"黄菲花烧鱼"，取名由来是黄阿姨和女儿菲菲钓到的鱼、妈妈烹制。朝晖做了拿手的炒青菜，妈妈做了拿手的青瓜肉丸，在新加坡的一个寻常周末，因为这餐饭，有了不寻常的愉悦。

最近一次带妈妈去新加坡，是因为金沙酒店和滨海湾花园开张，喜欢让妈妈看一些全新的东西，所以又带妈妈到新加坡了。为了让妈妈真正体会新变化，我决定让她在金沙酒店住一晚，入住后的核心活动是去酒店天台泳池游泳。虽然妈妈不会游泳，可是这个泳池实在是太美、太独特了，妈妈还是大胆入池。妹妹搀扶着妈妈走到池边，妈妈大发感慨："就像在天上一样，真是太奇特了。"我们在水中待了一会儿，怕妈妈受凉，让她离开水面坐在池边的长凳上休息，妈妈很惊奇地左看右看，连连说："好看！太好看了！"我非常喜欢看妈妈惊奇和满意的样子，坐在妈妈的身旁，觉得这一切很完美。

因为工作的缘故，我和妈妈在一起的时间并不多，大多数时候都是妈妈一个人帮忙看着我的家，而我则到处出差。所以我尽可能让妈妈分享我的工作成果，

那就是每年一定要陪妈妈和家人认真地度假,这些与妈妈、家人度假的时光,也是自己努力工作动力的源泉。

我们工作本身的确有着为社会创造价值的意义,但是如果这份价值也能与家人分享,其意义会更大,其驱动力会更加长久。所以无论工作多么繁重,我只要想到还有能力带着妈妈去看世界,就觉得所有付出都是值得的。

妈妈也是一个让我特别放心和安心的人。她从不打扰我的工作,一直默默支持我所有的选择。她有一个原则,就是把自己照顾好,这样才可以帮助我。我们两人做了分工,我努力工作,她好好生活,相互支持,做个好伙伴。每天她会好好地安排自己,早上一个小时散步,然后去买菜;中午吃完饭休息一会儿,开始织毛衣;晚饭后再去散步一个小时后看电视剧,然后休息。

妈妈既会和自己的朋友结伴散步,也会一个人安静地编织毛衣,摆扑克牌。妈妈织的毛衣特别漂亮,全家人还有朋友的孩子们都有幸拥有一件妈妈手工编织的毛衣。女儿去美国时就是带着姥姥织的毛背心出发的。现在大姐退休了,加入妈妈编织毛衣的队伍,两个人经常切磋技艺,大姐还会设计一些特别的图案和妈妈讨论,所以我们把两人称为编织毛衣的"二人研究所",妈妈是所长,大姐是副所长,因为有了研究所,出品的毛衣也越来越有设计感。

妈妈尤其令我感到温暖的是,她总是可以安然地融入任何一个全新的环境中,这样的能力让我很欣喜,也很感动。正是因为妈妈这样的能力,让我得以与她一起去看世界,并感受每一次全新体验带来的惊喜;正是因为妈妈这样的能力,让我得以与她一起去欣赏世界,并感受到每次不同体验的美妙;正是因为妈妈这样的能力,让我得以与她一起去领悟世界,并感受到每次内心体验的澄明。带妈妈去旅游是我生活中最重要的一个目标,而妈妈积极的回应,也让我享受到这个目标带来的所有美好。一位禅师说:家人就应该彼此相互滋养。与妈妈相互的扶持,与家人相互的扶持,也让我们彼此得到滋养。

(原载:春暖花开公众号,2015年5月12日)

父亲：
一种无声的力量

在我整个成长的过程中，与父亲在一起生活的时间屈指可数。小的时候，因为父亲在水文地质勘探队工作，记忆中他只是春节期间能够较长时间和我们在一起，其他时间都在野外作业。

等我长大了，父亲退休了，他告诉我，希望我能照顾妈妈，而他要去做他自己想做的事情，结果又只是在春节期间在一起，虽然不知道他创业做得如何，在每一次见面时，他总是津津乐道自己所做的事情、所遇到的人，直到80岁的那一年，他依然按照自己的想法去生活。他留给我的，永远是对梦想的追求，对未来美好的想象，以及没有停歇的状态。如果不是突发急病，让父亲忽然离世，也许到了100岁的时候，父亲可能还是一如既往地，津津乐道他的梦想，并执着地去追求。

从我记事开始，父亲留给我最多的画面，是他询问我们姐妹5人学习成绩的场景，我们总是以最好的成绩等着父亲从野外回来，他也总是带高粱饴和大白兔奶糖回来，作为奖品奖励我们，以至于直到今天，我最喜爱的还是高粱饴和大白兔奶糖。父亲最开心的事情，就是把我们得到的奖状贴在墙上。贴满了一整面墙的奖状和父母骄傲的笑脸，让家里充满了喜悦，这可能也是姐妹5人从小就对努力学习产生了一种莫名亲切感的缘故。

父亲特别喜欢写东西，只要他有空，似乎都是在写东西，那个时候自己还小，并不理解他在写什么，只是看到他写了一页又一页，觉得很美、很有成就感。我不知道，是否这种美就这样嵌入我的记忆里，使得我自己也很喜欢写东西，不断写，写了一页又一页。

父亲还有一点使我印象深刻，那就是他很在意自己的形象。他总是把自己的头发梳理得好好的，总是喜欢穿白色的衬衫。工作用的皮鞋，他也总是打理得干干净净。退休后，父亲爱上西装、领带，几乎每次节日相聚，他都是整齐的服饰，即使到了80岁，依然如此。这种一丝不苟的着装，令我无比钦佩。

就在父亲80岁的那一年，他忽然离开了我们，没有预兆，没有告别，平常得就如他干净的仪表，似乎没有什么变化，感觉上他只是又去野外作业了，只是这一次时间很长很长。即使他离开这么多年之后，我还是觉得他仍在那里，还在不断写东西，西装革履的样子，津津乐道地谈着未来，这种感觉很真切、很真实，让我们可以平和地接受他不在的事实。

父亲在我内心中的记忆可以说是单色调的，总是觉得父亲离我们很远，离他自己的梦想却很近。在父亲那里，生活是一个明确而单纯的答案，他常常用它来对付一切复杂、最难解的问题，这个答案就是："不停歇地追求梦想"。但是细细想来，在我们成长的过程中，他虽然没有时间陪我们，却给了我们一种单纯的环境，潜移默化地影响着，让我们知道，应该执着地去做自己要做的事情，积极进取地去学习，充满热情地对待生活。

对我而言，父亲永远定格在"不停歇地追求梦想"的样子里，他用一种无声的力量陪伴在我左右。

（原载：春暖花开公众号，2017年6月18日）

写在母亲80岁
——唯有平和，可享岁月

写在前面：

安住当下，与时间相处。

不逃避，不取巧，

不奢望，不强求，一切随缘随性。

每一件事，

每一个人，每一处挑战；

每一天，每一月，每一年。

在平和中，消融于无形。

时间面前，人人公平。

以平静平和之心，掌舵命运之船。

时间，将回馈你以无比的丰盛。

妈妈，今年80岁了。

80年，与时间安然相处，

这是妈妈给我们，最大的明示。

一、80的年轮——豁达的心，给予美好

妈妈80岁了，如果不是时间在提醒，

我会完全想不到80这个数字。

妈妈用80年时光所创造的美好，让我对此深信不疑。

早时，跟随父亲从湛江到东北生活，

那时的她，只想孩子们不要冻到、饿到；
等孩子们大一些了，
她希望孩子们学习好，顺利工作，长大成家；
孩子们长大独立了，
她又开始惦记着每一个孙辈的小家伙们，
快乐、学习和成长；
而孙辈也都长大了，独立了，
她又开始关心，重孙辈的健康与快乐。
对一代又一代的付出和关注，
让妈妈走遍了千山万水，
看遍了天南地北，体会了风花雪月；
对一代又一代的付出和关注，
让妈妈拥有了一颗豁达的心，包容的习惯以及接受改变的能力；
对一代又一代的付出和关注，
让妈妈拥有了阅历及厚度，
坦然与质朴，自在和智慧。
80年的时光，与妈妈的面容交互辉映。
呈现出来的美与安的深度，
形成一个巨大的空间，
包裹在我们一代又一代的周围，祥和而愉悦。

二、妈妈的样子——这份平和，穿透时光

生活的每一个经历，
都是生命意义发觉和创造的过程。
在安静而平和的心灵上，
映照出来的一定是
安静和平和，这很多时候就是妈妈生活的样子。
有时，
我会和妈妈一起坐在电视机前，看她喜欢的剧目。

她会告诉我，她自己对这个剧目的想法。

有时，

我会带着妈妈一起去电影院看电影，

她评价一个电影好坏的标准是"这个电影好，我没有睡觉"。

我们常常，一起去旅游。

无论去到哪里，

妈妈总是选择，她没有吃过的东西来试试。

妈妈，总是一个人规律地生活。

上午在小区散步，中午午休，晚上看电视剧。

妈妈对我说："照顾好自己就是对你最大的帮助！"

妈妈安然地与自己相处，与环境相处。

这份安然，穿透了时光，也沉淀了厚度。

安然与时间相处，

这是妈妈80年给我们的明示。

不逃避，不取巧，不奢望，不强求，

一切都随缘随性，一切都接纳包容。

每一天，每一月，每一年，

每一件事，每一个人，每一处挑战，每一个收获，

都尽在一念间，消融在平和中。

三、妈妈趣事——妈妈，是家中的传家宝

《带妈妈去旅游》，这是我写给妈妈的书。

当中，记录了妈妈的很多趣事。

一次，我们和妈妈一起看电视剧《南锣鼓巷》，

这是一个，围绕着

寻找与保护一户人家"传家宝"展开的故事。

我问妈妈，我们家是否有传家宝？

"有啊！我就是咱家的传家宝哦！"

妈妈竟然，如此认真地回答。

我们，都笑了。
确实，妈妈真的是家里的"传家宝"！
还有一次，
西安去壶口瀑布的路上，
妈妈看到路旁有很多大型的水泥管子，
竟然问孩子们：
"这是火箭发射用的吧？"
这个问题，简直太有科技含量了。
自此，妈妈就成了"李教授"。
这样，快乐地感染着我们，
也熏陶着，一代又一代孩子们。

四、孩子们眼中的姥姥：达观始于大爱

该给姥姥怎样的80岁礼物？
菲菲和隆川设计了一件"80岁快乐"T恤，
希望姥姥，穿着这件T恤快乐长久。
阳阳手绘了一个微电影，
浓缩了姥姥80年的美好。
闫逸凡为姥姥写了一段话：
八十岁年华含辛茹苦，八十载风霜披荆斩棘。
1937年卢沟晓月的皎洁被战火掩盖，
1949年新中国站立于世界民族之林，
1978年改革开放闯出一片新天地，
如今2017年"一带一路"联结五湖四海。
这一切，姥姥既是见证者，也是亲历人。
她聪慧、乐观、勤劳、勇敢，
她是如此的充满魅力，并且这魅力从未随时间流逝。
她和蔼的笑容感染了身边每一个人，
她勤劳的双手浇灌出五朵金花，

她坚硬的脊梁撑起了一个大家庭的自豪与骄傲。
她关切地看着家里每一个人，
盼望着他们的成长，
分享着大家的喜怒哀乐。
她足迹遍布世界和中国各个角落，桃李天下。
姥姥的智慧源于生活，姥姥的达观始于大爱。
她是我们的领袖，以至于我们每一个人，
都会很自豪地认为，姥姥是咱的传家宝。
是的，妈妈传给我们的"宝"就是：
一种达观的人生态度，安然与生活相处的能力。
我们决定每人都穿上"80快乐"T恤，
和妈妈在她80岁这一年登一次长城。
当妈妈真的就和我们一起，登上慕田峪长城，
望着妈妈神采奕奕地在长城前照相，
觉得很美妙，内心里充满感恩，
感恩妈妈带给我们的这一切美好！
妹妹陈春艳写的一首献给妈妈的诗，表达了我们这一辈对妈妈的感恩！
献给妈妈的歌·写在妈妈80岁（陈春艳）
您从雷州半岛的椰林出发，
背着大姐走到了葛洲坝踏勘的荒土，
您稚嫩的肩膀，
开始扛顶生活的压力。
您从长江江畔出发，
带着对冬天的陌生捅破了白山黑水的坚冰，
您年轻美丽的面庞，
从此涂抹上呛脸的炉灰。
昂昂溪区合作街副八组二栋4号，
30年，8口之家的蜗居，
裹挟着单纯的快乐，
让梅玲云花艳成长为"五朵金花"；

您就是那令人艳羡的，
幸福的妈。
美国、东莞、京哈，
30年，五湖四海，
"旭""阳""萍""峰"，"川"流行"健"，
"文""思""学""奇"，快乐"菲""凡"。
从您翘首企盼的目光中，
骏骏、硕硕、甜甜蹒跚走来；
在您充满慈爱的守候里，
他们定会鲲鹏展翅、茁壮成长。
我们是您的骄傲，
因为各自生活的丰满；
您是我们的"宝贝"，
因为您给了我们太多太多……
历况味人生，却不改达观心境，
是因为，您的温润；
知人生坎坷，却信步徜徉，
是因为，您的坚强；
经时代巨变，却怡然自处，
是因为，您的时尚。
岁月在曾经的简陋中描摹着沧桑，
您却让生命的底色写满自足与恬然；
岁月在更迭的春秋里让经年流淌，
您却让年轻的内心写满快乐与安详。
从学识渊博的"李教授"，
到麻将把把和的姥姥；
从照顾到方方面面的"老领导"，
到慈祥的太姥姥，
您的每一个角色都充满了爱的内涵。
母爱如海，广袤无垠，

母爱如天，大爱无疆。
我们祝您精神矍铄如东海云鹤，
我们祝您身体健康似南山岭松，
我们都想大声对您说：
我们爱您——亲爱的老妈、亲爱的姥姥、亲爱的太姥姥！

（原载：春暖花开公众号，2017年8月11日）

背后的乡音，
当年的故地

妈妈跟随着爸爸勘探的脚步，从祖国的最南端湛江，走到了祖国的最北端齐齐哈尔，这一走就是40年。

1970—1972年间，妈妈带着我们回湛江住了两年，之后又回到爸爸工作的东北，直到我大学毕业留在广州，妈妈才彻底回到广东。因为外婆早已搬来和我们同住，所以1972年离开湛江之后，妈妈就没有回过老家，一晃又是30多年过去了。五一假期，和妈妈商定一起回湛江，去寻找旧时居住的地方，看看老街是否有很大变化。

这一次，我们开车回湛江，高速公路非常方便，从广州到湛江只需要4个多小时。记得小的时候去湛江，无论是坐火车还是坐长途汽车，都要花十几个小时。1972年，我刚刚上小学一年级，大姐已经开始读中学，妹妹不大但是也有她自己的记忆。大家对于回湛江都很兴奋，一路猜测着往老家驶去。小时候住的地方叫坡头，是湛江辖下的一个小镇。从湛江市区去坡头，从前需要坐船过海才能抵达，现在有了跨海大桥，车子可以直接开到坡头。妈妈的老家其实是在南山，那是一个岛上的渔村，不过妈妈嫁给爸爸后，安家在坡头，外婆也随着一起住到坡头了，所以南山没有留给我什么痕迹，我关于小时候老家的印象就只有坡头了。

我在坡头只住了2年，也许是刚上小学一年级的缘故，自己却有一些很深的印象。那时红小兵需要拉练锻炼，而我是小班长，就扛着红缨枪走在队伍的外侧，喊着口号，一队小小兵开始去"远征"。不记得到底走了多远，只记得带着同学回到镇上的时候，刚好路过妈妈打工的商店，店里的人大声叫着妈妈说："你家老四回来了，还扛着红缨枪，裤脚一个高一个低走着，很神气的样子！"

妈妈马上从店里跑出来给我鼓劲，不过她也觉得我的样子很好笑、很可爱。见到妈妈，我更加神气，昂首挺胸地走过去。长大后，妈妈常讲到这一段故事，每次讲，她还是觉得我当时的样子非常好笑。大姐已上中学，故事就会更多一些，中学生是要住校的，为了能够吃到更多的粥和菜，同学们会想尽办法，比如先盛半碗快快吃完，然后马上再盛一大碗等等。妹妹也有很多好玩的事情让我们回味，比如她最喜欢吃外婆做的鸡油饭等等。

一路回忆过去的趣事，时间过得飞快，不知不觉中就到了坡头。停好车，直接往中心广场走去，广场及四周没有什么变化，广场旁一棵大大的榕树还在，依然茂盛，庞大的树冠让广场好像被遮挡着一般。大榕树旁是一个祠堂，我就读过的小学就在这个祠堂里，也许是因为个子小的缘故，记忆中祠堂的红色门槛特别高，需要花很大的力气才可以跨过去。远远望去祠堂还在，快步走过去，发现祠堂的大部分还很好，也有一个部分建筑破损了，杂草长满了庭院，屋顶的瓦已经损坏，到处飘散着陈旧的味道，与我记忆中高大、宽敞的祠堂有些反差，不免生出难过之情。但是转念一想，已是30多年过去，也该物是人非了。

离开小学，转去看大姐的中学，很开心看到中学做了更好的规划，完整的校园里还有漂亮的学生宿舍。和看门的老爷爷商量，告诉他我们是从广州来看母校的，老爷爷很通融地放我们进去，还请来一位老师给我们介绍整个校园。看到学校捐赠者的名录，我们都很感慨，大家助教，社会才会发展。离开美丽的中学，我们开始寻找旧时的居住地，朝着曾经熟悉的街道走去。

走在路上，妹妹和大姐开玩笑说，她一定要留意，说不定等一下会有人突然叫出她的名字来，大姐也兴致勃勃地期待着，认为遇到老同学的概率相当大。她的大部分同学都没有离开湛江，虽然多年没有联系，但是她相信这些同学还在这里生活，说不定真的会遇上。我们一路说着、笑着，走进了以前居住的巷子里。

想不到30多年过去了，小时候居住的巷子竟然一点都没有改变，街道、房屋、装饰、颜色，什么都没有变。这是一个假日的午后，街上静悄悄的，让我们一下子回到了30多年前，如果不是我们自己都长大了，妈妈变老了，我们还真的以为回到了以前的时光。因为拿不准哪一条街才是我们居住过的巷子，便朝着一户开着门的人家走去。妈妈用家乡话和这户人家的一位老人聊天，打听原来住的地方。想不到这老人家竟然说得出我们住在哪里，因为她还记得我的外婆。老人家很高兴地带着我们穿街过巷，来到了我们原来居住的地方，旧时的记忆一下子全都恢复了。就是这里，妹妹记得木趟门，姐姐记得日间编席子的石板，妈妈

记得邻居的门框。我们正在指点中唤醒着以往记忆的时候,忽然听到有人叫妈妈的名字。我们都愣在那里了,想不到在这里,在这个时候,有人会叫出妈妈的名字,妈妈答应着转过身去看,竟然看到了她的小学同学,这实在是太奇妙了。

随着这一声招呼,邻居们都跑了出来,这些邻居居然可以叫出我和妹妹的名字。可惜的是,我和妹妹对这些爷爷、奶奶没有什么印象,不过自己的名字被记住,还是着实大吃了一惊。几家邻居都围了过来,开心地问长问短,闲聊中才发现,这条巷子的人家几乎都没有离开,只有我们一家人远走东北,其他人家几代人都居住在老宅子里。

认出妈妈的老同学的儿子在巷子里开了一家小士多店,他偶尔帮助儿子看看店,巧的是今天下午刚好他看店,让他看到了妈妈。邻居们很开心地围着我们,看着我们一个一个都长大了,觉得时间过得真快。我站在这些老邻居之中,竟然觉得时间几乎是停滞的,一切都未曾改变。那一瞬间,真是有点时光穿越的感觉,不知道是在1972年,还是在2009年。妈妈开心地和邻居们、老同学聊天说话,孩子们惊奇地看着我们过去生活的地方,觉得一切都很新鲜,我们几个则在慨叹儿时生活的种种。这个时光停滞的下午,显得极其特别而又充满了乐趣。

从巷子走出来,我们拿妈妈和大姐开玩笑,说大姐等待着同学出现,结果空等了一场;而妈妈呢,则有一个小学同学能够60多年后还记得她的名字,而且还是个男同学,认定妈妈一定是"校花"。妈妈解释,那时候小学里面去读书的只有2到3个女同学,是很容易被记住的。不过讲到这里,妈妈很感慨地说,都是因为外婆思想开放的缘故,她才有机会去读小学。

兴许是走在老街巷子中的缘故,妈妈也说起了外婆的往事来。外婆嫁给外公的时候,外公家是当地很有名的商人,可惜的是外公在妈妈三岁时就过世了,外婆一个人带着妈妈过日子。外婆很好强,不愿意裹小脚,认为这样无法干活,所以总是自己悄悄地把缠在脚上的裹布剪开,她因此老是被老人责备,但是外婆非常坚持,很有韧性,结果保留了自己一双美丽的"大脚"。因为外公经常到外地去,外婆很早就接触到一些新鲜的东西,外婆很向往有知识的人,因此妈妈有机会去读书时,外婆毫不犹豫地送妈妈去读书,当时很多人都认为女孩子是不需要读书的,但是外婆坚持要妈妈读。

外婆只有妈妈一个孩子,妈妈随着爸爸到东北生活后,外婆也到了东北,使得我们小时候能够与外婆一起生活。外婆喜欢干净,穿戴整齐,讲究生活。她总是认真地做着针线活,让自己的衣服合体服帖;她总是喜欢了解各种新鲜事情,与外界保持着紧密接触。还记得有一次她对来家里的客人讲，改革开放好啊！客人问她为什么，她说家里的孩子都能上大学，都有工作，生活都好；她特别喜欢聪明的孩子，总是想办法鼓励我们多读书。她常常和我们说的一句话就是"长高！长大！"小的时候不理解为什么外婆总是对着我们说这句话，现在想来，她内心里是多么希望我们又高又大啊！这个愿望在当时的年景中，是一个相当高的理想啊！小时候家里很穷，但是外婆和妈妈总是把我们收拾得干干净净。没有新衣服，就用爸爸的工作服改装成新衣服，有外婆和妈妈灵巧的双手，我们穿着干净、合体的工装上学，现在想来工装是牛仔布的，早在70年代，我已经有牛仔衣穿了，可惜当时不知道这是"国际范"。

外婆的好奇心，给我留下极深的印象。工作后有了属于自己的房子，我就把外婆、父母接到广州来和我一起住。外婆第一次看到电饭煲，觉得这个东西太好了，不用火就可以煮饭，要求我一定要教她使用电饭煲。外婆总是很在意衣服是否平整，所以她一直使用熨斗。旧时的熨斗是用火把铁熨斗加热，看铁熨斗变红了，就知道可以熨烫衣服了。到了我这里，我帮她买了电熨斗，我告诉她通了电之后，熨斗变热，就可以熨烫衣服了。但是外婆一直想等到熨斗变红，等来等去都看不到红色，她决定自己试试温度，拿起熨斗靠近脸颊试温度，她以为没有变色不会有太高的温度，结果让熨斗太靠近自己的脸，一下子灼伤了，我听到她的惊叫，跑到厅里看到灼伤脸的外婆，心里很难过。外婆竟然高兴地说："太好了，没变红就有这么高的温度，这下子熨衣服不用担心弄坏衣服了。"我被她的情绪感染，内心佩服外婆接纳新东西的能力。有时候，我们几个姐妹和外婆开玩笑说，如果外婆生活在新社会，能够读上大学，那外婆一定是一位了不起的人物。外婆听我们这样说，也很认同，所以她更加在意我们的学习成绩了。

听妈妈讲着外婆的趣事，不知不觉太阳已经下山了。妈妈说想去船上吃晚饭，大家觉得这个想法好，便走到海边，循着海鲜的鲜美味道登上了渔船。这晚海浪很平缓，细小的潮声此起彼伏，远处有很多白帆，近处洒满阳光的海面金光粼粼，大海温柔地晃动着船体，也和我们的心一样陶醉了。我们点了很多湛江特有的鱼，回味着小时候喜欢的虾饼、煎堆，喝着番薯粥，就着咸鱼，一切都刚刚好，这个30多年后的湛江夜。

第三天，带着妈妈满意的神情，我们开车回广州。路上妈妈还在回味着湛江的种种逸事，姐姐和妹妹也在聊着儿时时光，大家津津有味地听着，5个多小时的车程，很像一段有关老家的时光隧道，路两旁退后的树影，就如掠过的时光。

生活中，能够有时间连接过去是件非常有意义的事情。这种连接，让我们知道来处，知道往昔。古代会有族谱，一代一代连接在一起把家族的脉络清晰地记录下来，并传承下去。

这种与过去的连接，使得每个人拥有了完整的生命体验，没有空缺，没有虚空；

这种与过去的连接，让每个人拥有了生命的沉淀，没有断层，没有脆弱；

这种与过去的连接，让每个人拥有了包纳万千的性情，没有恐惧，没有孤单。

生命就是在这种连接中自由地流动着，一代又一代，一世又一世，没有刻意留下任何痕迹，但是又在纯粹的生命体验中得以不断验证，在人的内心中得以觉察。这是彻底的觉察，明了生命自由流动的属性，明了因果变化之律，明了生活的意义就蕴含在点点滴滴之中。

（原载：春暖花开公众号，2017年10月27日）

第二部分

心

春到浓时
花自开

记得很长一段时间，我最快乐的日子，便是可以收到朋友的信，之后一个人在灯下慢慢地品读，曾暗暗赞叹：一盏灯、一杯水、一封信是人生之大乐！但是随着新技术的出现，展纸点墨的悠闲已不复存在，那瞬间的点击，连接了所有的时间与空间，独独缺少多次回味的感悟……所以即便是微博出现，我还是固守写信的习惯，希望能够沉淀自己的想法，获得真正的交流和回馈，保留属于自己的思考空间。直到有一天，发现别人在用"陈春花教授"开设微博时，我忽然明白，这个时代，你不去与别人沟通，别人会"帮"你沟通。也许在某些地方我仍固执和保守，依然确信写信仍是我的喜爱，但是知道自己需要融入时代，才可与变化共舞，这是我开启微信公众号的缘由。

记得是张晓风的散文，那散文的名字叫《两岸》。开篇的第一句话是："我们总是聚少离多，如两岸"。在此刻竟然想到这句话，觉得是很美、很深的比喻，两岸意味着中间流淌着一条莽莽苍苍的河，意味着这是两岸自己的选择。很想这个微小的空间如同这条莽莽苍苍的河，看到微信的你和我，如两岸，"芦草会分给两岸相同的青翠，轻风同样会给我们相似的清凉"。分属两岸的你我交汇于流动与不息，交汇于自由与自然，虽聚少离多，但每一次相聚，希望总会有相知。

因为名字的缘故，我喜欢春天，喜欢春暖花开的感觉，恰巧今天是2015年立春之日，一早起来看到学生们发来的问候，远在悉尼的正在上课的新加坡国立大学的学生们用接龙的方式，在微信中让"春暖花开"延展开来。我并不需要满园春色，也不需要半枝红杏、一片嫩白，就是一块明矾，倒影在水中，便是一池的爱意溢淌而出了。一部《诗经》是从一条荇菜参差水鸟合唱的水湄开始的，真的不能够想象，没有水，没有草，没有花，没有古典的爱情，怎么会有生活的意义。所以一直以为，一切都是顺势而为，哪怕遇到逆境，也可逆来顺受，单纯地、按照自然和内心去做即可，春到浓时花自开。

春让周遭一点点变化开来，风、云、花、草、土地和大树，每一个内在的生命都开始勃勃生发，这一切是春的特质，也是生命的特质，让我去体味变化所代表的内涵。知道能融合于变化才是真正的境界，我决定改变自己，而改变的标识就是现在呈献给大家的这个空间。很希望这个空间让你我，闲看白云游荡，空旷中有踏蹄声声，伴着草香和灿灿的花；让你我，安于多变的世事，于每一天的琐碎中，能接近安然，接近本心。

内心期盼，这个空间可以，让一切自然地流淌，让你我有个交汇的地方，让两岸能够独立而傲然地耸立，因河流更显卓然。

（原载：春暖花开公众号，2015年2月4日）

你懂得
信仰吗？

太阳把阳光洒向大地，它并没有决定在哪里撒得多一些，在哪里撒得少一些。每个人能够得到多少阳光，取决于我们自己。如果我们坐在屋檐下，能够得到阳光照射的机会就会少；如果我们站在阳光下，阳光就会照耀在我们的身上。所以不是太阳有偏爱和不公平，而是人自己的选择决定了获得阳光的多寡。冉江仁波切讲授的这个观点让我深受启发。

得到什么并不取决于别人，甚至不取决于你所在的环境，而是取决于你自己，这和你是否拥有"确信"的习惯有关系，和你是否拥有"内心信仰"有关系。

在不丹静修之前，我还不能够理解"转世"的真谛。占祥问了一个问题，让我恍然大悟。占祥问的是：如何衡量仁波切的水平高低？乌金堪布觉得这个问题非常奇特，在他的经验里似乎从未想到过这个问题，从来不存在评价上师的观念。我在惊讶乌金堪布如此回应的同时，忽然明白了这里面深刻的奥妙。在不丹，人们相信佛法、相信上师、相信轮回，这种确信的心态，可以使人具有敬畏之心、敬仰之心，从而获得安静和圆满。

占祥所问问题的答案，让我理解到一个重要的观念：内心的信仰，让人可以拥有确信的心态，从而获得安静和圆满。

我们之所以这样焦虑和不满，之所以这样不安，正是因为我们不懂得这个观念。相反，我们总是质疑、抱怨、挑战权威并自信和无所畏惧。我们相信科学是认识世界最为有效的方法，也推崇挑战权威的行为，对于怀疑与质疑的精神持有认同和赞赏之心。

科学的确是认识世界的有效方法，但是如何认识心、认识人的本性，如何让心安静且祥和？科学似乎无法解决这些问题。换句话说，如果要认识自己、认识自己的心，需要一种全新的思维方式，这个全新的思维方式中的一种就是"确信"，就是信仰与敬畏。

在一次给学生的讲座中，一个学生问我"什么是信仰"。学生连什么是"信仰"这个概念都感觉模糊和不确定了，由此可以想象得出他们在生活中的困顿与焦躁。我在试着回答学生这个问题，也在澄清自己的认识。信仰就是一个人所认定的人生中最重要的事情。一个人具有信仰的时候，他可以很好地接受生活中遇到的任何事情，他可以很明确地以自己的信仰做出判断而不至于迷茫和混乱。信仰至少包括三种类型：人生信仰、政治信仰、宗教信仰。而在三种信仰中，所历练的都是如何让自己确信并超越困顿。

人活在世上，可以创造无数的奇迹，也会遇到很多的痛苦与挑战，如何让自己的创造有益于世界，如何让自己遭遇到痛苦和挑战时能够安然处之，这就需要信仰的力量。

小时候你不曾迷失和困顿，因为那时的你信仰父母，确信父母可以给予正确的指引；小学和中学时，你也不曾迷失和困顿，因为那时的你信仰老师、信仰知识，确信老师可以依赖、知识可以依赖，并给予你正确的理解。上了大学、进入到社会，你遇到的挑战和痛苦加大，独立承担责任的压力开始让你困惑，同时因为能力的增强，你开始质疑老师、质疑社会，甚至质疑所学到的知识，找不到可以依赖的对象。压力与质疑导致更大的困顿，加之内心没有建立信仰的力量，迷惑和困顿带来了更大的痛苦，因为信仰缺失所产生的恶果又加重了这些痛苦和挑战。我们自身的困顿大部分源于内心信仰的缺失。

我曾经听过一个国内很有名气的企业家对北京大学的一位教授说"您上课什么都不讲就是对学生最大的帮助"，也听过一些企业家直接说"教授教的东西没有用""商学院和MBA没有用"……如果企业管理者带着这样的心态回到学校读书，能够有多少收获就可想而知了。

我也承认老师们有局限性，老师们对于企业实践的问题没有很好的体验和沉淀。但是需要强调的是：是否可以学到东西，并不取决于老师，而是取决于学生自己。如果学生愿意信任老师，具有敬畏之心，收获的一定是学生自己，而不是老师。

学习是自己的事情，可惜一些学生并没有领悟到这一点，反而认为学校和老师应该承担更大的责任。如果学生自己不做出调整，没有养成信仰老师和信仰知识的习惯，那么在商学院课程中想要得到好的收获，恐怕是不可能的。老师也一样要调整自己,要有对知识的信仰、对实践价值的信仰、对理论和实践之间联系的信仰,这样才会发挥出老师应有的作用。如果老师自己都不信仰理论的价值,不相信理论可以指导实践并解决实践中的问题,想要学生信仰是不可能的。老师如果不提升自己的能力,也不去真切地理解实践和感受实践,同样和那些不相信回到商学院可以学到东西的同学一样,失去了内心信仰的力量,又怎样可以让自己拥有被信仰的影响力呢?

"转世""轮回"的观念,让人不再需要去怀疑什么,只需要恭敬与敬畏,只需要确信就可以了,这种确信让内心很安定,让人有所依赖。

对"转世""轮回"的理解,是一个帮助人建立确信和内在力量的过程。一个人在内心拥有确信的能力,他就会对自己的力量担负责任,因此会显得比较内省与内敛,他会有敬畏之心和恭敬之心,他会依赖于内心力量的牵引。信仰往往展现为人内在的对自我要求的定力。

不丹被称为世界上国民幸福指数最高的国家之一,也许和他们确信内在力量、确信所拥有的生活和相信国王、国家有关。我没有深入调查,不能轻易下结论,但是这个国家的国民有超过75%的人信奉佛教,是否可以这样理解呢?

对"恭敬"和"敬畏"之心的理解,让我获得了一种轻松的感受,发现拥有信仰并没有那么困难,只要怀着恭敬之心,相信老师、相信家人、相信生活,对于周遭怀有敬畏之心,内敛与内省,就会获得内心强大的力量,有了确信的能力,人生的痛苦和挑战都能够面对、接受并安然处之了。

这些理解让我联想到佛教、儒教、基督教。佛教的"转世"和"轮回"让每一个人可以安然接受变化,可以确信自然的延续和心的延续,没有"我"的观念。在这里,学生与上师之间是平等的,因为人人都可以成佛,而上师是"转世"而来,不需要被质疑与怀疑,只需要托付。儒家看重的是"孝"。"无后"事大,在深受儒家影响的中国传统中,传宗接代是最为重要的事情,如果没有传承那将是一件非常痛苦的事情,所以老师与学生之间是教与学的关系,是师道尊严。对于事业的传承也是内外有别,孔子用其一生所做的努力,就是把自己的思想传承,给自己的弟子。基督教认为"上帝"创造了一切,人有原罪,需要用一生的努力来赎罪。我发现一个非常有意思的现象:在西方,拥有财物者会把财富捐赠出去,如比尔·盖茨、巴菲特等;而在亚洲,尤其是华人,则是把财富留给自己的子女。信奉佛教的地区,最大财富是智慧的获得,一个放弃财富与世俗生活,出走去做朝圣者或游方僧的人,是非常受人尊敬的,他们被认为是在从事一件伟大的事业，佛陀就是最好的例证。想到这里，我对佛充满了敬意和敬仰。

仁波切说："不用去感觉你是否有佛性，这不是重点。重点在信任，在信心；重点是恭敬心，就是完全信服。"

（原载：春暖花开公众号，2015年2月15日）

让心安住

打坐训练的过程，让我了解到"安住"是一个极难获得的心境。到现在为止，我依然还没有把握可以顺利进入到安住的状态，不过已经开始要求自己去达成这个状态。

安住是止，一种定境

心安住在哪里呢？安住在钱财上，钱财可能会失去；安住在名气上，名气很难长久；安住在情感上，情感会变化；安住在平庸中，平庸难以忍耐；心好像无处可安？佛陀教我们安住在禅定上，所谓"以定安住，一切皆定"。安住是止，一种定境。心能安住才会看到事物的真相。

义明为了让我们能够有一个安静氛围来练习打坐，专门选了不丹的芝华林酒店。整个酒店只有45间客房，几乎没有什么外在的干扰，从房间任何一个方向望出去，都是天空、云朵、树木、河流、草丛、懒散的马儿以及飘扬的经幡。按照义明的安排，每个人只能够待在自己的房间里，不能彼此说话，只有听仁波切开示的时候，才可以和老师讨论问题。每一天只有一个小时可以交流静修的问题和想法，这个时间段交给乌金堪布来主持，其他时间我们只能够自己面对自己，三餐都是由酒店的服务员送到房间。闭关的这几天就连服务员也不可以进到房间，所有的物品都只能够摆在门口，我们自己开门取，完全杜绝与外界的交流。

就是在这样封闭的、完全空明的环境和氛围中，一个人面对自己，让自己安静下来还是不容易的。从表面上看，我们每一个人都"安静"下来了，但"心"真的安静下来了吗？的确没有那样容易。我第一次练习数息的时候，简单的21次呼吸，连贯数下来、没有任何的停顿、没有任何分心、没有任何疑惑、完全倾听自己呼吸的声音、完全让心只属于呼吸，发现真是很难做到。

在最初的一天里，训练让自己逐渐明白，让心安静是需要完全放松、完全放下。不能联想、思考、反思，甚至不能反省。就是要学会放掉自己，回归本心，让心完全地放松，没有压力，没有想象，也没有任何其他的干扰。当真的可以倾听到自己的呼吸，没有任何杂念，没有任何的思考，只是静静地、空空地呆着的时候，的确能体验到"我"也不在的空明。不过，这样的状态的确不容易持久。

"自我"其实是"我执"

让心"安住"真的很难，因为这需要把"自我"完全放掉。可是"自我"一直伴随着我们生命的历程，甚至可以说，我们在生活中感受到的一切，都是"自我"在感受，我们的快乐和痛苦，也是"自我"所感受到的快乐和痛苦。在我们学习成长的过程中，最重要的成长是关于"自我认知"的成长。德尔菲神殿上刻了两行字：一行是"认识你自己"；一行是"凡事勿过度"。在现实生活中，"凡事勿过度"比较容易理解并可以体行；"认识你自己"却是一件困难的事情。我们经历了从小到大的学校训练，借助科学与知识了解自己；我们经历了日常生活中的种种训练，以为经验和教训的积累可以帮助自己认识自己。但是，更多时候会发现，我们并不了解自己，遇到的一件事情，或者听到一个人的教导，甚至看了一本书，都会彻底调整自己，变成一个和从前完全不一样的人。尤其是经历过大病、危机以及灾难的时候，一个人会完全改变自己。那么到底哪一个是"自己"呢？

雅斯贝尔斯编著《历史的巨人：四大圣哲》这本书的时候，以苏格拉底、佛陀、孔子、耶稣四位为典型研究东西方伟大哲人的观念与作为，他写道："他们的生命核心，在于体验了根本的人类处境，并且发现了人类的在世任务。""在他们身上，人类的经验与理想被表达到最大极限……他们真实的生命与思维方式，已经构成人类历史不可或缺的要素了。他们成为哲学思想的来源，同时激励人挺身抵抗——抵抗者通过他们的表率，首先获得了自我觉悟。"我用自己最粗浅的知识和阅历来理解这一切的时候，对于"自我"的肯定成为最重要的认知。

也许你并不是经由我这样认知自我的过程，但是肯定自我、相信自我是非常普遍的现象。也是源于对自我的肯定，人们开始不断为"自我"而努力，甚至不惜任何代价，只为了让"自我"优秀并获得成功。"自我"非常聪明，可以为了自己的目的而利用一切资源，可以打着"利他"的旗号去做自己想做的事情。

"自我"在藏文中的意思是"我执"。因此,"自我"可以界定为不断执着"我"和"我所有",以及因此而产生的概念、思想、欲望和活动。这个界定可以帮助我们很好地了解自我,从而看清自己所做的一切。我们之所以不断实现自我,努力去呈现自我的光芒,是因为在生命深处,我们清楚地知道,"人无法真正地了解自己",所以自然而然地把自己交给一个可以用外在标准来衡量的"自我"。这也是为什么人们即使获得成功,依然困顿;即使实现目标,依然痛苦之根源所在。

这一刻,我忽然明白之前自己认同的"无我"并不是真正的"无我",因为要求自己达到这种境界的评判标准还是"自我",还会很在意自己对于所做的事情的评价。我可以做到不在意别人的评价,沿着自己的内心去做事情,原以为自己是安然了,因为不受外界影响,只是按照自己的标准去做事情,但是现在醒觉,自己所谓的"内心"依然是"自我",不是佛法所说的"心"。如果一件事,无法达到自己的内心标准时,会不开心甚至痛苦;达到自己内心的标准时,会快乐和满足。由此看来,还是没有真正地安住自己的"心性",只是觉得"心安"而已,并不是"安心",也是假象和幻想。

让"无我"融入日常生活习惯中

仔细地回想,人的一生中会有一些完全"无我"的状态出现,当这个状态出现时的幸福无以言表。比如和家人一起出游,一路上欢歌笑语,唱着唱着忽然感觉好像有一刹那间的停滞,时空都静止不动,看到母亲、姐妹兄弟的快乐,觉得人生实在是幸福,别无所求,外在世界的成败得失根本不值得一谈,只要和家人在一起,只要家人快乐和幸福。有时遇到一本好书,让人根本就忘了自己身在何处,那份愉悦从内心升起,读书的前一刻还在的懊恼,这一刻已完全忘记了,全然没有了。有时在晨练的光中,惊喜地发现嫩嫩的绿芽展开,那一刻觉得心也在一同展开,好像和这绿芽没有任何隔阂,彼此已经融合在一起。这些体验帮助我去理解"安住",同时也会发现"无我"时都和快乐与美好组合在一起。

在不丹禅修,有两件小的事情让我深深地感动。

一件是我们坐在冉江仁波切的庭院里听课,一只苍蝇刚好飞到仁波切喝水的杯子上,只见仁波切一边继续讲课,一边小心翼翼地去取这只苍蝇,并细心地把这只苍蝇放在自己椅子扶手的外边,看着它安全地爬走,然后才拿起杯子喝水。

我静静地看着仁波切做这件事，看着他熟练而轻巧的动作，随意拿着杯子喝水的样子，内心很感动，觉得很美。

另一件是和每天接送我们的司机有关。一天，司机照常送我们去仁波切家听课，我们到得早了一点，就在路旁等候开门，司机也陪着我们站在路旁。我忽然发现司机蹲下来，小心地去捡什么，我仔细看，才看到了原来地上有一只小小的虫子，大概是甲壳虫一类的小虫子。只见司机把虫子放在手上，走到路旁一棵树旁边，把虫子放在树上，看着它爬走，才回到我们身边来。我看到司机走回来时，赶紧把自己的目光移开，内心感动且持续了很久，不丹人的美就是这样，单纯而真诚。

我能够接触到的不丹人很少，但是这些习以为常的动作，安静而和谐的习惯，如果不是内心完全的认知，是无论如何也做不到的；如果不是内心的单纯、安静，无论如何也是做不到的。我终于理解仁波切所强调的道理："安住"并不是通过逻辑来达成的，必须通过打坐的体验来达成。我还没有完全学会打坐，持续努力的愿望被更深地加强。

不自觉地想到六祖，人问六祖，什么是"禅定"，六祖回答说：吃饭时吃饭，睡觉时睡觉，这就是禅定了。看似多么简单的要求，然而回想我们日常生活中的种种行为习惯和生活现象，就是这样简单的要求都无法达成，许多牵绊已让我们的心疲惫不堪。还是安静下来，如不丹人那样，回归到最基本的状态，珍惜拥有、珍爱生命、真诚生活，一切都会美好起来，愿我们的心可"安住"。

（原载：春暖花开公众号，2015年2月25日）

真正的快乐和满足
来自内心及内心的改变

冉江仁波切问我们,"来闭关的目的是什么?""你做一件事情的目的是什么?"沿着这些问题,仁波切开始讲解自己的观点。

人做任何事情,都是为了快乐,为了得到自己所要的满足。想要得到快乐和满足,有很多途径和方法,有很多不同的方式。比如,你吃到一些很好的食物,你完成了一件自己很想完成的事情,你赚到很多钱……这些事情之所以能够让你快乐并不是因为这些事情本身,而是你自己觉得快乐和满足,你会发现快乐无法依靠外在而获得,真正的快乐和满足,来源于内心以及内心的改变。

仁波切提问时,我在心里默默回答。仁波切说出了上面的答案,让我内心很震动,因为我的答案是:人做任何一件事情是为了有价值、有意义。我之前从未想过,做一件事情是为了快乐。也许是责任感的缘故,也许是认知上觉得价值贡献更重要一些,也许是认为快乐实在不容易获得。所以,一直以来我都认为做事一定要有价值,一定要有意义,这是做事的目的,哪怕因此自己不快乐。

当听到仁波切如此开示时,我的思想停顿了,忽然发现自己的局限性。仁波切的答案让我明白了其中的道理:以价值和意义来衡量一件事,需要一个外在的评价标准;在我们看来有价值和有意义的事情,在别人看来并不一定如此,因为价值判断有非常强的主观取向性,每个人会有很大的差异。但是快乐却是一种共同的感觉,如果一件事情的完成会让人快乐,那么这件事本身应该是好事。我惊讶自己之前从未这样想过。

这让我重新思考快乐的本意。什么才会使人真正快乐?每一次取得的进步,每一个目标的实现,每一个难题的攻克,每一个梦想的成真;拥有好的工作,和谐的家庭,听话而又有出息的子女,有几个真正的知己朋友,有健康的身体等。

这些林林总总的需求以及需求的满足，不就是人生中需要在意而又带来快乐的源泉吗？大家赖以快乐的资本，也大都源于这些因素，我们把这些作为生活的目标，并以此来衡量自己的幸福与满足。一旦其中一项无法实现，所引发的痛苦，常常让我们抱怨和生气。

也正源于此，生活中无尽的欲望带来的是无尽的痛苦，因为总有目标无法实现，总有难题不断涌现，总有朋友离你而去，也总有梦想无法成真；更痛的，是身体随着欲望、执着以及不规律的生活而透支，肉体上的痛苦更加深了不幸之感受，人们开始抱怨为什么生活如此忙碌？为什么无法得到幸福和快乐的感受？为什么物质生活得到极大提高的今天，痛苦的感受也随之提高？问题到底出在哪里？是因为今天的竞争激烈与残酷，还是因为人们欲望的无度与强大，抑或因为内心的脆弱与孤独？也许都是，也许都不是。

仁波切的第一段话就给了我指引，上述这一切源于对"什么是真正快乐"的理解出现了偏差。索甲仁波切说："迷惑在虚假的希望、梦想和野心当中，好像带给我们快乐，实际上只会带给我们痛苦，使我们如同匍匐在无边无际的沙漠里，几乎饥渴而死。而这个现代轮回所能给予我们的，却是一杯盐水，让我们变得更加饥渴。"我们日常所追求的快乐，以及得到的快乐并不是真正的快乐，因为这些追求都是外在的、不稳定的，甚至是反向的。一个目标的实现引发新的目标，一个梦想的成真带来更大的梦想，一个欲望的满足诱发更大的欲望，这些无止境的欲望和追求，导致的是短暂的快乐和永久的痛苦。

真正的快乐和满足来自于内心以及内心的改变。外在的东西无法真正带来快乐，因为这些东西不可靠、不持久、不稳定。可靠、持久的是我们自己的内心。前一刻你丧失了珍贵的东西，但是下一刻你会发现，你的心可以让你安静下来，让你不为外在的东西左右，不为外部的变化而感到无助，也不为自己的得失太过在意。不用在意外在的东西，它们不会是你快乐的来源。

做一件事情之前每个人都需要问自己为什么要做这件事情，必须知道这件事情本身带来的快乐是什么，就如我现在需要先问自己为什么要闭关、打坐。在日常的生活中，很多人跑步、练瑜伽、到健身房锻炼，大家做这些事情的目的是获得健康的身体，但是没有人认真地想过，我们的心也是需要健康的，也需要一个专门的方法针对心的健康，因为身体的健康总会有一个限制，如果心的健康无法获得的话，人始终不会获得真正的健康。闭关、打坐的目的就是为了挑战自己，面对自己，清净自己，达到佛心，达成自性。这是一个让心健康的方式，脱离日常的干扰，让心安静下来，纯粹的呼吸，单纯的作息，尽量简单的餐食，隔断与外界的联系，亦无外界的干扰。义明帮忙选择的酒店所具有的氛围，也使得静修获得了一个纯粹的空间：一切回归到最简单的生活方式，自然而然。

快乐不依赖于外在，而依赖于内心，请大家能够体认这个道理。

（原载：春暖花开公众号，2015年3月20日）

李光耀：
让人用心纪念的一个人

四天前传出李光耀先生病危的消息，我内心很不安，那一刻，只想安静地为他祈祷，让上苍听到，希望他安好。这个人让我懂得理想和行动之间没有距离，东方和西方之间没有距离，传统与现代没有距离，现实与未来没有距离。

三天前，我安静地祈祷、安静地去体认一个人对他自己的看法，他写道："我来到这个世上，并不是为了探索什么生命的意义，更不会对这个深奥的问题发表长篇大论，我生命的意义就是我做到了我想做的事情，而且我一直是尽力而为，所以我很满足，没有遗憾。"正是他致力于行动与结果的秉性，让世人对他和新加坡赞誉有加。

两天前还在默默地祈祷，希望他能安然度过，然后可以亲眼见证他创立的国家欢庆50周年。

看过很多他的观点，也多次在新加坡感受理想转化为现实的美好。喜欢他这样评价自己："我会把自己描述为一个自由主义者。一方面，我倡导机会均等，努力让每个人都有机会获得最好的发展；另一方面，我还有一定的悲悯之心，希望失败的人不会在困境中越陷越深……我想让制度以最高的效率运作，但同时考虑到那些现状不佳的人，因为他们的自然条件没有提供给他们足够多的资源，或者他们本身缺乏努力奋斗的条件……"

这段话给我深刻的启示，让我更深地理解自由主义，这种自由是机会均等、关注差异，这种自由是极大的包容，以及内在的温柔。

他就是李光耀，一个影响世界，并为国家带来强盛的人，一个让我默默在心里祈祷的人。

16年前到新加坡国立大学商学院就读，之后开始了16年与新加坡的互动。这些互动让我更深地理解到一个人对国家的贡献，也让我更深地体认到行动与结果、理想与现实是可以完美融合的。50年前的世人不可能想象到50年后新加坡的样子，而令我惊喜的是，堪称发展典范的新加坡模式，缔造了真正属于管理的经典。人们很在意资源、很在意基础、很在意先天拥有的禀赋和历史，但李光耀先生带领的新加坡完全在无资源、无禀赋、无基础的境况下，让世界看到理想终可变成现实的美好。

3月23日的早晨，新国大的学生培生发信息告诉我："老师，李光耀先生于今早3点18分仙逝了"。我静静地看着这段简短得不能再简短的信息，无法言语。虽然早有心理准备，可还是祈祷他能看到50周年国庆庆典，而且新加坡国立大学也同样是建校50周年。一个人缔造国家的同时，也一并创设了一所国立大学，这份远见和智慧让我钦佩，因此希望他可亲见这个时刻。

太阳升起的那一刻，我想也许先生更在意他的离开，把50年的荣耀留给新加坡以及新加坡人。那一刻，我在朋友圈写下了这段文字，以纪念他。

用长长久久的温情，去纪念一个人；用久久长长的欣赏，去追忆一个人。不平静的世界，让人无法安静，但为了纪念一个人，瞬间安静，只为这一个人而祈祷，用全部的祈福，不让孤寂存在，因这个人暖炉一般温着世人的心。

爱这个人，是因为在他身上能够映照出我们的梦想；是因为他能够让我们因他的存在，而更加喜欢生活；是因为他让我们觉得行动一定会让周遭更丰富、更美好。

爱这个人，不仅仅是因为他的个性和特质，更因为他有着一种魅力，让普通的时光像钻石般发出光芒，并影响到未来以及远大的宇宙。

爱这个人，因他，学会了从内到外散放一股股对生活憧憬的期许；体认了行动胜于一切的认知。也许我们依然渺小，但是微光也可照亮了周围一大片；单纯去付出，心会如水一般澄明。

我在纪念一个人。

（原载：春暖花开公众号，2015年3月24日）

真的富足（上）

月中，应宛西制药董事长孙耀志先生的邀请，我参加了中国医药工商高层发展论坛，为宛西制药的"三老"（让老中医放心，让老百姓放心，让老祖宗放心）理念所感动，知道这是一个不以物质为评价标准的企业。去到郑州，我又为中学时期的李铁成老师所感动。记得中学时，因李老师被派到东北，才使得在昂昂溪读书的我有机会成为他的学生。自1981年他回到郑州后，我们20年没有见面了，20年后再见到满头华发的老师，得知他在一间极其普通而简单的书房里，写出了被誉为"五四运动"以来阐述人生问题最为精辟的惊世之作《新道德经》，用心血铸成了《祭炎帝文》《轩辕黄帝之碑》《孔子之碑》等流诸后人的杰作。正如李老师所言："我是一个孤独的人，我始终处在孤独中，但我是一个独立的思想者"。从郑州回来，我一直沉浸在与李老师的交谈中，再看李老师赠送的诗词作品，回想李老师对物质生活的淡然，越发了解，品格与境界是因内心的思想而丰满的。

从20世纪80年代开始，人们突然对物质和金钱产生了过度的期望和热爱，所有的人都在谈论如何赚钱，所有的人都在做"创富人生"的规划，这似乎成了一种时尚、一种价值观，甚至一种境界。对此，我一向都持有异议。这种现象的出现，是在大家的心目中物质至上的结果，因为在很多人看来，在一切需要数据化的时代，如果不能够用数据标价的事物都是不值得关注的。如果这是一种潮流的话，李老师的生活方式刚好相反。他一生与金钱无关，他曾经被深圳的一家企业聘请，但还是选择回到书斋，以书本为生。20年后的今天，他证明了他放弃赚钱这个选择的正确与价值。他说："如果我不回来，我不可能写出《新道德经》。"反复吟读李老师的作品，会感到一种悠然的舒畅气息，稍做思考就会明白，我们之所以活得匆忙和烦躁，正是我们缺乏这种纯粹的生活能力所致。我无法评价李老师对于名利得失的看法，但是一个置身于经济社会的现实世界中，依旧能够安然于自己的书房、安然于自己的思想的人，真的已足够我敬仰的了。

近来，我们一直在探讨什么是"商道"，探讨什么样的品格才是商业社会所必需的。争论和探讨还在继续，没有共同确认的答案。直到现在我才想到无法得到答案的原因：因为我们每个人都沉迷在物质世界的追求里，一个被物质文明所惯纵的人，怎么可能有着强韧的精神呢？而没有强韧精神的人，又怎么可能具有品格，又怎么可能具有"商道"呢？当人们为了摆脱物质贫困的状态，为了过上富裕生活而不断地拼命劳作的时候，不知不觉间我们的精神已经脆弱到了不堪一击的地步。

只有当"无"成为常态的时候人们才会对"有"感到无上的满足和感激，而当"有"成为常态的时候，人们不会对"无"产生不满足感，也就绝不会在内心涌动对"无"的感激之情。我想，李老师正是基于这样的认识，才会满足于书斋、满足于撰写碑文、满足于做历史与未来对话的桥梁，也正因为此，李老师才能潇洒地说"我是一个独立的思想者"。

我知道，我们很多人都无法达到这样的心境，也无法忍受这样的简单生活，然而我相信很多人会对这样的心境、这样的简单生活心存向往。我们之所以向往，究其原因，是因为简单即丰富，这种丰富是富足的思想、富足的人生。

还记得一次在六和与创始人张唐芝先生闲聊，他倡导一个观点：当你有一个馒头的时候，你一个人吃；当你有10个馒头的时候，你要让家人吃；当你有100个馒头的时候，你要让周围的人吃；而当你有1000个馒头的时候，这些馒头就是社会的了，已经不是你的了。他说得很朴实，但是寓意却是非常深刻的，品格所需要的正是这种"无"的境界，正是物质之外的精神之气。事实上，心灵的丰饶或贫瘠，不在于富贵荣华，亦不在于有权有势，而在于人的品格是高尚还是卑下。这种说法源于佛教，我在佛教方面虽然知之不多，但是却认同这种说法。如果用现实的流行看法，显然拥有豪宅、大车的富豪要比那些一无所有的流浪汉更受人尊敬，握有生杀予夺的权力者更受人敬畏。但是，我还是坚持应该有一种贵重的价值存在。这种价值与物质财富、权力势力都没有关系，就如佛教最先提出的这种形而上的思想体系：若知足，虽贫亦可名为富；有财而多欲，则名之为贫。

仅是短短的一句话，相对于今天人们的财富观来说，不能不是一种警醒。现代佛教已完全失去了这种本来的角色而变得形式化，人们的内心也普遍失去了对"灵魂"的敬畏和恐惧，但是缺少了这种敬畏和恐惧，社会便沦为法律或者道德评判之类世俗的横向关系，人们心里对此也不会再有自律可言，因此看到这个世界里人们对物质财富的狂热追求，甚至不惜铤而走险。对于人生来说，能够在物欲之外求得心灵的丰富是最为重要的，很多人总是因现实世界的诱惑而困扰，殊不知，在这些诱惑之外还有一个心灵的归属，还有一个倾听心灵的需求。

（原载：春暖花开公众号，2015年4月17日）

真的富足（下）

记得大学的时候，读到哲学家康德的"天上有星光闪耀，地上有心灵跳动"时，心中感动不已，对上天的敬畏和严于律己地守护心灵，不管东方西方都是相同的。只是现在的人忘记了这种敬畏的感受，更加丧失了守护心灵的自律能力。日本作家中野孝次曾说："如果说是由于对神佛的敬畏之心赋予了他们人性的品位的话，那么失去这些支撑的现代人就仅只是一群肉体的存在而已。"我们是否也仅是后者而已？

前几天看到一篇文章，论述成为富有者的九大要素，其中之一是勤俭生活，我深有触动。勤俭生活与富有的相呼应，令人阵阵惊喜，至少物质的财富没有侵蚀富有者的心灵，而心灵的勤勉也造就了富有。

我到企业里，会遇到一个很普遍的问题：当薪金和奖励已经发展到一定程度，还有什么样的激励可以让人们继续不断追求进步卓越。我们常常会建议企业以远景来做激励，但我知道这是不够的，当物质的极限一再被打破的时候，如果人的心灵不能够放开，超越物质成为独立的存在，那么再多的物质激励都不会有效。因此你常常会看到，一个员工会因为简单的原因就离开为之付出过努力的工作。很多人不愿意承认物质诱惑是其中重要的原因，但是这样的转换还是会因为另外的诱惑不停地发生。在中国的企业中，我也常常被问到：如果有机会我是否应该争取，不管这个机会是否符合企业的发展方向。因此你也会常常看到，一个企业家本可以带领企业稳步、持续地发展，却因为无法抵挡机会、权势、财富的诱惑，而使企业陷入困境。

近来常常遇到谈论自己郁闷的人，其实从生活的物质层面上讲，他们已经相当富有，但是看到他们憔悴的样子、烦闷的心情、疲劳的身心时，我知道他们并不富有，因为这些人的内心非常困顿，甚至很多人每一天都在反问自己，这样的生活是否是他所要的，每一天都在懊悔中度过。很多人都说今天的东西不好吃了，没有小时候的味道好。结果不断地寻求新的刺激，即使这样还是没能得到满足。这些困顿应该就是欲望使然，欲望太多反而没有了接受的能力，欲望太多使得人对外在的世界具有强烈的占有欲，看不到自己的渺小，看不到自己拥有的东西的价值。

  我曾在学生们的推荐下，看了韩国一个电视剧《大长今》。我感慨主人公毫不气馁的毅力，同时，也被其中一个环节深深感动：当长今考医女的时候，老师没有给她及格，原因是她太过自信，敢于为任何人做疾病诊治。当时，长今觉得委屈，我也觉得不可思议，但是当老师把真实的原因告诉长今的时候，我也被震惊了。老师说："一个医生必须怀有恐惧之心，要对生命具有敬畏感，这样才不会被自己的医术蒙蔽。而长今你太自信，没有恐惧之心，所以你还不具备做医生的资格。"医生为病人诊治不仅基于医术，更是基于对生命的敬畏。那么管理者做经营也应该是这样的道理，我们不仅基于管理知识和管理经验，更是基于对变化和生命的敬畏，才具备做管理者的资格。

  这种基于对变化和生命的敬畏，正是回归心灵的守护。如果说传统需要传承和敬仰的话，佛教的财富观是值得尊敬的，"有财而多欲，则名之为贫"。我知道李老师是富有的，他的富有源于他心灵的安静，来自他对中国传统文化的敬畏，来自他一个人独自心灵的存在。

  我是个很简单的人，总是希望一切回归到纯粹的方式，所以对于我来说能够单纯地思考、简单地做事就是最好的状态，这也是我一直没有离开学校的原因。因为学生可以单纯，因为学习可以纯粹，因为研究可以专一。我很幸运，可以一直在简单的生活中得到欣赏和支持。

（原载：春暖花开公众号，2014年4月24日）

似君非君
好声音

上周看新一季《中国好声音》，很喜欢那个叫拉姆的小女孩！我和姐姐说，她太像邓丽君了，不会有人为她转身。最终四位导师真的都不转身，虽然觉得很可惜，但有些时候就是这样，没有一点自己，就无法获得认同！祝福小女孩，走出自己的路，如邓丽君却非邓丽君。

不过四个导师没转身，我多少还是失望的。因为好声音，就是好声音，而不是去苛求那么多。小女孩的声音真是好干净、流畅、柔美、纯净。我找不到描绘的词句，就如邓丽君，听到她的声音，就会觉得世间存有美。这就是好声音，这是对导师说的，也是对我自己说的。

在和学生们讨论的过程中，瑞锋说，其实这种太像模仿秀的音乐风格在好声音的舞台几乎行不通，好声音比较偏好改编，特别是要突破常规，为了收视率和关注度，通常会倾向飙高音或改曲风或深情催泪，总是要突出个性，翻唱要把别人的音乐变成自己的音乐。模仿邓丽君其实是很吃亏的，因为难以望其项背，那是一代人永恒的经典回忆，一味模仿难以超越，且不符合当今多元化、差异化的时代潮流，而第一位上场的陈梓童，他改编的《双节棍》就比较受导师欢迎，起码具有真我风格。

世昊一直关注好声音，第一季也有一位模仿邓丽君的歌手，但在之后的PK中很早就被淘汰了，会在导师的心里留下影响。

微凌和刘祯表达了不一样的想法，在沙哑的、所谓有辨识度的嗓音更有市场的选秀时代，这种清新、甜美、干净、饱含深情的声线其实更显可贵！

不得不说，好声音这个舞台由于电视节目收视要求的特殊性，的确存在这个特点。不过，针对导师而言，如果忽略了初心"好声音"，这个节目会办不下去的。

抛开卫视对节目的要求不谈，回归到这个女孩子身上，其实可以分三个角度讨论：小女孩、四位导师、节目本身。

从小女孩的角度，需要知道要有"自己"，要把甜美如邓丽君的声音变为自己的甜美。

从导师的角度，要知道什么是价值判断，什么是根本核心，还要知道自己的责任。

从节目的角度，要有能力保持初心，回归本质。

三者之间，小女孩是最不能给予苛求的，她只需要展示自己的甜美即可，邓丽君的歌就是一个好的选择。起决定作用的是四位导师。音乐总是给人激发，核心是心里的共鸣。这个歌声可否激发甜美的共鸣，才是根本。

（原载：春暖花开公众号，2015年7月24日）

爱的发心
——南法游记：圣雷米（Saint-Rémy）

去圣雷米，是因为我特别喜欢梵·高的《星月夜》，还有他的《鸢尾花》以及《有丝柏树的麦田》，这些作品都是在圣雷米创作的。当然我还知道，梵·高自己发心来到圣雷米，所为的只是一个情深的弟弟，他希望自己可以身心恢复健康，以安慰爱弟的心，同时可以再发挥一次自己艺术的光芒。所以来圣雷米时，我的心充满了柔柔的情愫。

我为梵·高在身心已如此疲惫之时，还发心到圣雷米而感动，为弟弟对他的深爱而感动。而看到画作《星月夜》时内心的震撼，更让我对梵·高与圣雷米喜爱有加。如果说他的《向日葵》带给我无限的温暖，那《星月夜》则带给我无尽的深远。所以很期待去圣雷米，去看那本打算给梵·高疗伤的地方。

有周律师开车，我们很快就到了圣雷米。这是一个在山脉间的小镇，车子一驶入圣雷米，就可以看到《星月夜》中那个尖尖的教堂塔顶，在小镇非常显眼的位置上。教堂前面就是市政广场，我们把车停在广场的停车场里，然后朝着教堂走去。

太阳很热，阳光强烈而刺眼，我们安静地走在路上，寻找当年梵·高所在的疗养院。据说，这家疗养院早先是一座古僧院的遗址，后改造为疗养院，收容精神病患者以及癫狂症患者，患者常常从很远的地方来到这里疗养，梵·高就是其中一个。

走了很久，还看不到半点古僧院的痕迹，大家开始怀疑是否走错路了，正好遇到一个当地的居民，她告诉我们疗养院就在前面不远，穿过一条细细小小的路就到了。我们顺着她指引的方向往前走，才发现古僧院坐落在居民区的后面，那条细细小小的路是僧院高高的院墙与邻居之间的间隔。沿着高墙走到僧院的前门,看到了"梵·高博物馆"的门牌,终于找到了。

疗养院至今还在使用中,只是把梵·高曾经生活的地方单独开辟出来,作为梵·高博物馆。一进院门,就看到道路两旁的矮墙上挂着梵·高的画作,第一幅就是我喜欢的《鸢尾花》。再往前走,看到拿着一束向日葵的梵·高铜像。也许是他真的病了,铜像的梵·高细瘦,面容带着痛苦,在我看来,只有拿着向日葵的手充满了力量,而他整个身躯几乎无力支撑。我定定地望着大树下的梵·高铜像,忽然有一种想哭的冲动,那一刻,曾经充满快乐、生命力的梵·高不再存在了,一种生命将要凝滞的痛感,一瞬间滑了出来。Amanda知道我喜欢梵·高,建议我和他的铜像合影,我没敢接受这个建议,选择了快速走开,因为不想和这样苦苦的梵·高合影,怕眼泪流出来。

圣雷米山地的自然,明亮的阳光,澄明的天空,高大的柏树,暗绿的橄榄树,宽广的田野,加上疗养院温情的呵护,梵·高又可以恢复创作了。他把圣雷米的很多自然风光入画,橄榄树、苗圃、柏树、云、太阳、劳作的人、溪谷、岩石、红罂粟、疗养院以及周边的花园等等,梵·高对这里的自然景观赞不绝口,称之为其生涯中所见的最庄重的景色。他把这一切都表达出来,让一切由自然界嵌入到恒久的画面上。那些细腻而生动的观察,落在画家的笔尖,又呈现出更加自然的状态,真是太美好了!他在这里的创作达150幅之多。我们走进疗养院的小庭院,人并不多,回廊显得清净平和,里面并没有太多当年梵·高的物品展示,只在一间小纪念商店里看到有关梵·高作品的商品,我们挑选了很多由他的画制作的冰箱贴,算是对我的一个安慰。

原以为在这里所得就是这样,梵·高在疗养院的一切可能就在这几个冰箱贴中,那一刻,我还多少有点失望。但是望去后花园时,我开心极了,这个花园也在梵·高的画作中出现过。让我更开心的是,花园里的薰衣草,蓝蓝紫紫的一片茂盛,我快乐地跑到后院,笑着对雪芹说:"此来南法,看到这一小片薰衣草,我已足矣!"

我真的很满足,一是因为看到紫色的薰衣草,二是因为看到梵·高笔下疗养院的花园。身旁有3—4个人,安静地坐在花园旁写生,我站在他们身后,看着他们画画,望着薰衣草花园出神,然后走进花园,顺着这片薰衣草四周走了一圈,也不忘拍照。看到这样宁静的花园,我想梵·高也一定可以安静下来。

有时,可以调整人心态的环境并不需要很多的条件。这一方薰衣草,一个小小的后花园,就足以创造出一个宁静的空间。很多时候,我们也许要得太多,反

而忽略了身边的环境,忽略了心与自然的交融。站在后花园的树荫下,这一小片薰衣草在亮亮的光线下,显现出初嫩的蓝紫色。看着生命安静地次第茂盛,安然而又满足,我不知道梵·高在这里是否也如我一般。

带着这份宁静,离开疗养院往回走。回去的路线让我们恍然大悟,原来那才是真正的"梵·高大道":一路上都有梵·高的作品镶嵌在路牌上,而作品的画址就是沿这条大道的每一处风景。Amanda说:"难怪梵·高会画出如此明亮的太阳,这里的阳光就是如此啊!"

已是傍晚,太阳还是很亮,云的形状多样,橄榄树泛着暗绿的色泽,高大的柏树枝头直指天空,一切都和梵·高所呈现的圣雷米的自然景观一样:壮丽、高远、灿烂、灼热。

记得有一篇赞美梵·高绘画的论文是这样说的:"灿然的青玉与蓝玉嵌成的天空,地狱一般的热灼而腐烂的天空,熔金喷出一般的天空,其中悬着火轮一般的旭日"。看到这个评价时,我认为是梵·高疯狂性格的流露,现在走在圣雷米的大道上,亲身感受这日光,才知道梵·高所呈现出来的,是真正的自然、真正的明亮,以及真正的灼热与壮丽。

我甚至可以想象出圣雷米的星夜,一定和《星月夜》一样:从高大的柏树尖,远远望向整个小镇,教堂塔尖与柏树尖相呼应,紫色的山脊与深暗色的夜空相呼应,错落的房子与旋转的星空相呼应,泛着红晕的月,让夜空呈现出更加深邃的神秘。一切都是那么的悠远与宁静,但又充满了跃跃而出的气息,让我无法形容。

沿着梵·高大道,观赏一幅幅伫立在街旁的梵·高作品,圣雷米的阳光也一点点铺撒在我们行走的脚步上,一切都在温暖中。只是,不知道为什么,我的脑海里总是抹不去梵·高像的样子,内心总是有那么一点点的隐痛,那么一点点的惆怅,那么一点点的难过……

我似乎也无力去理解圣雷米的梵·高,那样的宁静、那样的渴望、那样的挚爱、那样的沉浸,一切都在一种交集与冲突中,甚至有些悲壮。也许雪芹、Amanda和我的感受是一样的,所以走在路上竟然都一致认为,圣雷米太过孤寂、太过宁静,我们也一致认为梵·高不该来到圣雷米,虽然他在这里得到了极好的治疗,获得了暂时的恢复,但是这份寂静,也一定触动了他内在的孤独,让这份孤独更深地侵蚀着他羸弱的身体。

也许是圣雷米真的太安静了,以至于我们走在梵·高大道的路上并没有想说什么话。安静地走在街上，看到玩门球的老人，静静驶过的汽车，很少遇到行人。太阳的灼热开始弱了下来，让这个安静的城市有了一点点清凉，我喜欢这样的傍晚，想象星空下在画布上创作的梵·高，也如一幅画一样，深深地嵌入我的脑海中。

来到圣雷米，我问自己，真的理解喜欢梵·高作品的内在理由吗？真的理解梵·高把画画作为毕生使命的那种牺牲吗？真的理解梵·高对自然的热爱，以及对太阳的敬畏吗？真的理解他对弟弟的负疚以及弟弟对他爱的深度吗？如果不是来到圣雷米，这个梵·高竭力调整自己，让使命和本能、对爱弟的亏欠以及对自然的崇拜平衡之地，我无法知道先前对梵·高作品的理解是那么的肤浅。

我一直拒绝去理解梵·高割掉耳朵的片段，一直拒绝理解他开枪打向自己的片段，也一直拒绝理解他那些疯狂的片段；只想保留他渴望自然、敬畏阳光、同理他人痛苦、竭尽力量想回报弟弟的这些生命中最美的片段。我想，也许他的弟弟提奥也和我一样，无论多少次因为梵·高的疯狂而不得不担惊受怕，无论多少次因梵·高的疯癫之举而不得不竭尽全力救济。但是，当梵·高真的放弃了自己生命的时候，提奥也在梵·高去世6个月后，离开了人世。

我没有很多的资料去了解梵·高的弟弟提奥，但是我总是记得梵·高与提奥在生命最后这一段的悲情。我知道为什么自己如此喜爱梵·高的画作，因为这些画里更深地蕴藏着梵·高对弟弟恒久的爱，一种无法用语言去表达的爱。我甚至会认为，梵·高在其短短的生命里，如此丰厚的画作，是否是其回馈给爱弟的唯一方式呢？所以，无论这些画作在什么样的情形中产生，作品总是有一种滋味在里面：可以窥见内心的情绪、渴望表达爱的情愫、不想割舍的气息、不忍的伤感，以及真正内心有所依托的平静。

到圣雷米，我才发觉，自己终可稍微更接近一点去理解梵·高的作品。

（原载：春暖花开公众号，2015年7月31日）

禁欲与爱情：塞农克修道院（Abbayede Senanque）
—— 南法游记

从酒店出发前，服务员告诉我们，塞农克修道院（Abbayede Senanque）前的薰衣草盛开了，他们刚刚从那里回来。听到这个消息的确让人振奋，因为那里是彼得·梅尔《山居岁月》一书的故事发生地。我渴望着去一睹修道院前如深海般蓝紫的薰衣草花园，一睹那称之为爱情象征的寓意之地。

车子沿着山谷崎岖蜿蜒的道路前行，然后在路旁一处石崖高地，我们看到了修道院和院前那片蓝紫色的薰衣草田野。那一刻，忽然觉得，坐落在薰衣草中朴实无华的修道院，美得已经无法用语言来形容，难怪人们一直把这里称为"法国最美的明信片"。是的，真的是无与伦比的美：碧空下寂静的山谷，灰褐色的石屋修道院，如天鹅绒般蓝紫色的薰衣草，宁静弥漫的超然气息⋯⋯

塞农克修道院和我想象的完全一样，厚重、简朴而又庄严。这是一座石屋，看不到精致的彩绘玻璃、雕像，也看不到堂皇的钟塔，建筑的高处也仅仅是一个类似碉堡的屋顶，建筑线条十分干净利落。远远望去，感觉这个建筑，应该是其教规的外化显像。看资料了解到修道院建于1148年，由一位院长及12位修道士所创建。这里的修道士素来以严苛律己著称，每天长时间地祈祷、阅读与劳动，吃住和休息时间都有苛刻的规定，借此磨练修道士们的心性。

不过，在这样严谨的修道院建筑前，竟然会有一片美美的薰衣草？我眼前就是这样非常奇特的景观。一座简朴的修道院，前面一大片紫蓝色的薰衣草；略带灰褐色的石屋多少有点沧桑，而紫蓝色的薰衣草却又有极强生命张力，是那样的年轻与活力四射，两者组合在一起，一种绝然的美腾空而起，使得你站在它的面前，几乎无法呼吸。

眼前的这片薰衣草，让我难以割舍，也许是无法理解，修道院与薰衣草之间因何而组合的缘故。薰衣草的花语是"等待爱情"，而普罗旺斯最著名的薰衣草花田竟是出自一群以禁欲苦修出名的西多士修道士之手。也许就是因为这样的矛盾，才让它变成了著名的爱情朝圣之地。可是，我还是无法理解，为何禁欲与爱情会组合在一起？

此刻的这里，没有太多游人，这样反而让我们可以好好地隔着院墙，观赏薰衣草花园与修道院。细细观赏时，内心滋生一股情动、一份遐想。修道士们按照严格的教规过着清贫简朴的禁欲生活，却一直精心培育着这片美丽的薰衣草田野，我真的想不出来到底为何？有人说是因为薰衣草有极高的经济价值，这或许是一个好的理由，但我还是觉得总该有一个更加柔美的理由。我所熟悉的薰衣草传说，总是与爱情和浪漫相关，这与远离尘世的修道院和隔绝爱情的修道士们组合在一起，到底是为什么呢？

没有人给我答案，我好像也找不到答案。离开修道院薰衣草花园时，也许因为无法获得答案而多了一点不舍。这份不舍忽然让我理解到，爱情应该是深埋于心底的，一切磨炼都不是为了禁欲，而是为了更深地去理解爱，去理解无可比拟的美。就如薰衣草般，带着香，也带着劳作，从而获得灵性上更加稳定的爱。理解到这一点，我释然了。

（原载：春暖花开公众号，2015年8月28日）

空寂不诱，功利不贪：红土城（Roussillon）
——南法游记

我终于有机会来到红土城，南法一个标志性的小镇。传说中红土城的领主有一个年轻美丽的妻子，但她爱上了一个游吟诗人，心胸狭窄的领主为了报复，残忍地将诗人杀害，深爱诗人的妻子不愿在失去爱人后独自偷生，纵身跳下悬崖，殉情而死，鲜血溶入土地。从此，这片土地就一直呈现深深的红色。而这染血的浪漫红土地变成了吕贝隆山区最独特的风景。

这个故事诠释了红土城名字的由来，不过自己对这个故事没有太多的感受，相反，整个小镇一片热烈的色彩，给我很强的冲击力，我更情愿每一座红色的房子里，都有一个浪漫的故事。走进镇子里，周律师去停车，雪芹去找薰衣草的产品，Amanda和秘书去找好吃的餐厅，只有我一个人在大树下，安静地看这个小镇。

这里不愧为红土城，所有的房子都是红色的，远远看去是一座建在红色山崖上的红色要塞。脑海里冒出意大利五渔村的样子，只不过五渔村在海边，色彩更丰富一些；红土城在红色的山上，一致的红褐色，但在我看来两者都透着浪漫。

古时候法国人把这里称作Viscus Russulus，在拉丁文中的意思是"红色的山"，形象地诠释了鲁西永特有的赭石地貌。Roussillon作为颜料原料赭石的采掘场，从罗马时代就很有名了，这里曾是红极一时的世界级赭石产地。我不了解这种颜料，吸引我的是这些民居，民居上各种颜色的窗框，各色鲜艳的花朵摆放在窗台上，绿色的植物爬满红墙形成的对比。如果不是身临其境，你很难想象，城市里每一处都是一幅水彩画。每一处都恰到好处，每个街角、每个窗棂、每扇门、每个小巷，再加上悠闲的游人，飘着薰衣草香的空气，以及大大小小的餐厅、咖啡厅飘出的美味。这个小城，真是浪漫至极。

我顺着斜坡走到高处，竟然看到一束薰衣草开放在路旁，透过薰衣草远远眺望，红土城也如石头城一样，沿着山坡层叠而上，建着不同特色的屋子。整个镇子轮廓与石头城也很相像，唯一不同的就是色彩，这里是一片红色，很温暖，也很热烈，让你仿佛置身于一个童话世界，用红色渲染着浪漫的传说。

Amanda在远处招手，一定是找好吃饭的餐厅了。我们便朝着挥手的方向走去。顺着弯曲的小径，我们来到一家漂亮的餐厅，但是主人告知时间已过，他们不再提供餐食。其实那个时间并不是很晚，只是我想主人一定是界定了自己每一天的时间，不会为了获取更多的收益而调整自己的时间，想到这里，我毫不犹豫地转身离开，心里很佩服主人的做事原则。

我们去了另一个正在营业的餐厅。穿行在红色的房屋之间，很有点似水流年的味道。餐厅在二层楼的天台上，爬上窄窄的楼梯，到了二层平台，才发现有另一番别致。平台不大不小，安放着七八张桌子，阳光很温暖。与大家在这里用餐，心情大好，自然会有红酒，美丽的邻桌游人，以及一种闲适的气息。依然是传统的南法餐饮，最欢喜的是周围的人，红色填满视线的惊艳，以及友人陪伴的温馨。

一个人的生活中会有各种各样值得纪念的东西，一部分来自成长过程中触动心灵的历程，一部分来自爱、旅行和激情。这是我喜欢旅行的缘故。因为旅行会让你感受从未感受过的东西，这些因未知而得的惊喜，会让内心充满能量和欢乐，也让生活拥有了沉淀的厚度，更让生命拥有了美好的感应和激情的张力。

这一刻，坐在红色围绕的阳台上，这份惊喜浓浓地化开，甚至觉得最传统的法国长条面包，也有着更特别的味道。安静地看着坐在身旁的朋友们，与邻座一家欢快的游人，心头涌起的满足感，也如这红色一般饱满。忽然发现，爱上一个地方，其实只需要一秒钟。

来普罗旺斯之前，我完全不知道红土城，因为有雪芹，我不做任何功课，就把自己交给行程。而此刻坐在午后阳光下红土城一间小餐厅的阳台上，身边是不熟悉的语言，却又飘荡着熟悉的气息。这里没有令你惊讶的景观，却可让你融入其中；这里没有夺人眼球的绝美风光，却可让你沉迷其中不忍离开；这里没有名山大川让人耳熟能详，却可让你安之若素。在这里，你会觉得生命是一种品味，每一刻都是你自己的时光。

朱子曾说"内无空寂之诱，外无功利之贪"。功利是纯现实的，空寂是纯精神的，两者的融合实在是一个难之又难的话题。儒家采用了一种中和的态度来解决这个难题，便有了艰苦内求的历练过程，而用一种中庸的取向时，总是不免有功利之求。即便是我喜欢的道家，陶渊明的悠然、庄子的逍遥、老子的若水，似乎更倾向空寂。当遇到冲突的时候，采用道家逻辑的人，常常是回避冲突，并未真正解决问题。所以，融合空寂与功利，真的是难之又难啊！

坐在这里，发现小镇上的人似乎达成了这两者的融合。美酒佳肴，纯净时光，既不避世，也不落俗。我知道自己为什么一秒钟就爱上了它，这正是朱子的境界，也是我的向往。

空寂不诱，功利不贪，其实就是一种朴实的生活方式，一种安闲当下，珍惜拥有的生活方式；一种知道进退取舍，无忧无迫的生活方式。很多时候人们生活得很纠结，无外乎功利不得，空寂不耐。很多人日复一日地追求实现自己的目标，一个目标实现了，更高的目标随之而来，更有甚者把此称之为进步与成长。我问自己，什么才是真正的成长？其实真正的成长，是心性的成长，是对自己局限性的认知，是对外在证明的淡化，是对自我认知的成熟，是知止。就如红土城的人一般，不为增加营业额而劳作，只为自己的喜欢而取舍。

仔细想想，今天之中国，想过上这样闲散的生活是多么的不易。每个人都不得不对功利认真，每个人都不得不为世俗的成功而努力，每个人都不得不放弃自己内在的价值判断，而落入外部的价值评判之中。有时，和年轻的学生聊天，看到他们在读大学期间，也忙于走入社会，忙于赚钱，忙于建立关系，总是觉得心有恻隐。看到年轻人开始学着紧张，学着崇拜功利，羡慕学霸，羡慕出名，羡慕偶像，即使成不了偶像，也要成为粉丝，生怕被遗弃和遗忘。整个社会就在一片浮躁与膨胀之中，大家都把每一天的时间塞得满满的，生怕有一点空余的时间，很少见从容生活的人。但是，如若生活都不能从容，心又如何可安？这该是现代中国人的一大苦楚！

想到尼采有关"完人"的一段话，他说"据说中国有句古语叫'金无足赤，人无完人'。但是，如果谁真的打起灯笼到市面上去寻找完人的话，最终令他感到的可能不是失望，而是意外：完人其实就是那些终日为'善'而奔波，而又在不知不觉中实现了'美'的'真'实不虚的普通人"。尼采这段话，就是我此时所感。很开心来到红土城，感受这份从容，感受空寂与功利之间可得平衡的安闲。知道有"大片大片薰衣草"在不远处等着我，起身离开餐厅、离开红土城的时候，内心多了一份快乐、一份安闲。

（原载：春暖花开公众号，2015年9月18日）

距离

世界上最远的距离，不是远古与未来，不是太阳与月亮，是你站在人群里，却不知道能够与谁相知。

感觉人们已经隐藏了感情，没有人可以再轻而易举地走进别人的心里，每个人都有一种无法抗拒的美好在梦里，而在现实中却不会轻易流露情感。今天在飞机上看到关于乔臻、丁建华和童自荣之间的是是非非，竟有心痛的感觉。他们是我们这一代人心中的偶像，在他们充满张力的声音中，我们感受过文学之美、电影之美、生活之美、人性之美……当这种美好几乎要成为一个时代象征的时候，距离的鸿壑竟然凸现。

是否存在一种纯粹的精神世界，一种纯粹的情感世界？难道人与人之间只能是一种竞争的现实关系，只能是交易或者比较的商业世界？

当我开始认识感情的时候，少年的美好已经结束。在昂昂溪这样的小镇，人们没有距离，只有关爱。那个时候，老师、学生、家长相互关爱的默契，无人能及。我们的物资生活并不富裕，这个小镇也仅仅是一个甜美的草甸子。我们所经历的那些琐碎，短暂的时光总在耀眼的阳光下，熠熠生辉。即使今天我生活在他乡，这些和谐的故事还是如影随形，成为自己对生活本身的信任。感恩永远是我力量的源泉。

本不愿把过去放在心里太久，人总该向往未来，不然，过去在心里扎了根怎么办？本不愿对过去耿耿于怀，人总该珍惜现在，不然，现在荒废了怎么办？只是当你不能够自由地呼吸新鲜空气，畅快地表达自己的情感的时候，是不是会退回到过去呢？

也许只有在需要承受更大的压力、遇到更多的问题、需要解决更多困难的时候，人们才会知道一个人的力量是多么的有限，一个人的承受是多么的无奈。望着飞速进步的社会、飞速进步的技术、飞速进步的人类文明，人从来没有像现在这样需要爱一个人爱得那么用力、尽心。如果每个人都小心地守护自己的感情，生怕受半点伤害，那么每个人都没有挣破保护膜的勇气，明明需要帮助，却像蜗牛一样慢慢地缩回壳里。

雨天看伞，看不到大大的伞，能看到的只是一把把孤独的伞独立支撑着对风雨的抵挡。常常一个人站在雨里久久地凝望，看雨的碎片飘过路人的身影，不知道为什么总是想到人的心中似乎也有一把伞，一个人苦苦地撑着，感觉上好像能够抵挡风雨，回过头来却淋得全身湿透。

坐在星巴克中，有些幸福的错觉。淡淡的咖啡、轻轻的细语、静静的欣赏。工作不是星巴克氛围的重心，在星巴克出现之后，除了交往，生活中再无其他重要的事情。我们在感慨星巴克的经营理念的时候，知道这也是人们生活中的一种愿望：在这样的一个下午，已经再没有什么重要的事情，只有你、你的朋友以及你们的交往。

现在的人似乎特别容易受伤，特别是在感情上，每个人都变得格外的小心。常常看到人们背着背包，决定远行，行走在山水之间，与大地亲近，与山峰亲近，与河川亲近，与自然亲近，只是无法与周围的人亲近。人们总是想站在别人不可能看到他的距离之外，只有这个时候他才能够从内心深处大声地呼唤，那一声呐喊，如释重负，然而心却隐隐作痛。

寂寞的路，一个人走，都市里的每一个人，格外孤单。其实每一个人都可以走在阳光下，可以把朋友一一想念，可以在相互的关注和想象中获得生活本身的乐趣。

可是，人长大了，把不轻易表露自己的情感作为成熟的标志，把深藏不露作为理性的表现。已经不会表达情感，已经不会在大雨中尽情淋透，已经不会在人群中表露真我。每个人总是复杂的，都会有许多惊喜、许多快乐、许多经历和故事。只是太多的人把这些尘封在日记里、记忆里，从放在内心的那一天开始，没有想过再对任何人打开。当时间成为记忆，那些本该是快乐的每一个回忆，本该是幸福的每一个片断，因为没有分享而成了库存。

当你的生活只是一段心里的记忆，我们清算自己的人生仓库的时候，可能盘点出来的库存已经没有了价值，甚至当我们估算它的残值的时候，只能用回忆来填补，连折旧的能力都没有。在自己的仓库里堆放的是毫无价值的物品，我们又怎么能够获得一生投入的回报呢？

常常在想：没有心中对一个人的热爱，我们可能无法听到贝多芬的乐曲；没有对生命的聆听，我们可能无法看懂海明威的作品；没有对人性的透析，我们可能无法理解弗洛伊德的梦境；没有对人的尊严的崇拜，我们可能无法欣赏梵·高的向日葵。

在生活的道路上，是朋友与我们一同前行。对于每个人来说，友情是非常非常重要的，比许多东西都重要。现代的生活经常处在动荡变化之中，我们比以往任何一个时代都需要友情。有了友情，孤独的日子才会有所点缀；有了友情，昔日的隔阂力可能变成诚挚的牵挂；有了友情，才不会再去计较心目中的排名，不会再关心彼此的差距，不会再在意是否符合标准。

喜欢的场景：华灯初上手捧一杯清茶，坐在窗边，与对面的友人互诉心声，可以感受承诺，可以感受理解，可以感受心灵深处的共鸣。这个时候，整个世界都笼罩在温暖与关爱之中，所有的困难和艰辛，都有解决的办法，因为坐在你对面的友人知道你的困境，知道你的快乐与困惑，知道你的付出和代价，更加知道你的价值和意义，他会珍惜、会理解、会支持。

人是不该刻意保持距离的，人不该小心翼翼地交往，不该因压抑自己而无法淋漓畅快。人会有许多的欢笑与泪水，会有许多的雀跃与心痛，这许多的情感应该可以在朋友面前毫无顾忌地倾泻而出，可以让自己的表情和心情自然合一。因为友情，单调的生命才有了色彩，生活才有了辉煌和灿烂，才有了畅快和潇洒，也才有了人生的震撼与惊喜。

（原载：春暖花开公众号，2015年10月30日）

猴子的执着

在亚洲，有一种捉猴子的陷阱：人们把椰子挖空，然后用绳子绑起来，接在树上或固定在地上，椰子上留了一个小洞，洞里放了一些食物，洞口大小恰好只能让猴子空着手伸进去，而无法握着拳头伸出来，猴子闻香而来，将它的手伸进去抓食物，理所当然地，紧握的拳头便缩不出洞口，当猎人来时，猴子惊慌失措，更是逃不掉。

没有任何人捉住猴子不放，它是被自己的执着所俘虏，它只需将手放开就能缩回来。

很多人都把自己的过错归结为现代社会的责任，归结为金钱、权力、名誉、地位的诱惑，还有人把竞争也算在其中，并美其名曰：适应时代的要求。只是当这一切成为既是手段也是目的的时候，却造成了对社会的伤害，并让自己也受到伤害。

中国的佛学讲求"舍得"，没有舍，就不会有得。这个见地建立了某种价值的标尺。无论是对世事的认识，还是对知识的把握，以及对人生的了解，人们都以此为人生价值的一个标准，它说明我们的好恶、取舍和喜悦之心。这个人生的价值标准本能地引导我们确定行为的准则；这个人生的价值标准本能地引导我们把精神的价值与物质的价值分离，却又能够更热情地享受各自本分中的生活，可能这也是我们天生愉快而幽默的原因；这个人生的价值标准本能地引导我们质疑金钱的功能而倡导"大丈夫"的精神，贫贱不移、富贵不淫、威武不屈之风，并将此种理想输入人们的生活准则之中；这个人生的价值标准本能地引导我们怀疑对物质世界的追求，而提倡精神世界的追求，并将此融入生活的艺术与文化的艺术之中，它教导我们基本的道德标准，如忍耐、勤俭、谦恭、和平；这个人生的价值标准本能地给予我们价值的意识而教导我们接受物质与精神的优缺点，它告诉我们，无论人生的目标如何设定，人的最终目标是为人类的幸福，是"小我"

与"大我"的关系。

"从零开始,全员下岗"是惠普"世纪整合"的成功所在。当2001年9月4日惠普"女强人"卡莉·菲奥里纳宣布惠普计划与康柏合并时,全世界都惊呆了,因为这将是全球IT产业有史以来规模最大的一场合并:涉及的资金规模达到800亿美元,人员多达十几万,合作项目仅中国区就多达1000多个!于是,"世纪合并"震惊了整个世界。一时间,无论是IT业内人士,还是华尔街的金融师们,或者惠普内部,质疑声、辩解声、讨伐声,相互交错。甚至惠普创始人家族都拍案而起,意欲诉诸法律以阻止这一疯狂之举。直到2002年3月19日,在类似于全民公决的惠普股东投票中赞成派压倒反对派,一切才算尘埃落定。"世纪合并"项目在2002年5月8日正式启动,但是还是有很多人持冷眼旁观的态度。

然而,一年后,整合后的新惠普交出了一份出人意料的成绩单。新惠普不仅顺利完成了对康柏的整合,而且在经济低迷、恐怖袭击、战争阴云的笼罩下依然拿出了漂亮的财务业绩:2003年5月21日,惠普发布了当年第二季度报告,截至4月30日,惠普运营收入与第一季度179亿美元相比,增长了1亿美元;利润总计为11.4亿美元,较第一财季增长了4%;净收入则达到了6.59亿美元,每股盈余0.22美元。这一结果甚至超出了华尔街分析师此前最乐观的预期,也高于所有观望者的预期。人们在欣赏、惊讶"世纪整合"的成功的时候,也在寻找其成功背后的机理。其中一个最明显的因素是惠普内部的"从零开始"原则,也就是将原有组织结构和人员岗位全部废除,完全根据新惠普对业务市场的预测,决定销售目标,再进行组织结构设计,最后再决定适当人选。这也就意味着:原来的员工,不论原惠普的还是原康柏的,在宣布合并之日起,就全部自动下岗了!这样对于个人来说,失去了原先可依赖的资历。新惠普人的感受最能够说明问题,中国区总裁孙振耀的回忆很有代表性:"2002年3月的一天,我在上海,接到我老板的电话:'经过我们的一番选择,决定由你担任中国区总裁。'那一天,我在日记本上记下:从今天开始,我从老惠普辞职了,我加入了一家新的公司,我要用新的心态,来看这个公司。"而事实上,孙振耀的头衔虽然还是中国惠普的总裁,但由于四大业务集团的设立,其实质权力已今非昔比,在此情况下,转变心态、忘掉过去确实是转变角色的第一步,否则就只能深陷在迷恋过去的痛苦中不能自拔。这就是新惠普的成功之道,没有惠普人对过去的舍弃,就没有新惠普"世纪整合"的辉煌。

中国的企业在市场经济的浪潮中也发展了10多年,可是我们常常看到有些企业对已经取得的成功恋恋不舍，无论是产品、技术，还是员工，甚至常常听到企业老板对过去沾沾自喜，并以过去的成功标准来看待今天的市场。假设不能够超越过去，又怎么能够迎接未来？

正如我们津津乐道中国古代的文明一样，我们紧紧抓住的只是一根联结过去的线索，这根线索无法牵引我们走向更加美好的明天。当我们在祖宗的光环下自以为很荣耀的时候，别人已经不再流连于历史，而是把住了时代的脉搏；当我们在一部一部电视连续剧中挖掘一个又一个历史题材的时候，别人已经告诉你未来的世界是什么样的；当我们还抱着大同世界的幻想的时候，别人却挥动着技术与创新的翅膀飞向进步的彩虹。是我们不知道寻找未来的路向吗？不是！是我们习惯于过去的种种，历史的情节，使得我们可以优越和自豪，即便是我们现在有些滞后，可是回望整个人类历史的长河，我们仍然可以怡然地徘徊在东篱之下、朗月之高，咏唐诗宋词，而忘却这种人类共同追求的东西是需要在综合国力之上才显得真实、可靠。

心中的欲念使我们放不下，内心的欲望与执着，使我们一直受缚，我们唯一要做的，只是将我们的双手张开，放下无谓的执着，不要再执着于过去，不要再执着于既得的东西。学会放下，学会舍得，才能成为一个真正自由的人。

（原载：春暖花开公众号，2015年12月4日）

我可以付出欣赏

在听歌,一句歌词滑了进来"我喜欢默默地被你注视着默默地注视着你,我渴望着深深地被你爱着深深地爱着你",流行的东西不见得是最好的,但是流行的东西一定是最爱的,这句流行歌词正是心的抚慰。因为要研究电信整个行业,我看了SK电信的整个市场策略,被SK电信的主题打动:关爱、付出。韩国的这家公司从关注每一个生命开始,付出他们的每一分努力,也许这份关爱和付出就是SK电信的盈利支撑点。然而一个公司能够这样去换取市场份额,实在是人生的至高境界,也因此明白:"付出才是获得的永恒依据"。

可是,我又能够付出什么呢?

今天飞机晚点,现在还在飞机上,已是深夜12时35分,估计要近凌晨2点才会到广州。有些后悔答应国家医药监督局的这一天课程,但在看完了在机场买的海岩的一本小说《玉观音》后,心情平静了下来。不知道自己能够理解多少,可是对于爱而言,更希望如观音菩萨所代表的那样"慈悲"为怀,也就是"予乐""拔苦",想到自己飞机晚点冒出的怨念,觉得很是不应该。在现实生活中,我又能"予乐"多少于人,"拔苦"多少于己?我没有做到多少。现在能够有个机会为提升政府工作人员的专业能力做点贡献,真是个很好的"予乐"。

白天一天都在讲课,看到全国各地的局长们认真听课、做笔记并认真回答问题,自己真的很开心,特别当他们说,这是他们在国家行政学院一个月来所有课程中最幸福、最快乐、最有收获的一天的时候,自己的辛苦也就烟消云散了。欣赏真的是最好的激励。多年前,看三毛的作品,她讲述过一个欣赏的故事,她说一个年轻人告诉她,好好地欣赏路边草地一朵小花,会让你快乐起来。我同意这个观点,当你能够欣赏,你会非常快乐。

生活中的万物应该是因欣赏而存在。天空因小鸟的欣赏而美丽,树木因阳光的欣赏而茁壮,小船因河流的欣赏而漂泊,凡人因朋友的欣赏而神奇。万物因为欣赏才有了意义，自己也不例外。所以讲授"工作激励"的时候，我很坚持世间最好的激励就是欣赏。所幸的是自己一直生活在一个可以欣赏的氛围里，被欣赏和欣赏别人。

此时知道自己可以付出什么了：我可以付出欣赏。

（原载：春暖花开公众号，2015年12月11日）

无心之茶，
柳绿花红

近10年来，中国各个领域的管理者都在反思自己的管理方式和管理行为。而实践证明，所谓的管理理论和管理原则往往无助于他们的组织。企业到底如何发展？企业怎样才能够摆脱面临的困境？似乎有解又无解，因为我们总是无法判断企业到底能够存活多久，从历史上看，能够活到300年的企业已经是寥寥无几。

但是，这又何妨？想到一段"禅"：

一休禅师的弟子珠光创立了"茶道"，一休禅师问道："珠光！你是以何种心态在喝茶呢？"珠光回答道："为健康而喝茶。"一休禅师叫侍者送来一碗茶。当珠光捧茶在手时，一休禅师大喝一声，并将他手上的茶碗打落在地，然而珠光依然一动也不动。过了一会儿，珠光向一休禅师道过了谢，便起座出门。一休禅师叫道："珠光！"珠光回头道："弟子在！"一休禅师问道："茶碗已打落在地，你还有茶喝吗？"珠光两手作捧碗状，说道："弟子仍在喝茶！"一休禅师不肯罢休，追问道："你已经准备离此他去，怎可说还在喝茶？"珠光诚恳地说道："弟子到那边喝茶！"一休禅师再追问道："我刚才问你喝茶的心得，你只懂得这边喝，那边喝，全无心得，这种无心茶到底怎么喝？"珠光平静地回答道："无心之茶，柳绿花红。"一休禅师大喜。

我亦大喜，真的是"无心之茶，柳绿花红"！我们在包罗万象中感受茶道，同样可以在万千企业的变化中感受企业成功之道。记得迈克尔·波特说过，做战略，务必学会取舍。进行管理也应该深谙此道，因为企业会永远面临问题，而且必须解决问题，如果不知道怎样取舍，有可能会在有限的资源下陷入问题的泥潭中而无法自拔。我所关心的正是那些可以有效利用资源解决问题的企业，他们的管理之道。

　　10年来一个理念一直支撑着我的教学和管理研究，那就是：中国企业应该有着不同于世界上其他企业的管理模式，中国企业应该可以为管理研究贡献自己的模式和经验。自己从事管理教学和研究已经10年，尤其是在中国家电行业中浸泡了10年，当我们承认国际家电巨头对于中国市场的占有的同时，我们也欣喜地看到，海尔、TCL、科龙、美的、康佳、创维、春兰、海信等一大批中国本土家电企业的崛起，并与国际家电巨头分制天下。近10年的中国企业总能让人看到成长的快乐，因此自己常常梦想：去找寻中国本土企业的管理特点。更令人欣慰的是，中国不但有一批像联想、华为这样的行业领先企业，还有一大批紧随其后的正在成长发展的本土企业。"让中国沉睡吧，因为它一旦醒来，就将震撼世界"。

　　事实证明，中国力量在国际舞台表现得坚定而执着。当丰田、通用汽车等国际巨头向中国投入成千上万亿美元的时候，中国先锋企业同样开始以全球视角来审视并组织自己的企业，它们希望获得真正的竞争力，它们追求的目的不是国际化本身，而是持续发展的目标：让中国的变成世界的，融入全球经济，与全球经济的脉搏一起跳动。

　　作为一个管理学者，我真的觉得自己非常幸运，因为中国企业的迅猛发展，我们得以拓展管理研究。事实上，美国之所以可以贡献先进管理理论，正是因为美国拥有微软、IBM、沃尔玛、可口可乐这些世界级领先企业；日本之所以可以孕育出"精益制造"的理论，是因为丰田制造引领行业。中国的管理如果可以为世界贡献价值，首先应源于中国企业的实践。当中国企业能够真正引领市场，引领全球行业的时候，我们也会有机会贡献中国管理的理论。

　　因而，我珍惜中国企业的每一个进步，也珍视中国企业所累积的每一点成就。有一次在公众论坛上，一位听众提问："人们很担心中国企业，觉得它们非常脆弱，而且做了很多错误的投资和行动，陈老师怎么看？"我非常明确地表达了自己的观点："中国企业的确存在着这样或那样的问题和缺点，但是我更喜欢去寻找它们成功的因素和规律，因为只有这些因素才具有管理的价值，而分析和评判它们的缺点和不足，并没有任何的意义，也无法得到进步和提升。"还是深切地记得这段禅：

　　一休禅师再追问道："我刚才问你喝茶的心得，你只懂得这边喝，那边喝，全无心得，这种无心茶到底怎么喝？"珠光平静地回答道："无心之茶，柳绿花红。"

　　每一次走到企业中间，每一次和企业家、管理者探讨问题和寻找方法，我总是被企业的成长和创新所震撼，我的研究伴随着中国本土企业的成长，而我自身更得到了成长的机会和动力。一方面，作为中国经济发展的体验者，这个复杂而严肃的研究让我深深领悟和体会到中国在20世纪以来所经历的情感和精神上的折磨。这20多年来中国人自己正在进行着痛苦的重塑，无论是依靠人民创造物质财富的激情，还是国家英明的政策；无论是经历了创业的洗礼，还是把国有企业改造为全新的形态。20多年来中国人关心的最终问题，是在面临和克服众多激烈的变革之后，如何令中国崛起。而另一方面，正是和中国的企业在一起，我自豪地看到一股积蓄已久的中国力量正在喷薄而出，它更多的是一种自发的、任何人都无法驾驭的"势"，一种"疾风骤雨之势"。不断涌现的中国企业，改变着制造的成本，改变着市场的格局，改变着全球经济的趋势。我所学习和研究管理的这10多年，中国企业创造了一个又一个奇迹，让世人叹为观止。

　　李东生说过："如果再过5年、10年，在国际大舞台上仍没有我们的位置，那就是中国企业家的失职。"只是我需要作些更正，如果再过5年、10年，在国际大舞台上仍没有我们的位置，那不仅是中国企业家的失职，更是中国所有管理学者和研究人员的失职。

　　因为中国企业已经展开了更加宏大的进程，已经开始面对全新的课题和挑战。对于研究学者来说，如果我们依然固守自己的观点，而不能融入企业的变化中，我们是无法贡献理论的价值的。跟随着企业的步伐，我们就有机会一步一个脚印地走下去。

（原载：春暖花开公众号，2016年1月28日）

不为彼岸
只为海

仍然是在飞机上,仍然是像从前一样地胡思乱想。

对自己而言,胡思乱想似乎就意味着安全和温暖。这几天无论在新加坡,还是在我国的上海、南京和广州,总是处在遐想的状态。刚好在机上看了《海上钢琴师》,是意大利导演托那托雷的作品,我很偏爱他的作品,《天堂影院》《玛莲娜》等。《海上钢琴师》描述的是一个生于船上的小孩,他从来没有在陆地上生活过,几十年里只懂得守住一架钢琴,成千上万的游客来来去去,只有他如故,他最终放弃上岸,与其说放弃了生活,不如说他知道哪种生活更适合他自己。

而我们自己呢?现代人最大的苦恼就是机会太多,欲望太多,能力也太强,但是精力有限。还是托那托雷,《天堂影院》里艾丽娜对托托说:"如果三十年前我们结婚,你就不会拍出那么多优秀的电影了,你的电影很精彩,我每部都看过。"三十年的等待,只是因为阿尔佛雷德的一句谎言,也许根本就荒谬得不需要理由,艾丽娜只是选择了她的生活方式。

陈让发来他的游记《川西故事》,他是一个搞技术的人,但是每年都约伴找寻优美的自然风光。每每看到他的游记和漂亮的相片,我都不禁羡慕他的生活方式。几年前曾送一幅字给前辈廖明询教授,今年他送来对子一幅,看到他强劲的笔锋,流畅的线条。退休后的他与书法为伍,情趣与身心交融。前年小月突然告诉我她辞去硅谷软件工程师的工作,放弃原有的生活习惯,跑去学弹吉他、修禅,现在学习针灸和中医,以此来实现自己的追求和意义。婉姨辞去国旅副总的职位,选择创业,问她为什么,她说只为看看自己的能力,了却自己的一个梦。新加坡国立大学的曾在本教授更是创立培训公司,看到他新中两地来回奔波,瘦弱的身躯承受旅途、饮食和生活习惯的辛苦，问他为什么，他回答只是出于对培训的热爱。

迎风而站，看衣衫飞扬；雨中伫立，任大雨淋漓。很羡慕知道自己需要什么的人，更羡慕不为外情所动，不为内欲所摇的人，执着地去做自己认为必须做的事。也许他们没有光辉的业绩，没有惊人的影响，但是他们无愧于自己的一生。

今天刚好看到一位教授朋友发来一个邮件，传了一篇文章给我看，题目是《一生中什么是最重要的？》，文章给出答案，一生中最重要的是：家人、朋友、健康。只是看看自己，看看周遭，又有多少个人把生活的重心放在家人、朋友、健康上呢？我们不断地压挤家人的时间，我们不断地追求商业的价值和社会的地位，而忽略对家人、朋友的付出和关爱，我们不断地透支我们本已脆弱的身心，还振振有词地说：要超越一切变化。

明白为什么喜欢了，因为他没有上岸。

（原载：春暖花开公众号，2016年2月19日）

人需要的
只是战胜自己（一）

2016年的5月25日，注定会留在我深深的记忆里。这一天戈11挑战赛结束，这一天杨绛先生离开生活了105年的凡世。

我没有想到这两件事会在同一天发生，只能安静地流泪。安静地流泪是因为新国大戈11的队友们传奇般完成了赛事并获得"沙克尔顿奖"与"奋进奖"，我知道这两份奖的来之不易，这个传奇班太需要这样的一个奖励了，这个奖励可以平复所有的质疑、担忧、困扰以及自我的不确定。安静地流泪也是因为杨绛先生的离去，我知道烦躁的世界失去了一个安静的人，失去了一份宁静淡然。

此时此刻，学生们传来鸣沙山前大家激情相拥的画面，大钊更是细心地单独发微信给我，他知道我在惦记，也知道每个人的不易。我安静地坐在电脑前，看着一个一个激动的画面，一个一个激动而熟悉的面孔，内心涌起无限的感慨：两次走进戈壁赛道，让我更深地认识到，人最需要的还是战胜自己。

与其说戈壁挑战赛是人与自然的交手，还不如说是人与自己的交手。无论是沙尘、风暴、酷暑、阴冷，还是体力透支、脚步困顿、疲惫交加以及内心恐惧，所有的考验，都不仅是自然对人的考验，更是自我极限对人的考验。这也如杨绛先生105年来所经历的世事，一定也是各种挑战并存，她所经历的一切，最终都是她与自己的对话。

每一个还未走上戈壁赛道的人，都会有一种未知的压力，都会担心那种从未经历过的生存环境所带来的挑战。相信新国大戈11的队友也是一样，这和我首次参加戈10的感受是一样的。但是，当你真的走进戈壁赛道，真的一步一个脚印地走下去，一份发现未知的美好就会慢慢地充盈你的内心，你会发现你的一切能力超乎自己的想象，一切传奇都在脚下呈现出来。就如玄奘法师给我最大的感动：

一份单纯前行的力量,一种抱着未知,坚守目标,单纯地与自己对话,达成宏愿的传奇。

因为有过戈10的经历,所以在与戈11队友一起拉练的时候,我总告诉他们,"需要了解的是自己的极限,不需要太过在意外在的环境,甚至可以忽略外在环境所产生的影响。只要你愿意,一定可以完成赛事,因为你可以主导你自己。"事实也是如此,我相信新国大23班的很多同学并未准备好就站在了起跑线上,甚至婷婷,一个根本未做过准备的记者,因为工作需要和我们一起走进戈壁,一样很好地走完30公里。看着每一个完成赛事的戈友,每个人也一定在内心中为自己感到骄傲,因为能在胸前挂起纪念盾牌,就意味着大漠与你已经相互战胜了彼此。

其实,一切都可以忍受,一切都可以战胜。这样说,不是"自我中心",而是"自我认知"。所有不可忍受、不可战胜的限制,并不是外在的存在,而是内心的自我设限,是自我设定的一种存在。我们觉得苦,是因为我们内心感到苦;我们觉得不可能,是因为我们内心已经确认不可能;我们觉得困难重重,是因为困难成为我们的想象;我们觉得阻碍隔断,是因为设立阻碍隔断的正是我们自己。

从阿育王寺出发,沿着玄奘法师的足迹,你会发现:一切都可以战胜,一切都是经历,一切都是选择,一切都是感悟。的确,一切的感受都是源于精神,一切快乐都是源于自我的界定。如果你愿意这样去感受,苦与乐、痛与乐都是一种选择与感受而已,并且完全可以相互转化,这完全取决于你自己。杨绛先生说"这种快乐把忍受转变为享受,是精神对于物质的胜利,这便是人生哲学。"走过戈壁的人,一定能体会到这一点,并从此拥有这样的人生哲学。

鸣沙山下的画面还在持续传来,知道学生们已经进入到一种完全不同的状态,这个状态是对自我的一种全新认知,为此,我觉得非常开心。

我们之所以为一件事情动心动情,是因为这件事本身具有感情,是因为这件事情本身的独特,是因为这件事情本身让人长久地共鸣。杨绛先生引发了人们对于烦躁世界中能够安心的共鸣,戈壁挑战赛引发了人们对人可超越自我极限的共鸣。

人,其实只是需要战胜自己而已,于戈壁大漠而言如此,于浮躁世事而言也是如此。

最后为新国大传奇戈11写下一首小诗:
我喜欢你战胜了自己——致新国大戈11
我喜欢你战胜了自己,
就如沙克尔顿。

不为彼岸只为海：陈春花人生感悟

风从四面八方来，
但却无法触及你；
沙从天上地下来，
竟也无从触碰你；
呼啸及曼舞的砾石，
不知道从哪里来，
却也一样无法靠近你。
因你有橙色的大旗，
掠过整个大漠，
让一切都充满了你的灵魂。
你从所有的事物中浮现，
你只代表你，
让一切都融化在你的步履中。
我喜欢你战胜了自己，
就是奋进者。
你内心的强大，
叩响着玄奘的音律；
你步履的坚定，
映衬着雄狮的威力；
周遭加持的，
是队友，是师长，是伙伴；
让你在寂静中倾听到炽热的律动，
并让你借这律动，
获得新生。
我喜欢你战胜了自己，
满眶是泪水，
夺眶而出的却是喜悦，
恒久而且动心，
仿佛你已经不再是你。
我真的知道，
你不再是你，

你是戈友,
一个全新名字的人生,
嵌入到你的生命里。
彼时,
戈友、拥抱、泪水,已经足够。
而我会觉得幸福,
因这幸福是你战胜了你自己。

(原载:春暖花开公众号,2016年5月26日)

人情
应是关爱

中国的"人情"来源于中国社会奉行的"家本位"。魏磊在《中国人的人格——从传统到现在》中曾经这样说:"在封建宗法社会里,血液脐带严酷地羁束着人们。发达的血缘家族意识是中国传统文化的一个突出特征。"血缘意识是原始社会人们赖以生存的保障,由它结成的家族组织到了封建社会,已不仅仅是自然组织,而成了重要的社会基本单位。中国封建社会的政治结构,也呈现出与之相应的构架和特征,这种家园同构正是封建政治结构的重要特征之一。"而家庭以至家族就成了联系家和国的中介。同时在结构上,家庭成了国家的缩影,国家则是家庭的扩大。"李宗桂如是说。

家庭的形态是人与人关系的基本,它与人为形成的社会组织有所不同,是不能够轻易改变的;它是从远古以来就存在的自然形态,所以对人的形成有着深刻的影响,是无法轻易摧毁的。

中国的宗法制度总是提倡家族的团体精神和集体生活方式。它迫使人们若想在社会上立足,必须隶属于某个家族,以家族的裙带关系实现个人价值,又以个人价值来保护、促进整个家族的繁荣,如此循环。在社会交往中,与外人相比,同家族的人总会被认为更可靠些。对异性朋友,也要千方百计把关系往血缘家族关系上靠,如通婚、结义和认干系等形式。

这种对血缘、家族的依赖,使中国人把个人淹没在群体之中,熏陶出了"人情"的观念,并把它从家庭内部推广至整个社会,成为放之四海皆准的真理。

中国人重人情,往往遵循均等的原则,对相同辈分、身份、地位的人都尽量"扯平"。由此派生出"老吾老以及人之老,幼吾幼以及人之幼",造就了一个极富人情味的社会。

在"人情"上的均等思想，一方面，使中国人做事会忧虑是否顾此失彼，一碗水有没有端平；另一方面，也使中国人对别人的要求不高。当某人没有亏待其他人的时候，即使他是个失败者，或者并没能满足某（些）人的要求，他也会被原谅。

中国人讲人情还很注重"回报"两个字。这是中国人讲人情中最可爱的一面。回报的法则，使中国人与人之间存在类似物质的所有与交换、人情的"欠""送""还"。这种人情的"所有"和"交换"，其作用就像蜘蛛吐的丝，一条搭一条，一环扣一环，形成了中国人的关系网。

《红楼梦》中有这样一副对联：世事洞明皆学问，人情练达即文章。纵观中国的历史人文会发现，说中国人重人情并不完全正确，甚至可以说是大错特错。"学问"并不浅显，"文章"也不好写。真正重人情的只是行侠仗义、宁为知己者死的门客、侠士。在官场和商场中，情况就有了变化。

举手之劳，或在对自己没什么坏处，以后还有可能有些好处的前提下，人人都是重人情的，而且，这其中又有真心假心之分。事情做没做，与做没做成是两回事。做了，人情也就"送（还）"了，即使没做成，这个情你也得领；而当涉及切身的利益、前途、权力时，人情不是被抛弃就是被利用。即使同胞手足，也会血刃相向。这又造成了一种现象：一个人在得势时，身边总围着很多人；一旦穷困潦倒，所有的朋友都散了。重人情重到这种"良禽择木而栖"的程度，不可谓不势利。这种对"人情"的时重时不重，才是中国人"重人情"的真面目。若是给"中国人重人情"换个更贴切的说法，应是：中国人擅用人情。

《红楼梦》第七十五回有这样一句话："我们这行人，师父教的，不论远近厚薄，只看一时有钱势就亲敬，便是活佛神仙，一时没了钱势，也不许去理他。"没钱没权的人，普遍的社会体验都是世态炎凉，"人情薄如纸"。

但是，我们毕竟需要检讨这样的"人情法则"是否符合社会进步的标准。我始终坚持人与人的关系是更纯粹的生存关系，而不是利益关系，正如人与自然的关系一样——人不能离开自然，不能与自然分开。人如果不能深深地与自然融为一体，就不可能汲取自然赋予人的生命营养，进而丧失生命。这种认识是人类生存的常识，这个常识使得人类能够"存在着"，人与自然因为这种常识进入同"存在"的直接而深入的交流，并保持这样的交流，使人类得以繁衍和发展。同样人与人也必须取得平衡，这种平衡是一个单独的个体存在的依据。我们也正是依据人与人之间的交流保持了个体人的"存在"。

如果我们同意人与人之间是纯粹的生存关系，那么"人情法则"的实质应该是"关爱"，而不是"交易"。

事实上，人的生命自从出现之后，因为个体的独立性彼此之间就存在着竞争的关系。人的天赋一方面具有攻击性，但同时又具有另外一个层面——爱，尽管爱表现为完全相反的方式，但是关爱的秉性是与生俱来的。这种双重的秉性，使得人从生命的开端就赋予人生以意义。要扭转现代中国人的人情法则倾向，使人们停止从功利的角度追求人与人的关系、以换取利益的满足，转向追求实现内在生命的发展和完成的方向，就要焕发人天赋中关爱的本性，发展爱的力量。

（原载：春暖花开公众号，2016年6月24日）

珠峰即你，
你即珠峰

　　西藏之旅中最渴望的一站珠峰开始了。我们从日喀则出发，朝着靠近珠峰的方向前行，为了能够更好地完成到珠峰大本营的目标，我们先到靠近珠峰的雪豹客栈住一晚。下午四点多的时候，到了雪豹客栈，原以为是一个和雪豹有点关联的地方，没有想到老板娘来接待我们，入住的却是一排毫无"雪豹"氛围的平房。放好行李，走到客栈大门前面的马路边上坐下，远处就是珠峰了。虽然阳光娇艳，但是雪山还在云雾之中，看不见身影。朋友和我静静地坐在路边，没有行人，没有声音，只有不断地祈祷：明天一定要让我们看到雪山。

　　晚上，我们在客栈里吃饭，土豆和西红柿特别好吃。饭余，阿旺建议打牌，我们都响应，在最靠近珠峰的地方，我们玩的却是家乡的游戏。哪里是天边，哪里是眼前，大漠或小院，并不是由外物所定。

　　天还没有亮我们就开始了朝见珠峰的旅程。也许是太多年的梦想就要实现，也许是海拔逐渐升高，呼吸开始有些困难，我知道这并不是高原反应，而是我的心超出了海拔的高度。

　　确切地说，到珠峰并没有明确的路，经过被冰川融水冲垮的桥梁，经过几千年前一定是浩瀚波海的鹅卵石滩地，经过泥泞的山脉，吉普车起起伏伏地颠簸，牵动着我紧张的神经，更紧张的是我不知道就算到了珠峰面前，它是否愿意和我相见。我不断地祈祷，也不断地确信，珠峰一定会和我相见的。阿旺、索朗和其他朋友也在不断地祷告，就是在这样不断的祈祷中，我们越来越靠近珠峰了。

　　到了珠峰大本营，没有想象中的兴奋，只有莫名的紧张。索朗帮助我们选了马车，在两位藏族兄弟的帮助下，我们开始更加努力靠近珠峰。马蹄踏在碎石路上，天似乎可以触手可及，清脆的铃声夹杂着寒冷的风，让人立刻感觉到冰峰的气息。

蓝天越来越透明，可珠峰依旧矜持地躲在云后。到了需要放弃马车的地方，朋友和我慢慢地爬上一座小山丘，山丘的正前方就是珠峰，我开始正襟危坐，如果米颠为一块石头而免冠下拜，那么，我该如何面对世界最高的山峰呢？

还没有等我整理好思绪，朋友拉着我说："快看，珠峰，珠峰露出来了！"是啊，珠峰真的出来见我了，碧蓝的天际下，神秘装点着白雪的珠峰露了出来。

天往下坠，白云往上升，晶莹的清辉在光的映射下，不知该属于珠峰，还是属于天际。不可想象，这样峻峭、寂然的山峰，竟是一位仙女，并且是掌管人间的"先知"。望着她，我感觉自己被雪白包围了，为什么她可以安然地俯视人间一切？那洞悉一切的神秘又怎能如此的遥远？

《古兰经》里说："山不来即穆罕默德——穆罕默德就去即山。"可是，当我前来即珠峰的时候，发现是珠峰来即我。凝望着她，浮云变幻，我一直以为云是天空的一种偶然，一种偶然集聚的激情，但是在此处，我突然发现，天空是云的一种偶然，天空因为云而显现得宽广和清澈。

因此，对于珠峰而言，我只是一个偶然，不管梦里相遇了多少次，不管祈求上苍多少次，珠峰并不知道我是谁。知道这一点，我恍然明白，为什么珠峰是掌管人间"先知"的仙女。在她面前，你可以自省，可以了然，唯有珠峰可以如此拔地擎天，唯有珠峰可以辟开时空，唯有珠峰可以巨大庄严，也唯有珠峰来即你，而不是你即珠峰。

风起了，云开始遮挡珠峰，我们也只得告辞了。顺着来时的路而下，一样是马蹄声声，但是我的内心已经非常的平静，来时的紧张和期待，已经留在那个小小的山丘上。

那天，我真是极困乏又极精神，极混乱又极清醒，你能够想象在梦寐以求的圣山面前，除了呼吸你还可以再做什么？我只能在内心里不断地祈祷：终我一生，让我常常在内心举目望见珠峰，好让我在困顿疲惫之时，可以汲取从你而来的力量；让我可以常常在内心举目望见珠峰，好让我在感觉良好的时候，可以汲取从你而来的净化。

（原载：春暖花开公众号，2016年7月1日）

一次亲身经历
关于信任的故事

在这个疾风骤雨下的古都西安，我深切地感受到了人与人之间的纯真情谊和信任。

又是陌生的一站了。

从华山下来走到华阴车站的时候，已近傍晚，天出奇地热。

上车后，同座的是一位健谈爽快的年轻律师，也记不起是如何搭上交情的，只是同行的朋友与这位律师都是1979年上的大学，虽然一个学法律，在西安；一个学电子，在广州，却因为同级，竟然平添了一份亲近。这位79级学法律的同学大呼大家是"级友"，一下子便不再陌生。一路上听他讲他经办的案子，听他介绍西安的风情，很快就到了西安站，我们握手话别，觉得相遇真是快乐。

出了车站，没有想到竟然下起了滂沱大雨，这个时候，已经是午夜时分，我们预先没有确定酒店，又是第一次到西安，一下子想不出该怎么办。忽见车上相识的律师跑了过来，要我们跟他走，他说会帮助我们解决好住宿的问题。

雨还在疾猛地下着，赶上最后一班车，好像走了很久的路，我们才随律师下车，淌着没过膝盖的积水，又走了一段路，才进了宿舍。律师匆忙地为我们搞好热水，又安排好住处，才说他第二天要出公差，必须赶回家里取些材料，交代我们走的时候，拉上房门就可以了，房里的一切东西尽管使用。律师交代完这些就匆匆忙忙地离开了，这个时候已经是凌晨两点。

休息好后，按照嘱咐拉上房门，我们走了出来。积水已经退尽，一切都沐浴在雨后的清丽之中，再登上交通车，我们才知道昨晚我们到了郊外。

一夜的大雨，我承受了怎样的照顾和信任。我们并不相识，我甚至不知道他姓什么，叫什么，只是知道他1979年开始读大学，是律师，西安人。匆忙中，我们竟然忘了互通姓名，我很懊恼自己的粗心，可是转念一想，或许这不经意的做法更来得亲切、真诚，就如同从小到大的好同学一样，直呼你我，不分彼此，那份信任便油然而生。

以自己的经历，欣赏别人似乎不是太难的事情，但信任一个人却不是那么容易。也许这是环境复杂所致，古语也常常告诫我们"防人之心不可无"，"逢人只说三分话"。所谓练达人情、通晓世故的人生体验，不仅仅是随时提醒自己"不过如此"，更让人不再轻易动用感情。它使人学会了如何遇事却步，以便保护自己，使人学会了"洞察"，也使人学会了冷漠。

然而，在这个疾风骤雨下的古都西安，我却深切地感受到了人与人之间的纯真情谊和信任。我们不能否认，人性确实有恶的一面，但是我们也要承认，人性有着温暖善良的一面。认认真真想，我们怎样在有形无形之中得到了别人的帮助和信任，而我们自己也在有形无形中怎样信任和帮助了别人，这恐怕是社会得以形成的缘故吧。一个繁荣昌盛的文明社会，依靠的是人们的习俗和道德，每一个人都渴望他人承认自己的尊严和地位，每一个人都是通过与其他人的联系，而派生出满足感。这种满足感来源于人类追求自身价值获得承认的一种本能的欲望，正是对这种欲望的冲动，成为整个人类历史发展的主要动力之一。但是，个人自身价值的获得需要基于群体的认同，群体认同的基础是信任，如果不能够形成信任，也就无从获得个人的价值。

群体是以相互信任为基础而产生的，没有信任这个条件，群体无法自发形成。因而信任也是一种隐含的道德准则，所以，我们可以依据信任的程度来判断人们的素质，也可以依据信任来判断是否可以形成诚实合作的群体，以及共同遵守的规则。就如，我们会信任一个医生，把自己的生命交付给他，因为我们相信他具有医德，会遵守医生的职业道德。

曾经和学者们讨论，合作的前提是什么？很多学者认为与其依赖信任合作，不如依赖契约合作，甚至有人坚持依赖利益合作更加可靠。但是，我没有认同这些观点。尽管契约和利益是今天人们结合在一起的重要因素，但是最有效的组织都是建立在拥有共同的道德价值观之上，这些群体不需要具体的契约，也不需要详细利益的分配，他们谨守相同的道德默契，这种默契所形成的信任为组织打下坚实的基础。记得我到山西，去看晋商的辉煌，探寻晋商成功背后的因由，正是信任使然。

福山关于信任的研究，给了我极大的触动。福山认为，通向社群生活的道路

有三条:

第一条是家庭和血缘关系;

第二条是血缘关系之外的自发社团,诸如学校、俱乐部和专业组织;

第三条就是国家。

而上述每一条途径都有相应的经济组织形式,即家族企业、专业管理型企业和国有或由国家资助的企业。福山认为,第一条和第三条途径是紧密联系的:以家庭和血缘关系作为实现社群生活基础的文化,在建立大型、稳定的经济组织方面存在着很大的困难,于是只能依靠国家来创建和支持这种大型组织。

福山在自己的研究里,具体分析了王安实验室的失败。王安实验室1984年的营业收入就达到了22.8亿美元,一度雇用了32.08万员工,成为波士顿地区最大的雇主,也成为20世纪50年代人们津津乐道的美国新一代伟大的高科技企业成功的故事之一。但是到了80年代王安准备退休的时候,他坚持让其在美国出生的儿子接管公司,地位超过几位资深的高级经理,包括公司内部公认为理所当然的接班人约翰·康宁翰,这使得这些经理纷纷离开了公司。而王安的儿子接管公司的第一年,公司首次出现亏损,在之后四年中,公司90%的利润消失,到了1992年,公司申请破产。王安公司的失败正是因为王安无法信任非血缘关系的经理。

家族以外缺乏信任,使无血缘关系或者依赖关系的人很难真正组成有效的组织。林语堂也曾分析过中国和日本的差异,他说日本社会宛如一整块花岗岩,而传统的中国社会则像一盘散沙,每一粒沙就是一个家庭。但是无法形成有效的组织,我们就无法真正推动社会的进步。

想起秦始皇。他是中国第一位皇帝,是皇帝尊号的创立者,同时也是中国皇帝制度的创立者,使中国进入了多民族中央集权的帝制时代。他使中国第一次完成了政治上的统一,形成了"车同轨、书同文"的局面,为其后各朝代谋求统一奠定了基础。秦始皇建立的秦帝国使之后近1700年的时间,中国在政治制度上先进于西方,从而为比西方发达奠定了基础。所谓"汉承秦制","自秦以来,其制未变","百代犹行秦法政",两千年的皇权时代的中国,在政治上基本沿袭了秦朝的制度。李白的诗《古风》写道:"秦王扫六合,虎视何雄哉!"

然而对这位皇帝,人们也有另外的评判,《史记·秦始皇本纪》中记载:"秦王怀贪鄙之心,行自奋之智,不信功臣,不亲士民,废王道,立私权,禁文书而酷法,先诈力而后仁义,以暴虐为天下始。"贾谊的《过秦论》中也有这样的论述:"一夫作难而七庙堕,身死人手,为天下笑者,何也?仁心不施,而攻守之势异也。"也许我也不能够评判秦始皇的功过，世人也还在不断地评说中，但是统一大业的盖世之功，相伴的是猜疑和不信任，虽有万里江河，长城绵延，依然逃脱不出秦王朝灭亡的宿命。

在古城墙外默然伫立，那宽大的秦砖，虽已陈旧，却仍坚实美丽，岁月的步履，虽曾在它身上留下风雨剥蚀的痕迹，光阴的长河，也终淘尽它所曾有过的风采与光荣，但是，当我与高大的城墙相对的时候，那传统建筑所隐然透出的雍容气象，破空而来，使我仿佛置身在宏大祥和的世界，内心引起阵阵激荡。

在若有所悟的深情凝视中，我默默接受着温和的撞击。虽然在历史进化的过程中，我们不宜过分崇拜传统，迷恋过去，但是，透过对传统事物的接触与省思，我们才能够更具体地领悟传统，就像眼前这座相法端严的古城墙一样，它没有金碧辉煌的外貌，然而，它所有的沉潜渊深，包容丰富，唯有以淡泊宁静之心去相遇，方可与之感应。

人们常说，童年最快乐，通常我们只是想到，那是由于童年的无忧无虑，事实上，童年的快乐更是来自对环境由衷的欣赏，和对人与人之间绝对的信任。因为信任和欣赏，影响了周围人，因而孩童具有非凡的魅力，使得在孩童身边的每一个成熟的人都得到净化，帮助孩童实现他们的理想。这份信任才是人生最可贵的。

雨后的古城仿佛镀上了一层金，使它更加气派。站在它的面前，感受着陌生朋友带给我的信任，真正明白了不主张"拥有"的老子，原是用"既以为人已愈有，既以与人已愈多"，来从反面求正的至高哲理，心也随着一抹信任的光辉，温暖了起来。

（原载：春暖花开公众号，2016年12月16日）

内心安静
才是快乐的源泉

快乐不依赖于外在，而是依赖于内心，这是极其简单的道理，但在今天的生活中却显得不那么的简单。很多人都认为自己的命运由机遇决定，如果无法把握机遇，就可能失去成功的机会，也就不会获得快乐和满足。还有一些人认为自己的命运由父母决定，所以常常出现"拼爹"的案例，如果自己的父母不够强大，就会去找其他人，以致"拼干爹""拼舅舅"的年轻人层出不穷，拥有这样认知的人很多，让人痛心。

来到不丹，通信完全被阻断，刚下飞机的时候，发现手机根本没有信号，还和同伴开玩笑说，看来"全球通"也未必是全球通。已经习惯了和外界无间断地联系，忽然间一切联系被隔断，非常不适应，一度担心未来几天根本无法度过，就请堪布想办法去购买当地的电话卡。后来冷静下来，我决定不用电话，发现日子并没有想象的那样难过，我依然可以保持和外界的沟通，只是这一次不是借助于通信技术，而是借助于自己的"心"。

当心安定的时候，可以很容易让自己高兴起来去发现身边所有事物的美好。在打坐之余，把过往没有处理好的事情，从好的方面去理解并做好如何处理的方案；把将要进行的工作，朝着更加美好的方向规划。在夜晚入睡之前，惦念着家人与朋友，默念中把美好的祝福送过去，相信他们可以接收得到并安然入睡。与外界的联系从未如此清晰和美好，心与外界的沟通，所得到的美好超越了以往任何一种互动和联系。

安静的时候，一切美好的东西都会呈现在自己的眼前，不仅仅是窗外挺拔俊俏的山、湍急流淌的河、悠闲漫步的马，还有那些在自己成长中的美好也涌现了出来，开放的心情和心智就如贝多芬的交响曲，昂扬并富有生命的张力。

我随身带了马彬送给我的一本小书《我的心是一朵莲花》，这本书是林徽因的诗与文。她如此介绍自己："每当一个作品纯粹是我对生活的热爱的产物的时候，我就会写得最好。它必须是从我的心里爆发出来的，不论是喜还是悲，必须是由于我迫切需要表现它才写的，是我所发觉或者熟知的，要么是我经过思考才了解到的，并且十分认真、诚恳地想把它传达给旁人。对我来说，'读者'不是'公众'，而是比亲友更能了解我，和我有同感的；他们很渴望听我的诉说，并且在听了之后，会喜、会悲。"我喜欢她的文字，喜欢她文字中表现出来的"诚恳"和"真实"，被她的文字打动之后，我才知道这是一个极富传奇色彩的女子，而她留在我心中最深的印象是：在极其颠沛流离的年代，依然保持纯真、热情，克服一切困难，内心无比强大的形象。

快乐来源于内在的力量，这需要"真诚"。为什么现代这么多人无法快乐，这与生活在一个缺少真诚的环境中有关，在这个环境里，虚假几乎充斥在各行各业、各个领域，甚至在人们的行为习惯中。一次和朋友聊天、喝茶，正是清明前后的时节，大家就打算选西湖龙井，从杭州来的朋友说："如果选龙井，就用我自己带来的吧。"他马上回酒店取茶叶，我们笑话他太挑剔、太讲究。他却认真地说，如果他自己不知道这个茶的整个生产过程，他不会相信它是完全安全和无害的。听他说完大家竟然都有同感，这是多么可悲的事情。当虚假充斥在生活的方方面面时，又怎会有真正的美好。

我一直都很喜欢林徽因的诗歌，她的诗非常的美，并且能从它们的美中获得力量。她在《莲灯》中写道：

如果我的心是一朵莲花，
正中擎出一只点亮的蜡，
荧荧虽则单是那一剪光，
我也要它骄傲地捧出辉煌，

就是这样一个柔美的女子，透过文字表达着自己的真情感，以及自我呈现的能力。在另一篇短诗《"九一八"闲走》中，她又写到：

但我不信热血不仍在沸腾，
思想不仍铺在街上多少层；
甘心让来往的车马狠命地轧压，
待从地面开花，另来一种完整。

这是多大的力量和能量。在这样恶劣的环境中，为什么梁思成与林徽因却能够沿着自己所设定的方向前行？因为他们有着强大的定力，有自己的心指引着，去做自己喜欢的事情，并相信这一切。在今天这样一个缺少真诚的环境里，这样强大的内心力量尤为珍贵。

学会让心保持健康，不受外在的影响，这是一个人能够获得快乐的根本之所在。你可以把最寻常的空间，变成温馨美好的地方，你可以学会倾听自己的内心，喜悦而快乐地接触你自己，学会让心与美好连接在一起。你更需要在一个缺少真诚的环境里，用自己的心去指引自己，去做喜欢的事情，去建立自己强大的内心。

明了了这个道理，任何方式都可以让我们安静下来，打坐和闭关自是其中一种；让自己与大自然融合也会得到非常好的效果。记得四月的一个周末，我到日本去看樱花，因为到的时间并不是樱花盛开的最好时节，所以没有看到漫山遍野樱花盛开的灿烂。但是这并没有影响到我的心情，因为在奈良的一个夜晚，甘茜说酒店附近有一处著名的寺院，刚好在夜晚有2个小时的开放时间，不妨去欣赏一下。对于这个寺院我并没有任何的了解，也不知道一个夜晚的庭院会带给我什么。

顺着昏暗的灯光，踩着石板路，沿着路牌指示，来到了寺院，望着长长的石阶掩映在葱郁的花木丛中，灯贴伏在地面，发出微光，茶花在夜空下忘情地盛放，青竹刺破夜色的拢围，高高地向着那轮新月簇拥过去。庭院里的水面极静、极亮、极透，水边的树都舒展着枝条，向水中看去，似乎都在向水的更深处聚扎，仿佛树是从水里生出来的，枝条变成了根系，好在其中一棵早开的粉樱也在欣赏自己的倒影，时不时还飘落几瓣，秒速五厘米，舒缓一下你的心，让你知道时光还没有凝固到无法呼吸与臆想，世界也没有真的被颠倒过来。

那个时候，站在水旁边的我完全忘了自己的存在，只想与这一切融合在一起，我的心也被无限充盈起来，扩展到浩瀚的太虚，让这不可思议的虚空在心里投映出一片纯净的天空。只敢小心翼翼地站在水边，让自己的心与这静谧的水色融合在一起，与静籁的空气融合在一起，忘记自己在哪里，也忘记自己要做什么，此时看到什么和想到什么已经没什么打紧的，拥有什么和失去什么也已经没有意义。是啊，什么也比不上让心安静、专注。我总记得这份独特的感受，使得我对即使没有看到盛开的樱花也充满感激，这番对空和无的认识，也让我感受到生命内在的力量和安然。

其实任何时候都可以发现美，都可以感受到快乐和满足，都可以让自己的心安然，并让心与美好连接在一起。你会有不同的信仰和追求，你会信赖自己所

认定的信仰和追求。让心健康的努力也同样是你需要做的事情，这和你的信仰无关，而和你自身相关。想到这里，林徽因的优美诗句涌现了出来：

你是一树一树的花开，
是燕在梁间呢喃，
——你是爱，是暖，
是希望，你是人间四月天！

（原载：春暖花开公众号，2017年5月26日）

我们焦虑和不安
源于没能成为"漫步者"

年幼时不理解命运是什么,不信宿命是一种基本的认识。日子过久了,被四季更替、花开花谢的因果循环所感染,被自然法则所震慑,被生命之脆弱所触动,终于理解人到了一定的年纪,为什么都会转向宿命论,都会回归平和与淡定。这本是命运,是自然法则。

想象着成为朝圣者,让自己很开心。朝圣者(sainte-terrer)一词来源于"漫步"(sauntering)。中世纪时期,一些在乡间游手好闲者,假借去"a la Sainte Terre"(法语"圣地")朝圣之名,在村里乞求施舍,他们并不是真正的朝圣者。真正的朝圣者是克服困难、不受诱惑、誓达圣地的人,达圣地者都是真正的漫步者。我赞同这样的说法,朝圣者就是漫步者。每一次漫步之旅都受内心深处的欲望所驱动,前去寻找净化的圣地。

梭罗说,"漫步不可或缺的三大要素是悠闲、自由和独立"。我们日复一日地行走在生活的旅途中,每个人都耗费着大量的时间,但却无法感受到漫步的情趣。在都市生活中最大的好处,就是路途的时间充裕而漫长。然而,都市之途成为畏途。每日匆忙行走、往返奔波并不会带来内心的安定;每日背负着沉重包袱、焦虑情绪、无尽苦恼行走在人群中,没有悠闲,更没有自由与独立。

夹在烦躁与焦灼的人群中,空气也罩着不安。在现实生活中,如何成为漫步者,这是需要解决的难题。遇到这样的情形,我喜欢戴上耳机,用音乐营造一个属于自己的安静空间,让都市之途拥有花草的芬芳、气息的清凉、摒弃焦躁的超脱和愉悦的单纯。

有时我也参加同学们的徒步活动,兴高采烈地背上行囊,选择一条合适的路线,一天徒步22~30公里,去感受漫步的喜悦。同学们总是选择优美的乡村、适宜的季节安排路线，带上喜悦、闲适漫步。一直喜欢王维的意境：行至水穷处，坐看云起时。用梭罗的"悠闲、自由和独立"的心境，都市亦如闲庭。徒步结束时，虽带着酸痛的身体又回到忙碌的生活和工作之中，心却褪去了麻木与疲惫。

山水的圣洁与至美，需要悠闲与独立的心境去感应。平日里，我们总是太沉迷于名利与浮华，忽略了浮名外还有太多的美好值得留恋。碧绿平坦的原野、蜿蜒绵延的青山、变幻色泽的四季、滔滔不尽的江水、淅淅沥沥的小溪、飘着牧歌的黄昏、和着渔歌的傍晚，这种纯然、优美，深植于最神圣的角落，等待着被唤醒。倘若步履所至，定是悠闲而自由。

如果不是决定拿出时间穿行在太平洋、大西洋的浩瀚之上，穿越风暴、漂洋过海、远离日常生活中的一切纷繁琐碎，我也无法获得此时的安静和身心的愉悦，无法真正体会到悠闲、自由与独立的境界。

当一个游客请求华兹华斯的女仆带他参观主人的书房时，女仆回答说"这是他的藏书室，他的书房在户外"。多好的回答，让自己融入自然中，风吹日晒、雨覆雪掩、草盛树茂、鸟语花香……当这一切都与你直接接触时，无疑会使你生长出自然的丰富与柔美来。哪怕是已经疲惫的心，也会在自然的抚慰中松弛下来，有着花儿一样的色彩斑斓，风一样的敏锐飘逸，雨一样的剔透洒脱，树一样的叶茂根深。借此你就会拥有阳光与空气，拥有触摸自尊与神奇的力量，以及触动心灵的躯体。

一个朝圣者，一定是享受孤独、踏遍千山万水、尝尽悲欢离合的人；一个朝圣者，一定是拥有信念、明了生命依托、心有所归的人。每一寸光阴的印记，并不只是容貌留下的风霜，更是内心的深邃，丰富而安然。

航程中每一道崭新的风景都给我带来极大的喜悦，几乎每个时刻我都能享受到欢愉与幸福。巡航中所经历的种种变化，或因风雨，或因气温，或因冰山，或因游人，或因动物，都会引发我从未有过的感知与触动。这独立而自由的体验、想象和思考，让自己真正有机会成为一个朝圣者。深深地吸了一口气，对着梦幻岛默默地说了声"谢谢"。

（原载：春暖花开公众号，2017年6月9日）

第三部分

知

冬至
如春天

深爱的朋友写来了冬至的一首诗,诗的名字叫作"冬至如春天":
春天,
春雨绵绵。
细细的雨,
轻轻地滋润着大地,
无声地拍抚着万物的生命;
细细的雨,
汇集成小溪,
汇集成江河,
让梦想的船只,
驶向现实。
春天,
春光明媚。
从苍穹来的射线,
清透着空气,
温暖着大地,
拥抱着,
催生着万物的生命;
从苍穹来的射线,
伴随着熙软的和风,
使天空蓝得欲滴,

让理性的大鹏,
展翅高飞。
春天,
春花盛开。
草叶和花朵,
痴情地装饰着大地;
绿树和繁花,
一碧如洗的天空,
空中的流云,
还有流着淙淙碧水的小溪……
还有此时,
在心中展示的,
梦想,
理性,
和深情。

春天是很多人咏叹的对象,喜欢这首诗的氛围和意境。虽然南方的春没有北方的震撼,那一声春雷之后真的万物复苏,大地复醒,看春光明媚,看绿树繁花,看空中流云,又一个新的世界在绿芽中孕育。喜欢这首诗是因为诗里有"阳光、空气和水",就像一个园艺师的话:对于一棵树而言,只是需要阳光、空气和水而已,还有一点点关心。一直记得这个园艺师的话,对于一个人而言,也不过如此。这首诗给了我这个感觉。

人的需要可以很少,我们讲策略,讲市场定位,讲顾客需求,讲来讲去,所引发的不是顾客的需求满足,而是顾客需求欲望的刺激,其实每一个产品的概念都是为引发购买而设计的,我们又真的知道顾客需要什么吗?

这几天常常抽出一小段时间到校园散步,去享受阳光、空气和流水。年初五的傍晚,见阳光的金粉一束束从树梢间穿过,落在满地的小草上,那金黄令我感动,不只是感动那种美,更是惊奇在都市年节的黄昏中竟也有这样金灿灿的颜色。只可惜,平时我们太匆忙,把所有美的颜色都留在画框中,而没有去留意生活中流动的颜色。如果我们能够回到自己的本心,或许生活的本义便会化解开来,融在每一个细节中,就如今天在西湖边散步。

整个寒假都在看古书,狂啃《资治通鉴》,因为要顾名思义,想借司马光的脑理清自己的脑，毕竟"资治"是以古助你执掌贤政之义。但我通看之后，内心更为痛苦，联想欧祖禹的一首诗"重瞳帐下已知名，隆将军中亦漫行，半世行藏都是错，如何坛上会谈兵"，我当自知。

有时想，中国若想发展，其实并不要求一定要如何懂得先进的管理，如何有科学完善的法律，如何掌握先进技术，如何民主与廉政，只要做到"心定"两个字便可以了。每个人内心可平静安详，那就是真正的升华和盛世。只可惜做不到，因为人的欲望都很强。

近十几年的路，终于让自己明白，自己只不过是一个平凡的女子而已，只是虽平凡，生活可以恬淡，生命却不可以淡，这毕竟是生活给的唯一一次机会。单凭这一点，也要求自己好好珍惜，并努力付出，因为这种理解，很想让生活知道：自己愿意在今后的人生旅途中，给生活温馨的问候和迤逦的梦幻，或许没有太大的作用，但仍然愿意努力去做。

假期的校园很安静，满园的绿树和湖水，整天里不必看时钟。看书累了，就出去散步，太阳、月亮、星星轮流与你默默相对，这份隔绝尘寰的幽静，确有春的青翠，山水使人理智清明，心情开始由绚烂趋于平淡。可是生为一个现代人，只能在内心中寻找一块"田园"，虽然暂时无田园可归，无妨在方寸之间，自辟一片天地，那么纵使"结庐在人境"，也可以"心远地自偏"了。

这是春的夜，空气中充满醉人的芳香，人们常常比喻春天是珠圆玉润的小诗，富于想象，富于色彩；人们常常比喻春天是一个恋人，富于柔情，富于旖旎。记得有次老师带我去踏青，老师所有的雅致都在那青青的草，青青的泥土味道中，全部承接了下来。多年后的今天，也是春的味道，我却只能捡起笔纸，让无限的思念消散于长风短笛中，以那时的感受，以今天的能力，我觉得心上的重量消失了。只有老师的期许，一切静寂，我不知该如何表达：

春意漫了屋子，
我系住思念，
圆月指引我的路，
微光如一片淡烟。
回忆是如此清冷，
心间心语细碎，
何处牵来一丝淡香，
可是今日忘却的一朵百合？

一直渴望给老师回报，一直渴望能在老师的生活中添上一笔，使得老师绚丽的一生能多一种色彩，可是我竟什么也做不到，跪在老师坟前，我才明白：

永远不朽的，只有风声、水声，与无涯的寂寞而已。

东方说古有三不朽，西方说不朽的杰作，我们所诉求的"永远"，其实都是纸上的意义，唯有"现在"才可以体现你的意义。春的昭示是生命的开启，是新的萌动，是梦想、理性与深情，它不需要追求永远，但正是春天，让瞬间成为永恒！

（原载：春暖花开公众号，2015年2月23日）

学习，
是对自己的教育

新学年又开始了，用什么样的心情迈入校园和课室，的确是一件值得认真思考的事情。我的学生们希望我能够写一段寄语，作为开学的礼物送给大家，我迟迟没有动笔，因为这份期许在我看来太重要了，让我不得不叩问内心，我该说什么。

大学生活独有的情节，让我受益无穷。喜欢在大学的校园里漫步，喜欢看夜晚通明的图书馆的灯光，喜欢告示板上色彩斑斓的广告，喜欢生气十足的操场，也喜欢清晨树下喃喃的阅读声……1854年，都柏林天主教大学校长约翰·亨利·纽曼（John Henry Newman）这样描述大学：一所大学就是一个群英会集的殿堂，各处各地的学子到这里来，以寻求天下各种各样的知识。我喜欢这个比喻，"群英会集的殿堂"。

大学对学术和真理的追求是永恒的，这种追求表现在始终坚定地前行，始终不懈地努力，表现在不盲从、不轻弃、不屈服、不张扬。这种追求就像深深的水，静静地流。虽然默默无语，却蕴含着巨大的决心、执着和勇毅。

这是我所理解的大学，这份理解使我豁然，让我知道在开学之初应该与大家说些什么。我想说的寄语就是：学习，是对自己的教育。

浸染在大学校园里，透过学习，你发现自己，发现自己的才能，发现自己的内在品质，发现自己独特的魅力。因为你接受了良好的教育，你发现了自己，这让你可以从容地走进社会，并有能力承担起属于自己的责任。

透过学习，你不断地培养和发展出自己的天赋、才智和精神，让你可以有厚实的基础，去解决未来人生路上遭遇的种种挑战和困难；透过学习，你不断挖掘和发现自己的潜能、追求和内在驱动力，让你可以有坚实的基础，去赢取未来人生路上遇到的种种机会和可能。

学习，正是对自己的教育。所以期待在新的学年里，你为发现自己、培养自己增添更多的知识和技能；你为提升自己、开拓自己沉淀了更大的勇毅和胸怀。你的未来，也许取决于很多要素，但是最根本要素还是你自己。你的命运由你自己书写，你的未来掌握在你自己的手上，请好好珍惜在学校的每一天，因为正是这些平常的日子，一个又一个学年，让你教育了自己。

　　在这个春暖花开的新学年开学季，请好好去享受又一个让自己成长的学年吧！

（原载：春暖花开公众号，2015年3月9日）

人生因读书而改变
——献给第20个世界读书日

今天是世界读书日,身边有很多朋友和学生喜爱读书,这是让我最开心的事情,我也分享一下我自己读书的收获。在我的一生中,对我影响至深的三本书,分别是:居里夫人的女儿所写的《居里夫人》、林语堂先生的《人生的盛宴》以及彼得·德鲁克先生的《卓有成效的管理者》。

《居里夫人》是我中学时读的一本书。居里夫人是历史上第一位获得两次诺贝尔奖的科学家,而且是仅有的两个在不同的领域获得诺贝尔奖的人之一。她对知识如饥似渴的追求,为实现留学巴黎的梦想而坚持做了8年家庭教师的隐忍,对世俗偏见的淡漠,对金钱和名利的清醒认识,对科学界和整个人类社会的卓越贡献都深深触动了我的心灵。以至于高中毕业后,我坚持要学习工科,要成为一名科学家,并选择了华南理工大学的无线电专业。

《人生的盛宴》是我大学时读到的一本书。这本书让我感悟到:面对人生,不仅要有激情,还要有智慧的沉淀,才能避免人生的摧残;仅仅有知识是不够的,我们还必须去"了解"它,探索知识背后的规律;生活中我们总是太容易对人和事做出批评,不懂得欣赏,而其实欣赏就在我们身边,我们缺乏的是一双慧眼和一颗欣赏的心;一个真正有能力的人,一定清醒地知道他的能力和价值来自哪里。书中所展示的林语堂的哲学给大学时代的我许多宝贵的启迪,让我能够看到生活之美。

《卓有成效的管理者》是我转行到管理领域之后读到的一本书。这本书给了我明确的研究价值取向,让我更深地理解了管理价值,以及作为一个管理学者的使命和责任。我常常问自己:我可以贡献的价值是什么?我按照德鲁克先生所倡导的那样,深入到企业的实践中,去明确地理解管理的真实问题,并找到解决问题的办法。也因为德鲁克，我更坚定地根植于中国企业的管理实践和研究，因为"只有中国的管理者才能够解决中国的管理问题"。

　　因为这三本书，我的人生充满了机遇和快乐，我拥有了克服困难的依托，也拥有了发现价值的基础，更获得了观察世界、快乐生活的秉性。因为读书，自己拥有了认知世界的能力；因为读书，自己拥有了前行的方法；因为读书可以与伟人交流；因为读书我们拥有属于自己的知识、判断和见解。我把这三本书带给我的认知转化到日常生活、工作之中，这种转化带给我无限的收获，让我感受生活之美、工作之美。

　　当我真切地理解了读书的意义的时候，我更深地认识到：书的价值来源于读者的创造。只有我们自己才能够体认书的价值，也只有我们自己才能够把书本的知识转化为自己的能力，以及自己的价值，并呈现在我们创造性工作的成果中。这就是我想与大家分享的核心，将阅读转化为自己的认知与行动的时候，读书带来的将是一个全新的生活体验。

　　库法耶夫说："书不仅是生活，而且是过去、现在和未来文化的源泉。"当我们展开阅读的时候，我们也展开了过去、现在和未来文化生活的源泉，源远流长。

（原载：春暖花开公众号，2015年4月23日）

我的母校

又到毕业季,这是最美好的时期。

祝贺又一批学生完成属于自己人生的一个里程碑,开启另一个新征程。毕业,应该是一个"自我完善"的过程,其中必然经历成长的痛苦,如同生命的本质一样,朝前迸发,新的成长才诞生。

成长的力量来自学习,而学习的本质是一种意愿,是一种自我扩充。成长,就是将所学转化为实际行动的过程。所有的成长,都离不开学习。真正懂得学习的人,必然懂得自我约束,以此促进自我的心智成熟。

每每到这个季节,对母校的爱就会自然地显现出来,因为在这里,我们才有机会收获成长的力量,对我而言,我的母校华南理工大学更加让我感恩。

爱华南理工大学,不仅仅是因为自己在这个地方生活了33年,更因为华南理工大学的理性与平静。我曾在一本书中这样描述她:华南理工大学与中山大学的风格迥然不同,如果说中山大学是雍容端庄,具有王者气派,那么华南理工大学则是幽雅出尘,宛若诗人风骨。

华南理工大学校园安详、古朴自然、深邃从容。大片的绿树和湖泊掩映,点缀着一群古雅的学校建筑。蔚蓝的天空、碧绿的大树,衬托着红墙绿瓦,还有崭新的教学大楼和学生宿舍。

当春的细雨沥沥的时候,西湖的安宁将华南理工大学衬托得犹如淡淡的水墨画,呈现在我们眼前的是,金银岛上的南阳杉对望湖畔,婆娑的垂柳把细叶撒向湖面,挺直的棕榈用双手迎接细雨。这一切都被笼罩在雨中,一切色泽都淡淡地化开。

当夏的阳光灿灿的时候,高大的凤凰树撑开巨伞把湖滨路和2号楼遮掩得斑斑驳驳。东湖粼粼的波光,平添了一份高贵,夹杂着玉兰的幽香,篮球架下的身影,知道韵味与健美的结合应该是在夏天的湖滨路上。

当秋的凉风曳曳的时候，建筑红楼的浑厚渐渐地浓重起来，倚楼而出的是大师的笔，几千年的脉络，今人的展示，历史与现代的桥梁该由这支笔来构建。

冬到百步梯时，已是12号楼的新貌，当第一道的日光投射时，一万年太久。晨起的步履与时光同步；晚修的灯火与星星对流，你可以听到的正是华南理工大学的脉搏。

当你漫步在1号楼广场，你会看到中山先生的铜像，金色的光线投撒在他的身上，犹如增添一圈灵光，在先生静静的俯视中，心会震动。这就是华南理工大学了：严谨、从容、细致、投入、朴实。

的确，平静是最美的，特别是心灵的平静，因为心的平静来自长期、耐心的自我控制，心灵的安宁意味着一种成熟的经历以及对事物规律的不同寻常的了解。当这个浮躁的社会侵蚀着校园的时候，华南理工大学仍能超然于世，踏踏实实地往前走。大学应该保留"象牙塔"的风骨，但同时又能够与时俱进。

也许华南理工大学四位学子更能代表华南理工大学的这种风格：TCL的李东生颇具儒家的风范，创维的黄宏生很有点法家的气度，格力的朱江洪更具道家的味道，康佳的陈伟荣则更具现代职业经理人的特质。他们成功的路也与众不同：李东生带领一个国有企业成功进行渐进式改制，并且成功地发展了多元化的功效，成为多个领域的重要力量；黄宏生在艰苦创业中，带领民营企业走出一个又一个的陷阱；朱江洪引领地方国有上市企业稳步成长，至今竞争力依然强劲；陈伟荣带领一个合资企业走上国有上市公司的道路，成功之后毅然选择重新创业。他们不同的境遇，不同的路径，不同的个性，却拥有一样的成功。

当我走近他们的时候，被他们独特的气质深深感染，也同样感受到自己身上一样流淌的理念、学习的欲望、求实的习惯、认真投入做事的态度。这是华南理工大学学子特有的品质，学校将"大学精神"烙印在每一个华南理工大学学子的内心。

华南理工大学不算是古老的大学，但确实是一所闻名海内外的理工科一流大学。其毕业生中拥有一大批顶级人才，60多年的历史，超过10万的毕业生中出现了一批批中科院院士、工程院院士、外籍院士、著名的科学家、工程师、著名的企业家，还有数千名公认优秀的政府管理人才。他们在各自领域独领风骚，开创了新的里程碑。特别值得称道的是，到目前为止，在中国还没有一家大学像华南理工大学那样诞生出这么多杰出的企业家，被公认为"企业家的摇篮"的大学。人们把这称之为："华南理工现象"。

华南理工大学是年轻的,不仅仅因为她只有60年的历史,更因为她一直站在中国改革开放的前列。20世纪,特别是二战后,大学的社会职能充实到大学理念中。威斯康星大学首先进行了深刻的改革,把教学、科研与为社会直接服务紧密结合起来,这种办学模式被美国称之为"威斯康星思想"。大学的观念中包含的教学、科研、为社会直接服务,成为现代大学的三大社会功能。华南理工大学已经做到了。

总是会在毕业典礼这一天站在同学们中间分享这份毕业的喜悦,感动于这份收获的喜悦;分享着流淌的幸福与快乐;期待着从这一刻开始,有着知识沉淀托起的新的美好!

(原载:春暖花开公众号,2015年6月26日)

会有一个你，温暖学生的心
——写在新华都商学院5周年

细细想来，我从教已接近30年了，在学校工作时间长了，经历的学生多了，慢慢觉得，温暖学生的心，其实是不容易的。

很多人都会认为，学生入读学校，是为了掌握知识，为了长大成人，为了获得学位，为了打发时光，为了体味年轻经历。我不去探究这些说法是否对，只是知道，入读了学校，学生身上就会有一种学校的味道，这味道让学生有了完全不同的特质。

跨入大学校门，学校的气质就会融入学生秉性中，虽然只有短短四年的时光，却可以为你烙上独有的印记，哪怕几十年后，时光逝去，但你和学校之间已是恒久的盟约，亦如几世的情缘，丝丝缕缕，缠缠绵绵。对此，我也深信不疑。

这是当我站在新华都商学院5周年的时间点所想到的一份情愫。因为这所学校从设立那一天起，就拥有一份温暖的特质与气息。

发树董事长用他一贯的秉性，把温暖倾注在这所学校里，让一个一个普通的孩子，可以站上巅峰的舞台；让一个一个单纯的生命，如稚嫩的小苗，蕴含了根系的强劲，总会有一天长成参天大树；让一个一个懵懂的青春，如春雨后的笋，悉数苏醒。

志毅、建国和我，三个带着缔造一所真正唤醒学生内在价值的中国商学院梦想的教授，也把温暖倾注在这所学校里。而后在志毅老师的带领下，加上菲尔普斯和晓华教授，一个一个商学教育全新价值，在四地尝试与根植，让梦想不再是理念而成为现实；一个一个创新的行动，融入用心的设计中，让创业者不再孤单而获得了升华。

这所学院的教授，也用独特的意志，把温暖倾注在这所学校里，陪着学生漫步于知识的殿堂,知性的天空;让学生学会欣赏丰饶的大地,丰满的人生;使学生拥有梦想的翅膀,坚实的步伐,善良的秉性以及顽强的意志。

有一个你,温暖着学生的心。在静籁的夜晚,窥见明亮的星;在明朗的早晨,迎接绚丽的朝阳;在宽敞的教室,汲取丰厚的知识;在宽广的校园,锤炼健壮的体魄。画一般流过的岁月,雕刻属于学生们的情节,也让温暖就这样恒久地留存着。

新华都商学院就有这样的温度,暖暖地直入人心。每一天如花开般抹平平淡,让善渗透在每一节课里,望着你们,便有光散向四方;每一学年如光阴般加重悠远,让爱沉浸在每一次交流中,望着你们,便有暖流过四方。

5年,一个温暖学生心的地方生长!

(原载:春暖花开公众号,2015年7月10日)

每一种成长都需要战胜艰辛与自我
——2015新员工寄语

又到欢迎新英的时候,这是最美好的时刻。

祝贺大家完成属于自己人生的一个里程碑,开启了一段全新的征程。这段全新的征程,是你们可以展示自己才华的起点,是你们可以创造价值的起点,是你们可以让自己真正拥有成就的起点。由学生时代转入职业时代,应该是一个"自我完善"的过程,其中必然经历成长的痛苦,如同生命的本质一样,朝前迸发,新的成长才会诞生。

我不知道各位是否准备好迎接这一次人生旅途中最重要的时刻,但我感到庆幸的是,你们选择了与我们在一起。与我们在一起,意味着你进入了一个经过33年沉淀的饱含知识与正走向辉煌的公司;与我们在一起,意味着你拥有了一个可以驰骋在全球市场的机遇与挑战;与我们在一起,意味着你进入了一个6万多人的大家庭,同时也需要承担6万多人对你的期许与盼望;与我们在一起,还意味着你必须能够超越与创新,才能真正拥有属于你和我们的骄傲与价值。

每年这个时候,我都很感慨,一方面是因为你们的到来,让我感受到一次又一次的激情和振奋;另一方面是因为你们的到来,让我感受到一次又一次的挑战和责任。一间公司的成长,其根本的驱动因素是年轻人的成长,是新员工在进入公司之后所获得的成长。只有年轻人,只有你们真正获得成长,公司才会保有持续成长的力量,所以每次你们的到来,都让我内心里充满喜悦,也让我感受到沉甸甸的责任,更让我对未来充满信心和期待,这一切都是源于与你们在一起。

当我决定要写点什么给你们的时候,我脑海中会想到永好董事长创业时的坚持和毅力,会想到公司无数次在中国改革开放历程中所创造的佳绩,会想到6万多员工用汗水和努力所缔造的辉煌和成就,会想到与我们在一起的15万合作伙伴,以及"为耕者谋利,为食者造福"的核心价值,更会想到"打造世界级农牧企业以及美好公司"的共同愿景。这些想法,让我能够记住美好的过去,以至于我很期待你们进入公司之后,可以同样感受到这些美好;这些想法,也让我能够体会成长过程中的艰难,而每一个员工的努力,使艰难被克服,当你们有机会与老员工在一起时,他们对过去那些苦难与艰辛,都会一笑而过,因为他们更清楚,未来依然要面对新的艰辛与困难,战胜艰难与自我,就是成长本身。

　　写到这里,我希望不要给你们压力,从内心里,我相信各位已经有准备去接受职业的挑战。大学帮助我们了解了知识和掌握知识的方法,而职场将会帮助我们了解知识如何转化为能力,从而真正获得价值成长。这是两个完全不同的标准,学习期间需要检验的是知识获取,职业期间需要检验的是知识价值。因此,需要你们尽快转化自己的学习能力,从理解知识转化为运用知识,从书本学习转变为行动学习,从个人学习转变为团队学习,从发现问题转变为解决问题,从老师引导转变为自我引导。这个转变过程,需要你们加快进程,需要你们懂得对自己提出要求,需要你们学会欣赏与观察,需要你们学会独立探索,并不断向身边的人请教。这样,你们就可以跟上成长的节奏。

　　尼采说"那些没有消灭你的东西,会使你变得更强壮"。这是我常常拿来鼓励自己的一句话,在这里转给各位。成长的力量源于学习,而学习的本质是一种意愿,是一种自我扩充。成长,就是将所学转化为实际行动的过程。所有的成长,都离不开每一次的战胜艰辛;所有的成长,也都离不开每一次的战胜自我。真正懂得成长的人,必然懂得自我约束,以此促进自我的心智成熟,这就是我想与各位新英分享的心得。

　　再一次欢迎你们的到来!

　　在一起,总美好!

(原载:春暖花开公众号,2015年8月3日)

生日快乐!
肯特岗的情

或许,真的爱了,只是这份爱是在虚拟的想象中。坐在新加坡国立大学的图书馆里,心却飞到了那满是碧绿的肯特岗,没有离开的时候,自己竟浑然不觉,可是只要离开,思念就慢慢地爬了上来。

距离是一种美,这是一个自然法则,因为距离可以产生浪漫,浪漫可以有绚丽的光环。走在国大的校园里,也许没有太多的在意,只是一旦想起肯特岗的种种,满心皆美感。天气很热,阳光很亮,大部分的时候,我们走在燥热之中,巨大的雨树好像也抵挡不了骄阳的穿透力。还记得每次从宿舍走到教室,湿透了衬衣,可是我仍会想念你,我的肯特岗。雨色明净,纤尘不染,与夜空相对,衬着水一般的心情。一腔情思,蓦然翩飞,留不住的往事总是轻易潜入心中:

浓绿依旧

寂寞依旧

记忆是相会的一种形式

掌中握住的是有限

瞬间握住的是永恒

也许在以后的很多年里,该是总会长久地凝望澄澈的夜空,一条航道在两岸夹杂的水间伸向或许永不会再来地面的那颗星星。

爱国大的精神,植根于西学的精神和儒学的精髓,更融汇了现代文化的元素,这就是:对于真理热切追求的理念,对于科学不断求证的习惯,对于结果认真求实的态度。

大学是什么?大学是青年人向往的理想园,是社区经济的典范,是神殿;大学是什么?是荣耀,是快乐,是永恒;大学是什么?是110年来依然年轻,依然出众,依然灿烂。商学院是什么?是50年来依然执着,依然深植,依然创造。

更爱我们通过自己的言语和向世界展示的面容,促使春的萌动回到我们这个110年之后仍然年轻的学校,并带来了重新创造国大的远见和勇气。每一代国大人,都必须为作为一个国大人意味着什么下定义。我们面临着惊人的挑战,但我们同样具有惊人的力量。国大人历来是不安于现状、不断追求和充满希望的。我们曾经做得很好,但是还必须做得更好。我们必须在这个充满机遇和挑战的时代做到这一切。

在新加坡的今夜,实在不该沉湎在感伤中,已经有了深远的情感可怀念,已经有了不需要张扬而充满内心的情感可追溯,国大已经给了我这些,我还能要求什么呢?

放低自己

望每一颗星

都是你的期待

太阳如丸

西湖做西子的比拟

是永恒的风景

弹唱在净空的玻璃窗上

心曲拨动的午夜

有你的梦萦绕

1999年,我如此关注这个年份,知道自己喜欢生命的投入,这份投入许是缘分,让我与国大结成了知交,也许很多东西可以逃避,可是心灵的感受是躲也躲不掉的,国大给予我的学识与学术,价值与精神,多年来已是我的爱。

这儿有自己深爱的碧绿,有饭堂,有学生。痴迷就在肯特岗,爱恋就在半山,书架上满满的书籍,灯影下淡淡的墨香,蜿蜒小路上的玉兰香,婆娑树影旁的斑驳,不管身在何处,国大仍然是我的情之所归。

台湾的周文宗同学写了一首《传灯》,我们正是传灯的伙伴,就像一个又一个同学带领的企业遍布全球那样,国大以它独特的胸怀,接纳并培育了兼具中西文化的管理精英,使得灯火照遍。我和48位国大的戈壁挑战英雄写了一本《让心安然》,我们正是大漠深处的挑战者,超越的是自我,传承的是精神。

竟然想到徐志摩的一段诗:

你是一树一树的花开,

是燕,
在梁间呢喃——你是爱
是暖,
是希望,
是人间四月天!

(原载:春暖花开公众号,2015年9月6日)

忆高中恩师

由于偏爱，自然常翻阅古文，认真想来，发现有《为学》，也有《师说》，却没有"教学说"。然真的内心体验，却道教、学之间实在是大有学问。

每个人在生活中无不会与教师结下缘分，而这份"缘"有多大，似乎难以定论，可不管怎样，所有的人都会同意，一生中遇到一位英才卓识的师长，被给予正确的指教和及时的纠正，成长的路就会大有不同。

读中学的时候，自己恰恰遇到这样一位老师。因为宁老师，一切都开始不同了，潜伏多年的活泼本性跟着逐渐美丽的日子焕发起来。那时候，生活一日一日地丰富广阔，快乐极了。老师可谓朋友，一起去郊游，一起争论作文，一起看电影；她可以明了每个人的特长，可以单凭足音知道是哪个学生走来；她可以挥笔填彩、狂书，可以填词谱曲；坐在她与我们亲手布置的教室里对答、吟唱，即使到了毕业挥手道别的时候，我们仍是快乐无比。相聚只为随缘，如同柳絮春风，偶尔漫天飞舞，偶尔寒日飘雪，这个"偶尔"便是永恒的某种境界。

现在轮到自己做老师了。案首便放着一叠学生的作业，两个班加起来近70份，批阅起来自有一分感想：遇见认真工整的，心情自然舒服很多，若是马虎潦草的，便较容易引起轻视之意。其实做过学生的都清楚，在这些作业中，固然有"正人君子"，但也有许多靠摘抄来装饰的"花花公子"，还有一些苦读的"穷书生"，更有衣冠不整的"酒鬼"；既工整又正确的肯定令人满意，思路开阔新颖的使人惊奇，独自完成却有漏洞的便叫人惋惜。

阅卷而思，即使在作业中学生们也渴望加深对老师的了解，有的在作业末尾相邀，有的想到老师家中作客，更有的直言："我们想同您辩论，想办法去反驳和澄清自己的认识"。一声"师者为前辈"使得自己惶恐万分，而"诚切"二字真是感动不已。乐得邀学生同坐，一杯热茶，一轮明月，其实，天地可以称朋友，老师和学生之间也能够亦师亦友，这也是教学相长，"天地君亲师"。

《师说》对于什么是"师",做了这样的解释,"师者,所以传道授业解惑也"。从奴隶社会的分工中出现教师这个职业以来的几千年中,我们都持有这种说法。往往,大部分中国教师,都是极其关注学生的,把学生看作自己的孩子,当作命根子,将学生视为自己生命的延伸与继续,企望自己一生没能完成的理想与光荣,都能在学生的身上实现。更以为,自己人生的经验,百分之百地都可以转移到下一代的身上去,又以为学生必须听命于老师而不可反抗,现在虽然有所改变,但是骨子里的"师道尊严"是无法抹掉的,上课主要还是老师一个人讲,没有反问,也没有争论,遇到有学生好学,而且喜欢问问题的,老师会让学生明白这并不受欢迎,久而久之,老师与学生之间形成了一种"默契",相互之间的压力由此而生便也产生了隔阂,而这种未能沟通的状态,在我个人看来,是出于同一个字:"爱"。老师对于学生深刻的爱,学生对教师的爱,这不是一对一的状态,而是整个中国社会文化的沉淀。

我相信,所有的老师和学生,没有一个人存心去破坏教与学相长的关系。我们常常可以看到学术实力雄厚、知识结构新、讲课认真有技巧、能够给予学生知识和领悟的教师,学生们会挤破头去听课。学生与老师相对立,也不是刻意的行为,而是根深蒂固的社会观念,因为时代的变迁,双方不知道适时调整而造成的结果。

看到被淘汰的学生,看到被淘汰的老师,问题出现了!解决的方法,不该是怨天尤人地责怪对方,甚而自责,而应冷静地寻找问题症结,为师者要有强烈的责任感,要有强烈的感染力,不断更新知识,具备更强的学习能力和研究能力,要有对学生和教学的热爱,要鼓励学生去争辩,去发表与自己不同的见解。为学者要有强烈的求学欲望,要有自觉的学习能力,不断积累知识,更要有创造能力与体行能力,要有对老师和学习的热爱,要激励老师去打破局限,去交流更多的信息。

初为人师,很怕被学生冷落和误解,可与学生接触下来,真的好感激学生给予自己的信心。很记得教的第一个班,学生在黑板上写的一句话:"老师,我们已经盼着下一周课的到来"。只因这样的一句话,我便一直站在了讲台上,到现在已经快18年了,更重要的是我还打算继续站下去。师生之间是能够亦师亦友的,不仅如此,当老师还有一个更大的好处,那就是因为学生的活力,你会一直年轻;因为学生的追赶,你就一直前行;因为学生的感染,你就永远具有激情。何乐而不为呢?

(原载:春暖花开公众号,2015年9月10日)

陈春花谈大学生创业：
保有赤子之心，勿忘初心

当看到"大学生创业"这个话题的时候，我第一时间想到的是赤子之心。孟子说"大人者，不失其赤子之心者也。"在孟子看来，伟大的人不会偏离他纯洁和善良的心。所以对于一个创业者来说，童心就是指他的赤子之心。而从童心的角度我们可以延伸出另一个心，那就是初心，我们创业初始的梦想和理想以及引发我们创业最原始的意念，就是我们的初心。不忘初心，方得始终，一个创业者在不断面临压力和挑战的时候，时刻不要忘记他最初创业时的那个目标，也不要失去最初想要追求的美好。初心是他内在的动力并且可以不断地支持和推动他，这就使得无论遇到多少的困难，能守住初心的创业者往往成功的把握最大。

恰巧今天是6月1日，我们在这个时候来谈创业，尤其是谈大学生的创业，可以将初心和赤子之心直接相联系。

我觉得可以从两个方面来理解这个问题。一方面，大学生群体非常特殊，他们具有很多优越的创业基础条件，比如对知识、互联网技术、对市场特别是线上消费人群近距离的理解；另一方面，宏观环境的支持，国家和政府出台了多项鼓励大学生创业的有力措施，并且这个时代技术和知识的积累迅速，的确是一个从未有过的最好的创业时代。

这两个条件使得大学生创业成为令人兴奋和引人关注的话题，也有很多大学生的确取得了创业的成功。例如我自己就特别欣赏华南理工大学创业非常成功的陈第和他的有米科技团队，他带领的公司已经在新三板上市，发展空间也非常好，所以我相信创业成功的大学生会越来越多。

但是为什么我们又对这个话题非常的慎重？因为很多大学生创业的失败概率也很高，所以我们会非常谨慎地建议，并不是所有的大学生都适合创业，就如老师说的那样,必须要有创业的精神,所以我想从一个新的角度为大家阐述我对创业的看法。

大学生创业,需要更加关注变化、需求和市场的敏感性,必须要清楚地做好吃苦的准备,要问自己,你是否有足够的热情和激情,自我激励的性格。当你有以上的准备时,我相信你去创业就有了很好的条件。今天,如果你来问我如何看待这个问题,我会从两个维度来看:一个是技术,技术变化带来很多机会;另一个是顾客价值实现,顾客细分需求的出现,也会带来很多机会。

一、技术带来的变革

技术对我们今天生活的改变是有目共睹的,市场与技术的力量在于改变格局。对于技术力量的认知和体认已经成为常识,人们越来越深地感受到技术从各个层面对企业的影响。更方便的交易和交流方式,互联网技术正在深刻地改变用户的行为模式,每一次技术的变革都在改变着商业的运行模式。

二、顾客价值的实现

技术也带来顾客价值创造方式的改革,这种变化几乎覆盖人们生活的方方面面,以至于顾客价值实现的方式层出不穷,顾客的细分需求被大量挖掘,并且由于技术的发展有被满足的可能。顾客细分需求的大量涌现,让满足顾客需求的创新也大量出现,创业的机会从未有过地丰富。

所以从技术的变革和顾客价值实现两个维度来看,我们今天是有非常多的商业机会和商业模式的。如果你有创业的准备,你需要在这两个维度中选择贴靠一个。这两个维度会产生无限的机会,所以我的结论是,为什么大学生创业是当今倍受关注和热议的话题,因为无论从技术还是顾客价值需求来讲,当代大学生比以往任何时代都具备创业的条件和基础,所以如果你有这个条件和梦想,我支持你去尝试,但是你需要和市场、团队做一个恰当的组合。

(原载:春暖花开公众号,2016年6月2日)

大学的意义

大学独有的情节,让我受益无穷。喜欢在大学校园里漫步,喜欢看夜晚通明的图书馆灯光,喜欢告示板上色彩斑斓的广告,喜欢生气十足的操场,也喜欢清晨树下喃喃的阅读声……1854年,都柏林天主教大学校长约翰·亨利·纽曼(John Henry Newman)这样描述大学:一所大学就是一个群英会集的殿堂,天下各处各地的学子到这里来,以寻求各种各样的知识。大学的定义本身就足以让我欢喜与流连,以至于我有很多机会去做一些新尝试,但还是选择维持在校园工作的习惯。

每到一个城市、一个国家,我都会想办法去看大学。世界上的大学究竟有多少?没人确切地统计过。中国有两千多所,美国有六千多所。各国的大学形形色色,各具千秋。尽管大学之间是如此的不同,但是总会有一些东西是一样的,这个特质深深地打动了我。自1530年以来,西方世界只有85个机构存活至今,其中大学就有70所。为什么大学会具有如此长久的生命力?为什么大学总是一种象征?为什么大学可以承载历史和时光?那是因为大学有独特的精神特质。

惟其包容,才有其大。大学从创立之日起就体现着她独有的包容特质。大学创立于中世纪,"大学(university)"一词来自拉丁文名词"universitas",意思是"整体""社会""世界""宇宙"。因此,大学从词源上就已经蕴含了包容万象的特性。这种包容性在大学数百年历史中不断发展丰富,使大学成了一块包容不同学派、观点、人才,能够自由开展各种学术研究和探讨的领地。这种包容性已经成为大学精神的重要组成部分。

中国的大学在创办之初就继承了这种精神特质。20世纪初,马相伯先生在创办复旦公学的时候提出了12个字:囊括大典,网罗众学,兼容并收。此时的马相伯已经67岁,但是老人一点也不守旧。复旦大学在创办之初,就吸纳了十几位学有专长的留洋教师,开设的课程令人耳目一新。

蔡元培先生提出"抱定宗旨""砥砺德行""敬爱师友",奠定了北京大学兼容并蓄、思想自由的精神基础,也确立了中国大学的基本准则和文化精神。蔡元培先生曾在德国莱比锡大学研究大学教育,深受现代教育之父洪堡的思想影响。他认为,大学是人格养成之所,是人文精神的摇篮,是理性和良知的支撑,但不是道德楷模,不是宗教之所。大学者,研究高深学问者也。北大不仅包容了旧学代表和拖长辫、着异服的前清遗老,更包容了接受和传播新文化、新思想的进步青年教授。蔡元培先生认为"大学教员所发表之思想,不但不受任何宗教或政党之拘束,亦不受任何著名学者之牵掣。苟其确有所见,而言之成理,则虽在一校中,两相反对之学说,不妨并行,而一任学生之比较而选择,此大学之所以为大也。"从马相伯的"兼容并收"到蔡元培的"兼容并包",这不是偶然的,它反映出这些教育先贤们对大学办学思想的共同理解。也正是这份包容,可以给予学子们宽松的环境、思想的冲撞、见解的交融、心胸和视野的开阔。惟其常新,才有活力。大学之所以具有活力,是因为她在本质上是创新的。鲁迅先生曾说,北大是常为新的。我们也可以说,大学是常为新的。大学具有不断创新的内在动力,这是由大学对知识无止境的探索决定的,也是由大学需要不断培养青年学生决定的。大学的这种创新性,对社会文化有引领的作用,使大学成为社会的思想高原和文化的辐射源。大家都知道,北大是新文化运动的发祥地,对推动马克思主义在中国的传播,发动"五四运动",促进中国共产党诞生,起了很大的作用。

大学的创新不仅在社会思潮,在科学研究方面也始终走在社会的前列。创新需要积累,创新需要勇气,甚至牺牲。20世纪50年代,生物学界照搬苏联的米丘林学说,错误地把遗传学批判为资产阶级的科学,各大学停止基因遗传方面的课程,停止遗传课题研究,甚至要求有关科学家检讨。复旦大学的谈家桢教授是摩尔根的弟子,他顶住这些批判,继续广泛介绍遗传学说,带领师生进行多方面研究,最终取得了丰硕的成果。他是第一个将分子生物学介绍到中国的科学家,他所领导的遗传研究所成为中国基因遗传研究的重要基地。倘若没有当年谈家桢教授的坚定、执着,就不会有今天中国生命学界的多样化和繁荣,中国人就不可能参与人类基因图谱的测试工作。大学里就应该拥有求异思维,或者是逆向思维;大学里欣赏的就是标新立异、与众不同,赞赏批判精神,不欣赏从众行为。正是在这样的氛围里,创新才有可能。

"不强调认同他人而否定自己,不努力否定他人而标新立异,只是把握好自己,认同自己。"非常认同曾任复旦大学党委书记的秦绍德先生在一次讲话中说的这段话。大学就应该是张扬个性,保持创新,尊重独立的地方;大学就应该是持续创新,接受挑战,引领文化的圣地。

惟其承担,才有魂魄。马寅初校长是北大历史上一位骨气非常硬的校长。他说:所谓北大主义者,即牺牲主义也。在他看来,为了追求真理应该舍得牺牲一切。当"五四运动"爆发的消息从北京城传到清华园后,闻一多先生只将岳飞的《满江红》书于墙壁,清华学生的队伍就集合起来了,浩浩荡荡向城中进发;当日寇铁蹄进逼华北,清华学生发出了"华北之大,已安放不下一张平静书桌"的呐喊,这成了"一二·九"爱国运动的动员令。

民族危亡则大学艰难,国运昌盛则大学兴旺。从中国大学的发展史来看,大学的命运和民族的命运紧紧相连,大学深深扎根于民族文化的土壤之中。中国的大学不仅根植于具有五千年历史的华夏文明之中,而且北大、复旦、清华都分别诞生于中国近代重要的历史时刻。北大创建于1898年,这一年,"戊戌变法"失败,意味着中国封建王朝的自我改革运动不可行,要寻找新学之路。复旦创建于1905年,这一年,延续了1300年之久的科举制度被宣告废除,中国教育乃至中国文化,从此开始了新旧分野。清华诞生于1911年,这一年,辛亥革命爆发,清王朝正式退出历史舞台,中国由此进入新民主主义革命的新时期。这些承担,彰显了大学的责任,也使得大学拥有了振兴民族的使命,这样的使命感给大学以灵魂,给青年以动力。

包容、常新和承担让大学具有了久远的根基,有了可以熔炼学生骨骼和精髓的元素。很多人问我,大学最重要的价值在哪里?在我理解,大学教育最本质的过程是人文,是崇高品性形成的过程。同样的年轻人,考入大学和没有考入大学,一年下来是完全不一样的。是什么使他们发生了不同的变化?是大学的人文熏陶、大学的精神修炼。大学的重要性,是其他方式都不能替代的,不是知识,不是设备,也不是大楼,而是大学所具有的精神特质让学生受益终生。如果仅仅从知识的角度来看,技术可以解决很多问题,但是技术不能解决的正是校园所形成的人文氛围。没有在大学里浸泡四年,年轻人就不会真正具有知识的魅力和完整的人格。

大学的功能不限于洪堡的"知识传播之地与知识产生之地",大学的教育是"人格教育、通识教育、终身教育的基础"。大学的重任在于知识和精神的传承与创造,大学是精神的象征。1929年陈寅恪先生为王国维纪念碑撰写的铭文:

"唯此独立之精神，自由之思想，历千万祀，与天壤同久，共三光而永光"。在清华学校建校之初，梁启超先生用"自强不息、厚德载物"来激励清华学生，铸就了清华人一种博大的胸怀，而这也是所有大学人应该拥有的情怀。

大学对学术和真理的追求是永恒的，这种追求表现在始终坚定地前行，始终不懈地努力，表现在不盲从、不轻弃、不屈服、不张扬。这种追求就像深深的水，静静地流，虽然默默无语，但静静之中却蕴含着巨大的决心、执着和勇毅。这种追求是大学里最令人钦佩的特质，而这些特质是由我们每一位教师的特质折射出来的。竺可桢先生说："教授是大学的灵魂，一个大学学风的优劣，全视教授人选为转移。假使大学里有许多教授，以研究学问为毕生事业，以教育后进为无上职责，自然会养成良好的学风，不断地培育出博学敦行的学者。"1931年出任清华校长的梅贻琦先生说："所谓大学者，非谓有大楼之谓也，有大师之谓也。"

教师的水平决定了大学的高度，教师的生命力赋予了大学生命力，教师的价值判断也决定了大学的价值和年轻人的价值。每一次想到这里，我都会诚惶诚恐，觉得身上的担子重之又重，教师真的是"灵魂的工程师"！我们是否具备了高尚而鲜活的灵魂呢？姚国华先生说得好："对于内心充实的思想者和学问家来说，教师是生命可以延伸的职业，是人生的理想选择，不仅有'得天下英才而教之'的骄傲，而且有自我表达的乐趣。生活在年轻人中，与他们对话，教学相长，可以保持自己心态的青春活力。"我们做得又如何呢？

大学的精神特质之所以有力量，是因为它是独立的，又是可以被理解和被传承的。当你身处大学校园的环境里，思考和想象体现出自身的优势，求知和理想相容在一起，自我实现和深入创造的准备充分而明确。因此，无论是什么时代的大学，无论是什么文化背景下的大学，共同的价值追求并不妨碍我们去体味其中的差异，让学子在纯粹的知识追求中保有完整的人格，这就是大学的魅力！

正如人们说的那样，大学是：一种特立独行的思想，一种深远巨大的影响，一种兼容并收的氛围，一种穿行时空的光芒，一种刻骨铭心的境界，一种运行人生的能力。

（原载：春暖花开公众号，2016年7月26日）

请记住
这个夜晚

画不会这样传神，
梦不会这样真，
幻想也不见得更美，
写进诗里，
断然没有这种激情。
夜色簇拥着我们，
我们呼吸着纯真……
火，跳动的营火，
营火的跳动，
我便看见了——
那火的年代，
那火的青春年华，
那火一般的英雄壮举，
这火跳动了整整四十八年！
在火光中，
我们看见了张张激奋的笑脸，
听到了阵阵昂扬的歌声，
共震着时代的脉搏。
啊，是生活厚爱了我，
我得到了精神的充实。
我辗转反侧，夜不能寐，

是爱之火在我心中燃烧。

我只好起来写道：

愿这个夜晚是爱的精神的永恒。

（原载：春暖花开公众号，2016年11月18日/《华南工学院报》第484期，1983年）

聊聊中庸：
致和之道

儒家文化在中国文化史上的主导地位，决定了中国人以儒家的伦理观念作为待人处世的道德标准，而中庸之道正是儒家伦理准则的核心。

纵观儒学发展史，我们可以看到，无论是孔子所推崇的"惠而不费，劳而不怨，欲而不贪，泰而不骄，威而不猛"，还是孟子所力荐的"执中无权，犹执一也"，以至后来董仲舒的三纲五常、天人感应的理论，或是张载的"存，吾顺事；殁，吾宁也"的观念，都贯穿着传统儒学的中庸之道。

在几千年的中国封建社会里，上至皇室，下及臣民，无不把"中庸"信奉为社会生活的一条基本原则，究其原因，大概是因为儒学的中庸之道包含了两个方面的伦理内容：

第一，处事的度量把握要持"中"，即所谓不偏不倚，不上不下；

第二，与环境共处时要"和"，即与周围的环境要相适应，达到协调。

具体说来，是要求一个人的言行须与其所处政治、经济、文化及民俗背景相一致，不可违背。而在孔子以及其他士大夫看来，持"中"正是为了求"和"，而求"和"又必须通过持"中"才能实现。

如果说上述两个方面的道理是中庸之"本"，那么中庸的"末"在中国人的自我人格心理上又有哪些表现呢？

表现之一，趋同从众心理。

大家可能看到过这样一幅漫画，某家食品店前的队伍越排越长，但当后面一个顾客问前面的顾客："在卖什么东西？"回答是："不知道，管它呢，排了这么多人，准是特价食品吧。"

表现之二，明哲保身的旁观心理。

中国人向来恪守持"中"的原则,怕做枪口下面的"出头鸟","事不关己,高高挂起",也难怪当时的文人墨客都慨叹这个自诩重感情的民族"人情薄似秋云"了。

表现之三,识时务的心理。

中国封建社会一向推崇"识时务者为俊杰"的道德标准,有句俗语"好汉不吃眼前亏",这几个精炼的汉字其实蕴含了中国人识时务的心态。正是为了求得与时事、实利达成协同,才导致中国人识时务的心理。从这一点上说,中国人处世也是十分注重功利的,即使"重感情",也是视人而有所"重"的。

表现之四,谦让心理。

我们一直以自己是最谦虚的民族而自豪,公正地讲,为全民所濡染的谦虚品质的确是非常优秀的,但是,我们的谦虚往往转化成一种不愿、不敢脱颖而出直露锋芒的消极谦让,这是持中求和的中庸论理带来的求同去异的适应心理。

一个人太锋芒毕露,往往会遭到大众茶余饭后的指点、嘲讽。中国人根深蒂固的求和心理定式,使得自己无法容忍、接受标新立异的事物,也因此,国人至相谦让,不敢悖逆习俗、定则,以致扼杀了自我的个性。

表现之五,消极适应环境的心理。

林语堂先生在《中国人之德性》的文首说过这样一句话:"好和平、知足、镇静、忍耐,这四种美质即所以显明中国人之德性之特征。"当然,林先生并不以"忍耐"为民族引以为自豪的美德。因为中国人不但忍,而且忍得过分,以至于都没有自己的脊梁和骨气了。

自古以来臣要顺君、子要顺父、妻要顺夫,那些逆来顺受的女性被称为贤淑孝顺,可见,中国的纲常伦理本就被打上了"忍受"的烙印。从颜回的"不迁怒",到陈白沙"忍之又忍,愈忍愈励",从俗语中的"小不忍则乱大谋",到唐代名僧拾得与塞山对语中所说的"子但忍受之,依他,让他,敬他,避他,苦苦耐他,装聋作哑,漠然置他,冷眼观之,看他如何结局",中国人无不信奉和履行着求与环境相适的忍耐的品性,难怪龙应台终于愤懑责问:"中国人,你为什么不生气?"

表现之六,知足的心理。

"当一个人的名字半隐半显,经济在相当限度内尚称充足的时候,当生活颇为逍遥自在,可是不是完全无忧无虑的时候,人类的精神才是最快乐的,才是最成功的。"林语堂先生这段话不只自然流露出他自己满足于不偏不倚生活的人生

态度,同时也是中国人普遍内心的直率表露。

中国人是最容易满足的,中国人的需要也往往不是发自内心的,更多的时候是看别人而行事。中国的妻子经常对丈夫说:"你看别人都买了车子……你看隔壁那家的孩子去了英国读书……人家都在抢购房子,听说又要提价了……"表面上看这是一种攀比心理,其实它的背后映射出人们为与周围的人同步,求得与环境协同的满足,这样也就心安理得,不再追求更好更新的东西了。

表现之七,保守的心理。

中华民族是一个太重传统的民族,从文化的价值取向去看,又表现出一种崇古的倾向:先秦时代拜尧、舜、禹、汤、文、武、周公等先王,汉唐以后又崇拜孔子。

国外有两位学者对此有一段精辟的论述:"历史上的中国,就是以过去取向为第一序的价值优先。祖先崇拜和一个很强的家族传统,就是这种优先表现的两个例子。因此,在中国人的观念中,没有什么新的事物发生在现在或未来,所有新事物都已发生在遥远的过去。骄傲的美国人使中国人第一次看到汽船,可是中国人却说,早在两千年以前,我们的祖先,就有这种船。"

在崇拜先王、敬畏传统的影响下,中国人常常视传统的经道法则为定律,不能越雷池半步,因而守于陈旧的思想、理论、观念,使得中国的文化发展也出现前进中的反溯效应——自先秦时代"百家争鸣"之后,我们的文化似乎都只是在对各家经典文化进行阐释和无关痛痒的补充。难怪李敖用"牵骆驼"来比喻中国的文化发展,他说先秦时士大夫们牵出尧舜禹汤文武周公等先王来吓人,后来的文史大家们又牵出孔子来扬威,因此人们都敬畏能驯服骆驼这种庞然大物的人。

表现之八,顺就依附的心理。

中国是很看重一个人的背景的,"背景"这两个字在中国的人情社会中被赋予了相当复杂而微妙的意义。中国人办事要依附于所拥有的背景,正所谓"一人得道,鸡犬升天"。中庸之道的持中求和心理对中国人的人格心理产生了一个重要影响:凡事顺应时势才和,而有一个牢固的支柱可依靠,心里才安稳踏实。

另外,作为一个注重伦理关系的人情社会,中国人生存于相互依赖的关系网中,这无疑导致了中国人心理上的依附感,这种心理也正是中国人独立性差、丧失自我不能自主的重要缘由。

从以上中庸之道所引起的中国人的几种性格心理可以概括得出:中庸的伦理原则使中国人的从众化,从而让个性泯于共性,这就导致了自我的淡化甚至丧失。持"中"的本义中就蕴含了对极端的压制和扼杀，而人的自我个性往往表现于某一侧面某一层上与众不同的"极端"；另一方面，"和"的伦理明显规定了行为必须从众，即个性服从共性。

社会是一个有机的生命体，而有机的生命体的基本特征是与外界进行物质和能量的交换，它必须提倡、鼓励新的东西涌现。从自我人格上来说，就是要充分发挥个性的多元化优势，引导社会的创新和进步。

另外，我们从上述几种国民的心理也可以看出中国人"自我"丧失的心理原因：趋同从众的心理压制了个性发挥，明哲保身的旁观心理背后是真实自我的被压抑，识时务的心理扭曲自我，谦让心理反映出自我的隐藏，消极适应环境的容忍致使自我的同化，保守知足心理导致的随大流、静态维持，引起自我个性的退化，顺应依附心理带来的自我对外界的依附、潜在自我的埋没消失。

持中求和在今天看来应该是一个非常好的理念，但是如果以"中庸之道"作为基本内核，就会导致上述心理出现，而这些心理往往无法让人能够真正适应这个变化和竞争的环境，最后可能导致的是对现实的逃避。

（原载：春暖花开公众号，2016年12月2日）

在大学里面
只为遇见最好的你

我讲过很多课题，如企业怎么经营？市场怎么分析？我们怎么去面对挑战？这次是我第一次很正式地跟大家谈我对大学意义的理解。选择这个话题的初衷是截至今年我已从教30年，当了30年的大学老师，我对自己说，我是不是应该写点东西给自己，让自己回顾30年大学从教经历给我的帮助，以及大学对我的影响。

大学为什么这么特别？从1530年开始，在西方能够存活下来的机构只有85个，其中有70个是大学。大学是一个很奇特的地方，它最奇特的就是可以让不同人在这个平台上讲述自己的故事。很容易在这个地方遇到伟人，遇到有影响力的人，但也有可能遇到一个普通的老师。

所以在相遇的过程当中，最重要的是发现你自己，每一次跟这些人的相遇，每一次跟书本的相遇，你一定能看到你自己，而这个可能恰恰就是大学最特别的地方。今天我跟大家讨论的话题是——在大学里面只为遇见最好的你。这就是我心目当中大学的意义，下面谈一点我个人的感想。

一、大学的特质

大学的生命力是持久的。我是研究组织管理的，组织管理中最大的挑战是组织的持续性。为什么大学会留活这么久？因为大学拥有最独特的精神特质。

第一，唯有包容，才有其大

大学从起源和词根上来讲，就是谈宇宙、整体、社会和世界。所以只要讲大学一定会讲到包容性，我们在大学里，看到最有意思的现象：无论什么样的思想、什么样的观点都可以在校园里出现。你想不到的各种东西，一定会在这里出现。

第二，唯有常新，才有活力

大学之所以具有活力，是因为它在本质上的创新。大学具有不断创新的内在动力，这是由大学对知识无止境的探索所决定，也是由大学需要不断培养青年学生决定的。大学的这种创新性，对社会文化有引领的作用，使大学成为社会的思想高原和文化的辐射源。

第三，唯有承担，才有魂魄

包容、常新和承担让大学具有了久远的根基，让大学能够真正与这个时代的命运紧紧地结合在一起。例如，北大创立时间是1898年，这一年"戊戌变法"失败，必须有人真正去担当改变民族命运。清华大学创立时间是1911年，辛亥革命爆发，这是辛亥革命的开端，新民主主义革命的开始。

所有最重要的民族危难时刻，你一定会看到一所大学的出现，这所大学承担着民族的命运、责任跟使命，这是我对大学基本的理解。

我接受这个定义的原因是一方面大学训练求索的传统，一方面是大学让我们的个性、修养和人格获得完整。大学意味着成长的可能。经过大学，可以不受限制地成长，让我懂得人生没有真正的目的和目标，人生可以有无限的可能。

第四，知识的存在

人类历史上记载最早的大学是玄奘取经的地方——阿育王寺。我去走戈壁，也是从阿育王寺出发，当你从这个地方走过的时候，你可以感受得到那有多么巨大的艰辛，也才知道为什么这份艰辛会影响这么多人，因为玄奘取经的地方名为莲花的给予者，古语中意思是知识的给予。大学一个重要特征是知识的给予，踏进校园就能感受到知识给予的存在，感受这种氛围，能让你感受到知识给予你的加持，这就是大学给我印象特别深的地方。

第五，力量的来源

为什么读了大学的人会跟别人不太一样？我眼里的大学有一种非常特别的力量。我印象特别深的一句话："人无异于一根芦草，只是这是一根会思想的芦草"，出自笛卡尔，这种力量是大学能给予我们的，通过思考、推理、判断做出的取舍，甚至抵抗诱惑，坚守你的那份初心。

第六，内在精神的成长

让内在精神得以成长，会帮助我们不断地向前发展。如果很认真地度过大学的四年，去感受它的同时，进行对内在力量、内在精神的追求，会帮助我们不断地向前发展。当这三个特质归到一起的时候，你会发现大学是你的灵魂归属。随着年龄的增长，同学和学校的纽带会越来越紧。因为这是真实的归属感，这种归属感就像烙印一样打在你身上，这就是大学跟我们彼此之间的关联。

二、大学对我的帮助

我认为以下几个大学的特质，会引导我们每一个人去慢慢思考大学给了我什么样的帮助？为什么我后来可以理解、学习这么多的东西？我觉得走进大学校门的那一天我便打开了知识的天窗，30年后回顾这件事情的时候，我认为大学给了我这些东西：

确信的能力

我是从事教育的，教育有两个重要的功能：信仰的培养和习惯的培养。在大学里我得到的第一个帮助就是信仰的力量。我可以告诉大家，信仰有三大类，分别是关于人生、关于宗教和关于政治。我所说的信仰的力量是指相信的力量，学会相信，就叫信仰。我在大学里从事商学教育的时间非常长，但是也蛮遗憾的，很多人觉得赚钱比我多的人很多，为什么要相信我，可检验知识不只有一个绩效的标准，还有一个信服的标准，一个为大家服务的标准，一个持久价值创造的标准，当你不相信这一切的时候我觉得你的书是白读了，因为你没有得到任何东西。大学应该是一个确立信仰的地方，是一个帮助人建立确信和内在力量的地方。我要做的事情很简单，让你相信任何付出都一定是有收获的，哪怕吃亏也会占便宜。这就是我们讲的确信的力量。

培养心性

我觉得大学非常好玩的地方，是不教给你任何一个职业和专业应该具备的能力，但是你却可以胜任任何一个职业和任何一个专业。

我在学校里最怕的是学生跑来和我说："我不喜欢我的专业，我比较喜欢你的专业，我可不可以跨专业申请？"我说："你在那个专业的成绩如何？"

他说:"这个专业我都不喜欢,成绩肯定不好。"我说:"基本上我不会接受你。"他说:"为什么?"我说:"专业不决定你未来的路,决定你有没有接受挑战的勇气,不喜欢的专业还能学得很好,你才能成功。"

在大学里面就要学会训练自己,不要局限于自己的专业和所学的知识,这是一个非常好的提升。

大学是学生最重要的训练场,训练的是一种心性,大学学的所有东西对你来说都是历练和帮助,而不是为了你将来非常狭窄的目的。如果是为了狭窄的目的,那么大学被你读坏了。大学的训练,让你勇于尝试探索更多的未知、获取更多的知识,从这个探索和获取知识的过程中养成的逻辑思维让你正确看待未来更多事物。

思辨的训练

我在大学从教30年,发现很多大学生没有训练思辨的能力,而仅仅是表达不满。我个人感觉很多人在大学里训练出来的不是思辨,而是怨气,不是真正的质疑,是不满,这是很糟糕的地方。很多同学读完大学脸都变得老气、阴沉,不是阳光快乐的样子,甚至有可能读完大学四年还没有中学毕业时候好看,因为相确实由心生。以前还有点傻乎乎的样子比较真,后来连傻乎乎的样子都没有了,基本上都是迷茫、困惑、空洞或者是愤懑。

为什么会变成这个样子?因为不具备思辨能力,就无法真正获得独到见解,或者无法与不同看法进行交流并获得共识;不具备思辨能力,就无法掌握科学的方法,或者无法为今后持续学习和研究奠定基础;不具备思辨能力,甚至无法让自己成为一个真正独立有价值的人。

思辨能力是多么重要的训练,不仅仅是发现问题,更重要的是寻求论证。无论在哪一个领域想要实现,一定需要思辨能力才可达成,这也是大学中最重要的训练。

想象力

在大学读书的时候,一定要认真当一个"职业化"的学生,职业化的学生是什么样子的?认真地想象,好好地学习,最终获取知识,尊重老师,热爱学校,这就是一个非常职业化的学生。但是很多学生并不是这样,读大学时不认真,以为等当经理人或者职业人时再努力,等到当了经理人、职业人,又后悔没有认真读书，总是颠倒角色。

职业化的学生很重要的训练是什么？就是不受限制地去想象和创造。现在来讲，最大的挑战就是不确定性，你要问我："陈老师，我将来能做什么？"我一定会回答一句非常有智慧的话："一切皆有可能！"为什么？因为你的未来源于你的创造。

实际上我们是不能预测未来的。创造未来需要你拥有很好的想象力，这个想象力的训练在大学里面完成，我希望大家能把每一门课程的知识变成你自己的想象。当你看一个符号的时候，你能不能联想到别的东西；当你看任何事情的时候，你能不能做一些很美好的联想。

拥有创造性的想象力之后，你会很容易发现生活周围的美好，这件事非常重要。想象力会给予我们美好的一切，如果你能在大学训练这样一些联想，关于每一门课程，每一个知识点，每一个老师，每一次对话和交流，每一本书，那一定是非常美好的。

学会怎样去爱

因为有能力去爱，才有能力接受爱，这对人非常重要。爱与付出，奉献和接受，都是动能的词。为什么建议大家不要挑专业，因为这会让你有能力去爱所有的东西。我希望你很好地接纳，比如考试、作业、不同宿舍的同学，不同地方来的同学、不同人的生活习惯、不同的学校对你的要求。为什么要做这些？因为要训练你真正懂得爱。如果你能够接受所有东西，你爱的能力就非常强。在大学期间这是很重要的训练，在这种情况下，你才能够真正感受到那种同理心、慈悲心，那种怜悯，那种勇敢，那种激情。

非常喜欢泰戈尔对教育的定义："教育并不是教会你去阐述意义，而是打开一个新的门，这个门称之为爱。"所以我非常希望在大学里我们都能够感受到这样的爱，让这个爱打开你的心门，你可以接受、可以欣赏，你可以怜悯，你可以统领，你可以热情，你可以有真正的幸福、快乐的感受，这是大学要给予大家的。

学会独处

现在读大学的同学太忙了！你们忙于做各种事情，忙于考各种证书，忙于参加各种社团，忙于参与各种活动，其实大学这段时光真的很难得，这段时间是你可以自由控制的。等我们走向社会时，在绩效压力和工作协同下，你就没有决定权了。

所以我特别希望大家能学会独处,这是我认为大学期间最需要认真对待的训练。没有足够的静,也就无法体验到深切的动。只有在独处时,你才可以放空自己,倾听你的内心,然后你才可以真正知道自己想要什么。独处最大的好处是什么?是让你在人群中不觉得孤独,若你果真做到,你就懂得独处了,而且你内心足够丰富了。

为什么要求你做到独处?你只有通过独处才能感应到这个时代的变化,真正理解这个变化是什么。

如果一个人能够生活在人群中,却又能够安顿自己的心,保有独处的时间和空间,那么这个人就具备获得真正人生智慧的能力。大学提供了这样一个纯粹的空间和时间,好好珍惜这份纯粹,让自己能够有独处的能力与习惯。

大学给了我们如此多的帮助!我自己就因此而改变,我觉得我整个人生路径就是由读书决定的,由大学决定的。这种决定使我真正知道知识的美好、研究的美好,就能够体会到这些美好给我带来的帮助。在华南理工大学的时候,我每次经过古代看时间的日晷台,都告诉自己说:看看它,看看天,不要只看手表,别忘了因为看手表而忘记时间真正的价值。

我在20多年来苦苦追寻的问题仅有两个:

第一,企业凭什么获得成长?为什么中国企业维持成长是如此艰难的事情?

第二,中国企业需要什么样的努力才可以获得成长的机会?

我相信有一天,中国的管理学理论会在世界作出贡献来,只要我们努力朝着这些问题的方向研究,只要我们跟紧这个时代的步伐,只要我们清楚地知道中国企业是怎么成长的,我相信一定会得到这个答案的。

我相信你读过大学之后,储备这么多知识以后,拥有我刚才说的确信的力量、思辨能力的时候,你一定会成为你可以想象的样子,或者你想要成为的样子。因此,大学其实就是一片沃土,你是一颗种子,种了下去,一定会成为千百年的大树,同样也会憧憬着那份幸福。

这就是大学跟我们所有人的关联,无论是在北大、清华,还是在其他大学里,我相信我们就是埋下的这颗种子,我希望大家能够理解为什么我会写这篇文章,为什么我会认为这是大学的意义。我觉得你也一定有属于你的大学的意义!

(原载:春暖花开公众号,2016年12月7日)

南大散记

世界上总有一些美丽的东西，即使你伸手抓住了，有一天也会失去，不如珍惜眼前。爱是一种很绚丽的东西，像一场烟花，烟花散尽时，我们对天地的认识会幻化成一份感慨，那是将永远存于我们内心的东西。所以，学会漠视爱情，用另外一种方式将爱和感激留在记忆的深处，我们会发现，有很多东西是值得花时间去品味，用心灵去欣赏的。

不知道为什么，在离开南京大学的飞机上写出这样的文字，我为自己的感受惊讶。2003年初开始到南大做研究，2005年中研究结束离开南大，不能因为办理离校手续就脆弱起来呀！第一次在飞机上什么也没有做，甚至没有吃东西，不知道为什么，人很平静，看窗外同样平静的云海，戴上耳机，竟然是《往日情怀》，两年多的种种便浮现了出来……竟发觉真的很想念以前的日子。

人与人之间应该是用三个字连接的：爱、情、义。人的一生应该是体验这三个字的过程：

爱：是一种付出，一种奉献，一种不求回报的过程；

情：是一种依赖，一种寄托，一种互相回馈的过程；

义：是一种责任，一种义务，一种主动承担的过程。

很多人是懂得爱的，看到父母对子女的付出，看到同事之间的帮助，看到为大爱献身的伟人，确信爱连接了人与人之间的所有，连接了人与自然的所有。正是不断地付出和奉献，才有幼小生命的成长，自然柔美的平衡。

最好的一生该是爱、情、义的完美结合，我以此来评价我的恩师赵老师。每个人都可以完整地得到这三个字的融合，也可能在不同的阶段体验每一个字。

我希望可以付出，可以奉献，可以去承担义务，可以表现自己的能力而获得成就，我希望这种付出不为回报，只为告诉自己"你是一个有用的人"，是一个"值得信赖的人"，是一个"值得赞赏的人"，当一个人以爱与义为己任时，该是可以被肯定时，就应该肯定自己。

想到这里，自己平静下来，感谢这样的平静，让我知道自己应该如何调整，以免在摇摆中失去作为。一直以来都在纠结是留在研究领域，还是留在实践领域，更因为时世的复杂，价值取向的多元化而陷入无所适从之中。赵老师告诉我，"放弃了，就可惜"了。我总是想到这句话，不断地说服自己不要轻言放弃。也许研究是困难的事情，也许没有人理解和支持，但是当企业能够运用这些成果的时候，孤独和理解都显得不重要了，重要的是自己走在研究的路上。事实上，只有自己才能够证明自己，这几日的思考，使我更清明：人生只有一次，是走向成功，还是滑向失败，完全取决于我们对心的作用。

对心的不同运用，会对我们的事业和人生带来不同的结果，走向成功的心态，就是能够发自真心并能身体力行去帮助别人的心态。我一直无法界定"成功"，如果说成功是一种表象，它真的就只是财富的积累、著书的积累。想来想去，成功其实是指真正意义上的付出之后，自然获得的回馈。

我开始理解南大的神韵了。南大有情，她的情始终与国家和民族的命运紧密相连；南大有义，她的义始终与时代和社会的变革息息相关；南大有爱，她的爱始终倾注在祖国母亲的身上。

近百年来，南大更是云集了爱、情、义至善的俊彦英才，李瑞清、吴有训、竺可桢、茅以升、柳诒徵、胡小石、陶行知、郭秉文、陈鹤琴、汤用彤、马寅初、李叔同、熊庆来、童第周、金善宝、闻一多、张大千、徐悲鸿、傅抱石、严济慈、吴健雄、李国鼎、罗家伦、顾毓琇、李方训、吴宓、朱光亚、赵忠尧、赛珍珠、杨杏佛、吕叔湘、梁希、戴安邦、陈白尘、匡亚明等。这些名家大师们曾在这里学习或工作过，我该庆幸自己有机会流连于南大。

生活中的每一个人都可以印证"成功"的过程，当你给周遭人提供帮助，使周遭人心怀喜悦，这也是人生价值的体现。成功的感受是在行动的体验中获得的，所以"成功"的关键就是"行动"了，这是一个身体力行的过程，还是想到恩师。我要的"成功"应该可以这样理解：以爱与义来践行可以付出的认知。比起南大的前辈和恩师，我做得还不够，还需要磨炼。

我知道，以自己的性情，还需要不断地磨炼，还会有反复，只是因为想清楚了，所以会不断地提醒自己和反省自己，让自己不致退步。在时间与空间上，南大离我似乎越来越远；而在心灵和情感上，南大离我似乎越来越近。

（原载：春暖花开公众号，2016年12月30日）

不为彼岸只为海：陈春花人生感悟

思辨
是最基本的素养

在我看来，一个合格的大学生，不仅需要完成知识的储备，还要获得心性的成长，以及拥有思辨的能力。

有关知识储备方面的训练，学生们基本上都可以完成；心性成长的训练，现在也开始变得越来越受重视；但是思辨能力的训练，却依然非常薄弱。甚至很多学生到博士毕业，也未掌握这项最基本的科学研究能力。

不具备思辨能力，就无法真正获得独到见解，或者无法与不同看法进行交流并获得共识；不具备思辨能力，就无法掌握科学方法的实质，或者无法为今后持续学习和研究奠定基础；不具备思辨能力，甚至无法让自己成为一个真正独立、有价值判断的人。在我们身边常常会看到人们犯一些"常识"性错误，也常常会遇到人云亦云的从众行为；一些人因为无法思辨，导致成为舆论的跟随者，反而混淆了是非，甚至直接导致混乱。因此，思辨能力的训练是最重要的学习，学会思辨，可以培养独立发现问题、寻求论证，把科学方法应用到关于生活现象的假设中去，从而更好地理解生活本质的能力，这本身也是一种素养，是一种良好的习惯。

从事教育多年，有很多机会与朋友们探讨中国教育与美国教育之间的差异，看到中国学生善于考试并获取好成绩时，一些朋友会认为中国教育并不输给美国教育。不过我知道两者之间最大差异，是关于思辨能力的差异。美国教育非常注意思辨能力的培养，与美国的学生在一起，你很容易发现，他们在探讨一个观点时，会很自然地去质疑、审视，然后用证据来证明观点的逻辑性或者事实性，或者寻找数据来证明观点的合理性。他们不会盲目地相信一个观点，哪怕这个观点是一个权威专家提出的。思辨对于美国教育体系而言，是一个非常重要的任务，所以美国人拥有很强的独立性、自信以及足够的自我肯定。这也让美国获得了极强的创新能力，充分的传播能力，以及说服对方的沟通能力。中国教育不缺失知识教育，缺的正是思辨能力的教育。

思辨能力缺失，让很多学生无法界定问题、提出问题、论证及推演，也就无法获得判断和结论，更不用说做出贡献了。有时看研究生写的论文，会发现一个本不需要论证就可得到的结论，却为了一个不证自明的观点，做出复杂的论证；或者只停留在假设层面上，把没有经过数据实证的假设当成真理性结论。我从事管理研究，很多时候与企业界朋友在一起交流，他们告诉我，他们从不看管理学的学术期刊，因为一方面看不懂，一方面觉得教授们谈论的话题在他们看来不能称之为话题。我不能完全认同他们的评价，但是有一点，学术研究论文他们的确不看，这是否值得我们反思呢？我们花费很多时间培养学生所做的研究，在一个实践导向的学科里，竟然与实践脱节。

类似的情况经常发生，鉴于此，最需要反思的是：管理研究到底以什么作为评价标准？中国企业发展需要什么样的管理研究？如果我们不能够很好地解决这个问题，也就无法承担起作为一个管理研究者应该承担的责任。现实需要我们回答：当前需要什么样的管理研究？所以在和管理学者们交流时，这个问题自然就会成为讨论的话题。可惜的是，改变的情形并不明朗，我想这里面是否也存在关于思辨能力的问题呢？在与自己的研究生们交流的时候，我一直要求学生们要有问题导向，而问题导向本身就是在训练思辨能力，我希望他们能够训练自己的思辨能力。

我需要学生理解，框定问题优先于界定方法。受制于大学的评价标准和晋升要求，绝大部分中国管理研究学者都以西方期刊作为标志性的学术标准。我从未对此产生过疑问，同样认同西方所形成的一套系统、规范的研究更有助于寻找现象背后的机理，但是在这20多年的研究发展过程中，我们走到了一个极端的地步，极端到了只追求方法而没有价值。即便是在今天被学术界公认的能够在世界一流管理期刊发表的论文，对中国管理的实践又有多少价值？没有人可以很明确地回答，甚至很多博士、硕士的研究论文都是不需要证明的结论。这样的现象所带来的可怕的后果是：专业学生所受到的训练是做不证自明的研究，方法规范、正确，但是问题空虚；学术界满足于在规范性上做出极大的努力，获得国际认可，而并不关心中国企业的实践所面对的挑战。

研究方法的界定的确非常重要，但是如果不框定问题，这些方法是不能够发挥真正作用的。我们可以借鉴美国的管理方法和工具，但要非常清醒地认识到，中国的管理问题和美国的管理问题一定是不一样的，那些对美国市场适用的理论常常和中国的情形并不一致。譬如，管理研究者发现，中国企业在面临动态复杂的不利环境时，倾向于采取防御性的战略，"以不变应万变"，而不是前瞻的、着眼于未来而采取比较冒险的战略；在美国，环境的不确定性会导致企业采取前瞻的、非防守的战略。在中国企业中，企业家的作用可以用"英雄"来形容，一个企业的成败更重要的是取决于企业家个人的不断超越；在美国的管理理论中，更强调组织能力而非管理者个人，一个企业的成败取决于组织与环境的互动。中国企业所面临的一个重要的挑战是，其成员具有社会人的特征而非职业人；美国企业成员却具有职业素养。由此可知，我们可以和美国学者一样采用相同的研究方法，但面对的问题却截然不同。如果不能先框定问题，而一味在界定方法上花工夫，所获得的研究成果是无法具有指导意义的。

需要正视这样一个问题：作为管理研究者，多数人是通过管理教育来学习管理的，但管理首先是实践，管理理论一定是基于实践而得出的规律性的认识，在这一点上大部分研究者有很大的局限性。德鲁克先生曾经对赵曙明教授讲过这样一段话："中国经济改革和企业管理取得了巨大成功，一定有很多值得总结的东西。管理实践总是领先于理论。要总结中国企业管理的特征一定要从实践入手。我当年为了学习日本管理经验，也曾多次到日本考察。"这段话无疑是对中国管理研究者的一个忠告和指引：唯有深入中国的企业，寻找并了解其管理实践中的问题，才能作出有价值的贡献。

多年来我一直沉浸在那些引领管理实践变化，并创造出无数价值的经典著作中：泰勒的科学管理原理解决了劳动效率最大化的问题；韦伯的行政组织解决了组织效率最大化的问题；赫茨伯格的双因素理论解决了激励与满足感之间的关系问题；波特的竞争战略解决了如何获得企业竞争优势的问题；德鲁克让我们了解到知识员工的问题。这些经典研究，正是基于对管理实践中重大问题的提炼，与美国企业有效的互动，带动了美国管理实践的高速发展，并引领了世界管理的方向。我们首先需要学习的，正是西方管理大师们框定问题的能力。

中国企业环境和西方管理理论产生的环境有很大差别，历史和制度使得中国的公司概念和西方概念差别很大，甚至连公司拥有确定的所有权和边界这样的公认假设也不一定成立，甚至很难详细说明公司的情况和确定它们的边界。在改革开放近40年的中国经济发展过程中，那些失败的企业有着西方从未有过的原因，而所有成功的企业都根源于对中国经济环境的深刻理解。不同的城市政府对企业的影响也截然不同，即使在同一个地区，政府更换领导人，对企业的影响也会产生巨大的变化。这种环境与西方管理理论产生的环境完全不同，需要我们给予理论上的解释，而对于问题的界定则成为关键。

尽管今天中国在世界经济舞台上的地位不断上升，管理教育也高速发展，却还是世界上被管理学者研究最少的地区之一：一方面缘于我们开放的时间不足；另一方面源于中国特殊的文化与国情，而最重要的原因是西方学者习惯于用西方的标准来框定问题，并没有真正理解中国的问题。反观日本管理实践和研究的发展，可以给我们很好的启示：日本企业很好地融合了西方理论、日本文化与国情——戴明的质量管理在日本得以发展并成为管理经典，从日本的忠诚与服从文化延展开来，结合明确的质量标准与一线工人的严格遵守的习惯，让日本以"物美价廉"的模式成为世界公认的管理标杆；"精益制造"成为制造企业最重要的管理模式，进而使得日本成为全球仅次于美国的最强大经济体。

我们所欠缺的正是这样的研究和贡献，直到今天，还无法厘清中国企业管理不同于西方管理理论的地方在哪里，无法让中国企业在实践中明确自己的发展路径。这些问题的研究需要规范的方法、系统的理论、坚实的研究基础，而这一切研究上的准备必须服从于一个目的：框定中国管理的问题，而不是把方法当作目的。真正的管理知识一定会源于实践中对关键问题的把握和对系统实证数据的研究。

复杂问题简单化而非简单问题复杂化。2005年当我卸任公司总裁回归研究与教学岗位的时候，记者在采访中问了一个这样的问题：教授与总裁这两个身份有什么区别？我的回答是：做教授的时候，一句话变八句话说；做总裁的时候，八句话变一句话说。事实上，管理实践与研究之间的确存在着一个巨大的差异，管理实践强调复杂问题简单化，需要概括能力，需要在纷繁的影响因素中寻找到关键因素，通过对关键因素的把握和解决来提升整体的竞争力，因此在实践中会看到鲜活并具有创意的案例，让实践具有丰富的生命力。研究学者的思维方式是习惯于穷尽所有要素，寻找到因素之间的关联，并力图把这些关联整理清楚，从而获得完整的、系统性的认识和结论。从研究的角度来看，这个习惯并没有什么错误，反而这样的研究训练是必要且必需的。但是如果停留在这种思维习惯和研究训练中，则容易与实践相悖，研究还需要在此习惯和训练的基础上再进一步：简单问题复杂化之后，再将复杂问题简单化。没做到这一点，管理研究就没有完成。

从管理的本身看，没有概括能力是无法真正成为领导者并引领变革的。从20

世纪70年代开始,美国意识到经济发展需要全球的资源,倡导"生态一体化",在这个概念下,世界开始了全新的改变,之后的"经济一体化"到"全球化"的概念,把技术、生态、变化,以及区域的发展资源、不同地域的文化等,所有的复杂因素都统一起来,让全球统一到一个一体的认识之中。借助概念能力,美国成为全球资源的管理者,并引领世界朝着美国所引导的方向发展,2008年的全球金融危机以及为恢复危机所做的努力,很好地证明了这一点。

近几年来中国一直谋求世界体系中的话语权,很多人认为只要中国的经济实力足够强大就应该具有世界话语权,这样的想法有一定的道理。但是大家还需要理解另外一个关键,中国是否具备解决复杂问题的能力,没有概念能力,所谓的世界体系中的话语权只能是一个愿望或者空想。对于世界格局来说,其变化程度和复杂性更加剧烈,并不是具备单纯的经济实力就可以解决,最关键的还是如何达成共识,共识的基础就是明确的概念理解,而这就是复杂问题简单化的能力。

换言之,在具有坚实的理论基础和扎实的系统研究训练的前提下,还需要训练概念力。如果想训练概念力,就需要具有与管理实践一样的思维习惯,而不是研究的思维习惯,那些贡献了重大管理理论的研究者都具有这样的能力。分工理论、计划管理、竞争战略、人力资源与人力资本、知识员工、企业文化等等,当学习并理解这些概念时,我们可以清楚地知道企业运行背后的复杂性以及解决之道,这也是"管理大师"之所以成为大师的根本之处。每当我阅读到巴纳德所言:"当两个或两个以上的个人进行合作,即系统地协调彼此间的行为时,在我看来就形成了组织。"我可以很清楚认识到组织的关键是协调个体之间的行动,我们之所以觉得组织复杂而难以发挥组织的效率,关键是没有去协调个体之间的行动,相反做了很多与协调行动无关的努力。

一直以来很多管理者希望借鉴先进的企业经验,把他们的管理体系复制过来,但是这样的努力并没有带来实质上的效果,其原因是他们只了解这些优秀企业的体系,并没有深入了解这些企业管理中的关键要素,也就是核心理念。当我们不断地学习和分析美国西南航空公司("西南航")的案例时,并没有了解到"西南航空"之所以可以用总成本领先的战略持续成功,其关键理念是"尽可能少地占用顾客的时间"。中国大部分企业都是以成本战略为选择,但是并没有诞生像"西南航空"这样优秀的公司,其背后的原因就是关键理念不同。中国企业的成本优势来源于劳动力、土地资源、政策以及原材料,而"西南航空"的成本优势来源于时间效率。

丰田的精益制造是中国制造企业学习的标杆，中国很多制造企业都引入了精益制造体系，同样也没有诞生出像丰田一样的全球化公司。因为丰田精益的关键是"一线员工发挥智慧"，因此丰田在运行精益体系时，对一线员工的培训、专业化提升以及激励做了大量的投入。在"让一线员工发挥智慧"这一概念的统领下，丰田派生出一整套的管理模式，管理者首先是培训师，公司最高的职位不是总裁，而是总培训师。在中国企业中，管理者并没有认为一线员工具有智慧，更多地把一线员工看成成本。令人可惜的是，在今天依然很多人认为如果富士康提升产线工人的工资，一定会失去成本的竞争优势。这里面所蕴含的正是对于关键问题认识能力的偏差，如果认为制造企业的成本优势是来源于产线工人的低工资，那就大错特错了。产线工人最重要的价值正是贡献产品成本与品质的竞争力，没有这样的认识，一个以制造取胜的国家就会丧失其竞争优势。所以，不是简单建立精益制造体系，而是基于发挥"一线员工智慧"的共识，才能形成制造企业的成本竞争优势。

中国经济的高速增长引起世界对中国企业管理的兴趣，这不禁让人想起1970~1980年日本管理兴起的时代：当时美国大量的研究者涌入日本试图发现新的理论来解释日本的管理方法，除了"精益制造"之外，大多数没能经受住时间的考验。为什么会出现这样的结果？最根本的原因是美国学者带着西方的管理理论来到日本的企业，但是他们并没有真正深入到日本企业中，并不了解在日本文化和经济环境中企业行为和选择背后的机理，只是把西方的理论和研究方法与日本企业实践结合起来，这样得出的研究除了验证西方的理论之外，不太可能形成真正的总结日本企业实践经验的东西，自然无法经得起时间的考验。这个结果提醒我们，对中国管理的研究如果按同样的路走下去，可能落入同样的困境。唯一的不同是，我们自己带着西方管理理论到中国的企业中，把它们强加给中国企业，这样的做法甚至连类似日本"精益制造"的理论都无法得出。

我们真的了解全球化吗？到今天为止，中国企业在全球化的市场中依然处于探索阶段，我们对全球化的认识还有很多困惑，不能明确地给出一个简洁、清晰的解释。弗里德曼用"六维"眼光来看"全球化"，这"六维"是"金融领域、政治、文化、国家安全、技术和环境保护"。即便是弗里德曼本人，也承认这不是全球化的最后内涵。因此，全球化是更宽广的视野、变化的视角、广阔的未来。不能够理解全球化，也就无法理解我们生存的空间。这就需要我们有足够的能力做出更广泛的沟通，如果没有思辨能力，也就无法找到共识的基础与沟通的前提条件。

对于管理研究而言，问题的关键是如何做出中国管理研究来。管理学学科属性的限制和管理学研究对象的特殊性，使得管理学学者越来越意识到：管理领域中的研究并不具有普遍的适用性，这种普遍性不足或者缺失的原因则在于管理研究的对象更多的是依赖于管理问题或管理现象发生的情境，因此在进行管理研究时应该对情境因素加以考虑。所谓情境因素的研究就是把组织所在国家的社会、文化、法律和经济因素作为情境变量，探讨这些因素对组织特征这些因变量的影响。我们深知中国的国情极其复杂，中国的历史和文化源远流长，也正因此，我们无法简单地套用西方的理论，也无法简单地认为可以轻易得出自己的结论。中国的经济发展方式完全不同于西方，雅克认为："中国现代性的动力来自历史，而非向西方学习的结果……中国的现代之路与西方所走的道路存在着非常大的差别。"对于中国管理问题的研究更需要关注中国历史与文化的力量，这也是我们研究学者必须面对的挑战。

我用这么大的篇幅来分析和介绍中国管理研究及其发展困境，只是想说明训练思辨能力是多么的重要。无论在哪一个领域想要做出价值贡献，一定是需要有思辨能力才可达成，而这也是大学中最重要的训练。

（原载：春暖花开公众号，2017年2月13日）

成为未来领导者，
要注意三个关键

接到"2017女性领导力与幸福感论坛"邀请的时候，我没有联想到三八妇女节。来了之后，才意识到，三八妇女节要到了，我想可能是因为经常跟男生在一起，所以很少在意这一点。在工作中，女性领导者会比男性领导者多一个考量的维度：生活，会关注到生活和工作的关系。

然而，回到工作岗位的时候，没人在意你是男性还是女性，唯一要求：负责任。所以在接受邀请的时候我就想责任是什么，我想我最主要的责任就是告诉你一定要回到北大国发院读书（笑声），同事问我："陈老师，你讲什么话题啊？"我说："肯定讲领导力跟学习是什么关系"，因为这是我的责任。

在工作岗位上，当你是女性领导者时，大家会对你有一些不同的期待，比如说话要温柔一点、颜值要高一点。一般来说，我们评价男性领导者，不太在意他的长相，但只要是女性领导者，外貌一定会被评价。

学过领导课程就会知道，定义"领导"的另外一个词是"影响力"，而影响力是由权力和魅力构成，魅力所带来的影响力中，第一个要素是外貌，外貌不是你长得好不好看，而是一种"公众评价"，这种评价不代表真实的情况。如果女生脸上有一道疤，会想要去整容；如果男生脸上有一道疤，大家反而感觉他很有沧桑感，这就是"公众评价"，可以看出女性在这个方面所处的弱势。

关于领导力和领导者的概念中，人们对女性的期待很高。从某种意义来讲，如果你来学习，可以对事情的看法做某些方面的调整，所以今天谈谈女性领导力和学习的关系。

一、人们渴望卓越领导者

在讲领导力或者领导者概念时我们会发现，人们对领导者的期待非常高，比如美国《时代周刊》有一篇封面文章问"到底谁在掌管美国？"答案是"这个国家需要卓越的领导者，却没有人堪当大任"。卓越的领导人非常少，为什么会是非常少？主要是因为我们对领导者的期待太高。领导者之所以重要，体现在3个重要的功能：

决定组织的高效运营；

指引方向，鼓舞人心；

重振希望、摆脱危机。

这三个功能只有领导者能给予，当你具有这样的功能，你就能当领导者。

我持续20年做中国领先企业的研究。先锋企业之所以能够长期保持领先，在于他们始终坚持一些特质或理念，使得他们能够保持内部充沛的朝气，不断总结经验教训，及时对外界各种变化做出响应。而想要做到这一切，我发现需要一个最重要的因素，就是这些先锋企业的领导者都是"英雄领袖"，像华为、联想、TCL、宝钢、海尔，在20年里不管市场环境发生多大的变化，他们都一直保持在领先位置上。

领导者成为"英雄领袖"，具有很强的使命感，对社会、民族有强的责任心，同时对行业有足够的认识并推动行业进步，这样的领导者既能发展自己，也能够发展别人。

对于真正的领导者而言，能够真正地把使命、愿景和人紧密地联系起来，把市场经济、发展和人紧密相关联起来，极为重要。

二、领导力不是天生的，是自我造就的

大家一定要真正了解领导者和领导力，其实领导力不是天生的，而是自我造就的，你只要确信这一点，不用预设，就可以了。

从哪些地方做领导力的自我造就呢？

从19世纪末开始，涌现了很多研究、谈论领导力的书和概念，但是真正成为领袖的人很少，为什么？

我举三个例子来说明。

第一,褚橙为什么会热起来?因为褚老用极致的态度种橙子。他说,以前从没有人知道一个橙子的酸甜度比例多少为好,但是他承诺可以种出好的酸甜度的橙子,并且做到了。为什么他可以成为这样的领袖?因为他用更高的标准要求自己。

第二,稻盛和夫一次又一次创造了奇迹,为什么可以如此?他的方式非常简单,就是超越自己。企业转型的时候,总有人跟我抱怨,行业不好,市场不好,行情不好,整个行业的利润大幅下滑,这时我就给他们看日航的例子,他用一年时间使亏损的日航创下历史盈利之最,最大一个环节就是降低成本。想要成为一个有影响力的领导者,你只有以极高的标准来超越自己,才能创造奇迹。

第三,很多EMBA的同学都去过戈壁挑战赛,我去了戈壁挑战赛之后,才真正爱玄奘,以前只喜欢孙悟空(笑声),因为他怎么打都打不死。当我走向戈壁挑战赛,起点是玄奘西天取经的起点阿育王寺,终点是玄奘在中国境内的最后一站,在走的过程中,我才突然明白,为什么开始崇拜他:一个人只有坚守,才能创造人类卓越的文明功绩,你只要战胜自己就可以了。

很多人做不成事情的原因,就是想得太多,你只要坚守,外界对你的影响就不大,你决定你自己。

沃伦·本尼斯(领导力之父,组织发展理论先驱,使领导学成为一门学科,为领导学建立学术规则的大师)给领导力智慧下的定义:指引性的愿景、激情、正直、信任、好奇心、勇气。

当真正要造就领导力的时候,你要去学习。大学教育正是构建自我认知、秉性特点以及思辨能力之所在。

三、大学令人胜任任何学科和职业

大学到底能够给大家什么帮助?正如我所坚持的那样,人生是一场旅行,你永远可以遇到最好的你,大学可以给你:

(一)确信(让人具有内心的稳定性和内在的定力)

在大学当中,我们得到的第一样东西,就是通过思考、学习、交流,开始相信一些东西。为什么信仰和相信的力量这么重要?我要很认真地告诉大家,一个人之所以没有办法面对变化、困难,就是因为没有足够的定力,如果有,都可以接受。我的学生曾经问我说:"陈老师,你去做一件事情的时候,难道就没有觉得会失败而犹豫过吗？"我说："没有。"他说："就真的那么清楚吗？"我说："对呀，你做不好，还做不错吗？"因为去做，总比不做要好，这就叫相信，你做就可以了，相信的力量是如此重要。

（二）心性（令人胜任任何学科和职业）

大学不会给你任何东西，而是让你可以胜任任何职业，为什么会是这样？因为在大学的训练之后，你对很多东西有了接纳、学习的能力，实际上就是成长性，所以我非常同意马克·吐温的那句话："我们的存在遵循最严格的法则是什么？成长！"其实人生就是一个成长的过程。北大才子陈生毕业后卖猪肉卖到上新三板，说明即使北大毕业的学生也可以胜任像卖猪肉这样的任何一个行业，这就是心性。

（三）思辨（发现问题，寻求论证）

人必须要有独立的判断，这是很重要的训练，一定要发现问题，然后寻求对它的论证。比尔·博鲁茨一直希望找一个和地球一样的星球，没人信他，他不放弃，找了23年，终于发现新地球（76岁的比尔·博鲁茨基是一名太空科学家。博鲁茨在美国国家航空航天局NASA艾姆斯研究中心工作了53年，2015年NASA宣布，一颗1000多光年外的行星可能是迄今为止最像地球的宜居行星。这颗"新地球"被喻为"最像地球、可能最适宜人类居住"的行星）。

当你有思辨能力的时候，不但能发现问题，也能找到解决问题的方法。发现问题很重要，寻找论证的方法更重要，一个优秀的管理者，一定不怕有问题，当问题来了，如果你愿意去思考，就会解决得非常好。很多人不成功的原因，就是没有真正去做思考和判断。

（四）想象力（创造未来比预测未来更重要）

我们是不能预测未来的。创造未来就需要你拥有很好的想象力，想象力的训练在大学里面会给大家很多帮助，当你看一个符号的时候，你能不能联想到别的东西；当你看任何事情的时候，你能不能做一些很美好的联想。

（五）爱（感受到真正的快乐）

要学会真正的爱，无论是商业，还是管理的概念，它的核心逻辑都是对人的爱。什么叫生意，就是生活的意义，你只要找到生活的意义，就一定是一个好生意，如果你的生意不够好，一定是跟生活的意义相偏离或背离。

（六）独处（没有足够的静，无法体验到深切的动）

回到大学，你一定会感受到大学校园给你的那份安静，能够给你一种独立面对自己，与自己对话的环境。19世纪以来的组织机构存活80多家，其中75家是大学，为什么大学可以这样？因为大学有独特的能力，不受环境和外界的干扰。

对领导力的解释，每个人都有自己的方法。如果真的回到学校，你一定要了解大学教育对领导力的影响：有洞见、驾驭变化，更有说服力、拥有定力。有洞见，才能驾驭变化，自然才更有说服力、拥有定力，而当你引领更多人追随你的时候，你就是有领导力的人。

我们学会面对未来的能力，就能把握未来，未来跟过去的世界不一样，所以要面对未来，不断学习，一定要了解技术、数据、创造、智慧。回到学校学习，可以重构你的认知、创造、智慧。

我去埃及的时候，每个人都以为我会先去看埃及金字塔，但我首先去了亚历山大图书馆，这是人类最早的图书馆，亚历山大大帝当年有个宏伟的梦想：管理宇宙和世界。因此对要进亚历山大港口的所有船只，只有一个要求，船上要有书，然后交出来给图书馆抄完，再还回去。

亚历山大图书馆支撑了地中海文明800年。所以，用知识来武装你和你的领导力，你会因学习而美好，谢谢大家。

（原载：春暖花开公众号，2017年3月3日）

确信
是成长的开始

我们之所以混沌和困惑,痛苦和不安,正是因为对世事和自我的不确信,这些不确信并不是源于外在的环境,而是内心的空虚。

一个学生在给我的邮件中写道:

转眼间,我已经进入大二下学期了。回想当初刚进学校时听完你的讲座后,突然觉得很有动力,觉得大学生活应该过得很充实,我也记住你的一句话"每个失败者都知道成功的方法,可是只有成功者去做"。由于从小受父母的影响,进大学便一直有创业的想法。于是,从大一到大二积极参加各种课外活动和社团及学生工作,还有创业计划大赛、数模建模比赛、管理竞争大赛,并在协会和学生会组织过不少活动。虽然比赛没拿奖,活动举办过程有时挫折不少,但我觉得每天都过得蛮充实的。

然而,当我过完大二上学期期末时,看到自己的成绩,真的有些失落,因为成绩很不理想,有几科都是刚刚及格。寒假,我一个人跑去滇西北,转了半个月,那时候我就一直在思考,大学四年到底什么才是最重要的,到底什么样的生活才是我想要的?想想自己的创业梦,似乎还很遥远。而且像大二上学期那样,整天为了搞活动而经常旷课,值得吗?本来想这学期认真学习,可不知怎的,提不起劲来,发现自己缺乏一股动力,缺乏目标。创业?总是觉得可望不可即。

家里呢,则从我刚上大学就叫我以后要么考研,要么出国。我是压根就没考虑过考研的,至于出国,难道随大流想都不想就出国只为了"镀金"?我都没发觉自己最喜欢哪个专业,最向往哪个学校。尽管自己总觉得,出国能提升一个人的眼界与目光,这对创业是有利而无害的。老师,能否给我指点迷津?我不想这么一晃,在看似充实的生活中又过了一个学期……

经常有学生给我类似的来信,这些怀着梦想、兴奋和激昂走入大学校园的同学,面对的竟然是无助、困惑、迷茫,甚至是颓废。他们内心煎熬,感受孤独;他们获得好的成绩却无法融入现实;他们承担着家庭的负债和对姐妹的负疚,为了让他可以读书,家中姐妹必须放弃读书;他们拖着疲惫的身体奔波于不同的招聘会场,甚至有些人找不到工作……这些困惑动摇了学生们读书的信心。虽然这仅仅是一部分同学的生活写照,但即使没有这些困境,大部分的学生还是无法确定大学生活与未来之间的必然联系;无法界定知识和命运之间的必然联系;更加不能确认的是自己到底为什么活着?

在一次给学生的讲座中,一个学生问我"什么是信仰",这个疑问就是上述学生困惑的根源。现在的学生连"信仰"这个概念都模糊和不确定了,由此可以想象他们生活中的困顿与焦躁。我在试着回答学生这个问题,也在澄清自己的认识。信仰就是一个人所认定的人生中最重要的事情。一个人具有信仰的时候,他可以很好地接受生活中遇到的任何事情,他可以很明确地以自己的信仰做出判断而不至于迷茫和混乱。信仰至少包括三种类型:人生信仰、政治信仰、宗教信仰。而在三种信仰中,所历练的都是如何让自己确信并能够超越困顿。

30年经济的发展,无论在物质领域还是技术领域,中国都取得了巨大的进步,然而在人的精神领域却呈现出巨大的混沌和焦躁。内心信仰的缺失,导致各种伪劣商品横行,各种有害物质泛滥,人们为了物欲不惜丧失道德与廉耻之心……就连日常最简单的食品也成了令人害怕的陷阱,各种危害健康的添加剂层出不穷,信仰的缺失让人们生活在无法建立信任的环境中,这是多么可怕的情形。

人活在世上,可以创造无数的奇迹,也会遇到很多的痛苦与挑战,如何让自己的创造有益于世界,如何让自己遭遇到痛苦和挑战时能够安然处之,这就需要信仰的力量。在幼小的时候,我们不曾迷失和困顿,因为那个时候我们信仰父母,确信父母可以给予我们正确的指引;小学和中学的时候,我们也不曾迷失和困顿,因为那个时候我们信仰老师,信仰知识,确信老师可以依赖、知识可以依赖并给予我们正确的理解。

上了大学,进入到社会,所遇到的挑战和痛苦加大,独立承担责任的压力开始让我们困惑,同时因为能力的增加,我们开始质疑老师、质疑社会,甚至质疑所学到的知识,找不到可以依赖的对象,压力与质疑导致了更大的困顿。加之内心没有建立信仰的力量,迷惑和困顿带来了更大的痛苦,因为信仰缺失所产生的恶果又加重了这些痛苦和挑战。我们自身的困顿大部分源于内心信仰的缺失。

不为彼岸只为海：陈春花人生感悟

我在中国和新加坡两地大学教书，接近二十年的时间教授工商管理相关的课程。两地参与这个课程的学生都非常优秀，他们在各自的领域都取得了非常好的成就。无论是创业的企业家、职业经理人，还是政府部门的管理者以及其他机构的管理者，他们拥有丰富的实践经验，并有能力回到学校重新学习。在两地教学感受的差异让我惊讶，新加坡国立大学的课程里，学生们非常认真和谦虚，在课堂分享中大家很骄傲地贡献经验，听课中却又保持极强的求知欲以及良好的学生心态，充满热情地跟随老师学习，新加坡国立大学也严谨地建立学校的确信程度和老师的权威，让学生与学习变成是一种纯粹的关系。

我曾经在中国几所商学院教MBA/EMBA，学生们也非常热爱学习，但却与新国大学生有着不同之处：在中国商学院读书的同学们更愿意评价老师，更关注同学关系网络，他们不是确信回到学校一定要在学习上获得大的突破，相反学校是否出名，校友是否有影响力，能否在同学中建立深厚而又有价值的关系是他们更重要的选择。所以中国商学院在推介课程时，会以更大的篇幅来推介校友；商学院动用很大资源和精力建校友会，设计各种学生活动。为学生服务并没有什么错误，让我所担心的是其目的。在很多同学的内心中，他们并不相信管理可以在课堂上学习，也不相信老师有能力提供更大的指引给他们，因为在学生们看来，他们自己的管理经验完全超越老师。

我曾经听过一个国内蛮有名气的企业家对北京大学的一位教授说："你们上课什么都不讲就是对学生最大的帮助。"带着这样的心态回到学校读书，能否有所收获就可想而知了。这个时候，我真的开始怀疑每个商学院所做的是否正确。课程结束后，学生为上课老师做评估，这个分数决定老师是否能够拿到完整的课酬，能否获得绩效考核的成绩，能否继续担任课程的主讲教师，甚至有些学校把这个分数和老师的职称评定挂钩。两种老师获得高的分数，一种是学生自己服气和欣赏的老师，一种是讨好学生、让学生用人情来打分数的老师。真正糟糕的是：学生和老师之间形成了一种奇怪的关系，不再是学习关系，而是交易的关系，用教学带来老师与学生之间各自能力的提升，已经被这种莫名的关系伤害掉了。

真的就是因为老师的企业实践能力没有学生强，学生就该认为在老师那里学不到东西吗？事实一定不是这样，还是取决于学生自己。我为此专门写过一篇题为《管理学教授可以贡献什么价值？》的文章来阐述这个问题，我觉得管理者回到商学院学习，是获得一个自我反思的空间和时间，是一个可以帮助自己转化和提升的过程，如果学生自己不能转化自己，就无法真正学到东西。我也承认老师们的局限性，老师们对于企业实践的问题没有更好的体验和沉淀。但是需要强调的是：是否可以学到东西，并不取决于老师，而是取决于我们自己。如果我们愿意信任老师，具有敬畏之心，收获的一定是我们自己，而不是老师。我曾经花时间到北京大学去听中国哲学课程，不管课堂上同学们对老师的评价如何，我觉得每一位老师都给了我很大的启发。

学习是自己的事情，老师在课堂上所讲授的知识，每个同学可以得到多少并不取决于老师，而是学生本人而已。可惜的是一些学生并没有领悟到这一点，反而认为学校和老师应该承担更大的责任，老师应该具有更强的能力与更多的知识。如果学生们自己不做出调整的努力，没有养成确信的习惯，那么在商学院的课程中，想要得到好的收获，恐怕是不可能的。

老师也一样要调整自己，对知识确信，对实践价值确信，对理论和实践之间联系确信，才能发挥出老师应该发挥的作用。如果老师自己也不确信理论的价值，不相信理论可以指导实践并解决实践中的问题，想要学生确信是一定行不通的。老师如果不提升自己的能力，也不去真切地理解实践和感受实践，同样和那些不确信回到商学院可以学到东西的同学一样，失去了内心信仰的力量，又怎样可以让自己拥有被确信的影响力呢？

（原载：春暖花开公众号，2017年5月5日）

苏格拉底：
未经省察的人生没有价值

大千世界，唯有人以生活作为自己的存在方式。除人以外，从无机界的尘埃、岩石，到有机界的灵长类，它们都仅仅是存在着，或者生存着。但生活，是有所期望和企求，有所规划和设计的。生活，是提出和解答一连串问题，是以实践去探索世界。然而，尽管生活是人区别于万物的存在方式，却并非人人都抓住了生活、人人都能成为一个当之无愧的人类成员。

古往今来，每个时代都有人以他们的一生向人们提示着生活真正的样式，并且以他们在生活中表现的智慧、精神和道德力量表明人所独有的尊严和价值。他们有的留下了名，有的没有留下名，但他们都领略过生活。每个时代也有另一类人，他们浑噩、懵懂、虚掷光阴，把生命消耗在昨天和明天没有区分的机械的吃喝和酣睡之中，一生的活动与动物的生存活动没有本质的区别，却自以为是地做着"应做之事"，自以为是地生活着。

正是由于人度过一生的方式有如此大的差别，睿智的哲人苏格拉底才在法庭申辩时说出了震撼人心的千古名言："未经省察的人生没有价值。"这句名言揭示出人类面临的一个永恒任务：在人生与价值的结合中，寻求把短暂的人生纳入永恒的历史之流的途径。探索人类自身最重大、最激动人心的人生哲学由此诞生。

每个人一生面临无数问题，这些问题，对于人类是共同的，因为它们可以集中表现为每个人都不可避免而又必须回答的一系列人生根本问题，如"生活的意义是什么""我希望做什么""我应该做什么""我能够做什么"等等。这些问题对于每个具体的人来说，又是极其独特的，因为它们以不可重复的具体形式摆在每个人面前。至于每个人怎样回答这些问题就更独特了，它们既不能像身体、外貌、先天能力等特征，通过生物的遗传密码由前人传递给后人，也不可能彼此

"抄袭"。因为每个人都有不同的境遇，都有不同的生活方式，因此，每个人都必须自己去寻求答案，必须以自己的方式去回答这些问题。

一个人到底在什么状态下才算是真正的诞生？是有生命个体的客观存在，还是另有一个标准来界定？以生活的感受，我们可以知道，事实上人有生物学意义上的诞生和社会学意义上的诞生。一个人，当他可以呼吸、可以站立、可以行走，这只是生物学意义上的诞生，这种诞生只标志着他是活着的个体，是一个存在。但真正意义上的诞生应该是社会学意义上的，应该是精神上的，是一种意识到自我、自我与社会关系的存在，只有这种诞生，才是完整人生的基点。由此可说，人只有在精神上诞生，他才真正进入生活，并开始在生活中实现自我的价值，即人生价值。

精神上的诞生是每个人的任务，但是并非每个人都能自觉意识到，并且完成这个任务。因为，如果想要在精神上的诞生，就必须通过省察人生、领悟自身存在的道理来实现。必须明白，人为什么活着，该怎样活着，绝不会百无聊赖地一天天勾销生命，毫无价值地耗费着生命。精神上的诞生，绝不会错误地理解人生，绝不会错误地选择人生，更不会在危害他人、危害社会的同时也毁灭了自我。可见，省察人生，发现自我，实现自我，乃是每个人一生的根本任务，也正是如此，苏格拉底才大声申辩："未经省察的人生没有价值。"

每个人都有理由要求关心自己，关心自己怎样度过一生；每个人也都有理由要求充分实现自己，因为任何人都只能存在一次，要真实地存在，只能通过自己的上下求索，而不要被一些脱离生活的教义封闭了审视自己的求索之心。我们认为，省察人生、发现自我、实现自我，归根结底是每个人自己的任务，但这个任务的完成，必须通过与社会的交流，与社会生活中最活跃的领域交流，才能在求索中学会生活，在追求中实现人生价值。

（原载：春暖花开公众号，2017年7月7日）

给自己找一位导师

我和年轻人一样,也常常会陷入反复低落的情绪,一旦这种情绪控制了你的生活,你会感到无所适从,甚至不愿意做任何有意义的尝试。另外一种情况是,人们习惯把自己的情况和其他人的情况进行比较,比较结果也会使人有想发疯的感觉。因此你常常听到这样的劝诫:不要比较,因为人比人是会比死人的。但是生活中,的确有些时候自己不会清醒,不会超脱,更加不能够自拔,在这个时候,能够激励自己的就是你心中的导师了,所以我给你的建议是:为自己找一位导师。

当你和一位导师相联系起来的时候,你会发现这样做可以让你遵循自己内心的指引和直觉,可以寻求到生命中使命的意义,可以得到有价值的信息和帮助,更重要的是你们可以在更深层次上分享彼此,你会因为导师的吸引,不断地超越自我,挑战自我。

在我的生命中就有这样一位导师,她是我初中的班主任宁齐塈老师。我很幸运,在黑龙江省齐齐哈尔昂昂溪这个被称为"大草甸"的地方,在我最需要人指引的时候,我遇上宁老师。这位哈尔滨师范大学的高材生一毕业就主动到了昂昂溪,教我的时候她已经是50多岁的人了,她的个子很小,但总是装饰整齐,亮亮的皮鞋、梳理得好好的发型。简陋的课室,在她的字画装裱下,显得诗意盎然。她会带我们唱歌,组织小乐队,带我们去郊游,带我们背古诗词。我今天的很多习惯都源于她,喜欢唱歌、诗词、书法,我对自己提出一个要求,当一个像她一样的好老师。

三年的初中生活,加上老师对自己的偏爱,让我一个乡下孩子看到了世界的美。对她而言,我几乎是她的期望;对我而言,她就是我的偶像。老师的荣耀是学生的成就,自己又真的能让她荣耀吗?人需要欣赏和爱,大学开始,所有的努力只为博得老师的快乐,只为向她证明她的眼光没有错,她的付出值得,她有理由证明自己把青春和一生交付给昂昂溪这个小镇是正确的,她的价值无限……

有人说,经历是财富。我却认为经历是一段长长的路,它像一根凝结着生活中无数记忆的红线，从起步慢慢地延伸开来，当你回过头来看的时候，你会发现经历把无数粗糙打磨成光滑，把肤浅沉淀成厚重，还能将幼稚转为成熟。所以特别感激自己与老师在一起经历过的每段日子，也更珍惜现在及将来正在经历和将要经历的每一段日子。

因为老师让我不断地理解：成长的岁月仿佛只在瞬间，然而在瞬间想求得永恒，人总该做点什么，总该企盼点什么，也许人生就像是撒一片理想的种子，然后充满激情地艰辛耕作，可以伤心，可以流泪，但不能辍耕，不能误了农时。投入感情，执着信念，劳其筋骨，苦其心志，短暂的生命已然是天降大任，这一轮也许能赢得和收获的也就是感受——生命中丰富的、痛苦与欢乐的感受。我很庆幸自己拥有一位心灵的导师。

有一段禅：

某人在屋檐下躲雨，看见观音正撑伞走过。这人说："观音菩萨，普度一下众生吧，带我一段如何？"观音说："我在雨里，你在檐下，而檐下无雨，你不需要我度。"

这人立刻跳出檐下，站在雨中："现在我也在雨中了，该度我了吧？"观音说："你在雨中，我也在雨中，我不被淋，因为有伞；你被雨淋，因为无伞。所以不是我度自己，而是伞度我。你要想度，不必找我，请自找伞去！"说完便走了。

第二天，这人遇到了难事，便去寺庙里求观音。走进庙里，才发现观音的像前也有一个人在拜，那个人长得和观音一模一样，丝毫不差。这人问："你是观音吗？"那人答道："我正是观音。"这人又问："那你为何还拜自己？"观音笑道："我也遇到了难事，但我知道，求人不如求己。"

真正成功的人，总是自己解救自己，自己激励自己。

（原载：春暖花开公众号，2017年7月28日）

你效率低
是因为你不会管理时间

时间管理的技巧很多,几乎所有成功的人都有自己的一套管理方法,我可能无法找到全部,但是可以整理出一些共同的技巧来。

一、重要的事情先做

第一个管理时间的技巧就是重要的事情要先做,而且要集中时间做。

在我接触过的同学中,我发现他们有一个坏习惯:做一件事情,不拖到最后那一刻,就是不做。如果事情总是拖到最后一刻才做,就会做得很匆忙,无法保证质量,也无法发挥出你真正的能力来。为什么会养成这样的坏习惯?我没有深入地研究过,但我认为是因为同学们没有掌握重要事情先做的技巧。如果你掌握了这个技巧,那么你会发现具有充足的时间来进行筹划,最终一定会得到最好的效果。

同学们第二个不好的习惯是不在约定的时间内完成任务,总是寻找借口推托。虽然这并不是时间管理的问题,但是这样的思维方式会影响到时间的价值,这个不好的习惯存在的时候,一些人并不以事情的约定时间为标准,反而以别人是否在约定时间内完成作为标准,如果别人在约定的时间都没做,他也可以不做。这是一个非常糟糕的坏习惯,因为这样不仅无法如期做成事情,更可怕的是长此以往,你会成为无法再有自己的准则的人,也就无法承担任何责任了,一个无法承担责任的人也就无法成功。

真心希望每个同学,接受任务后,不要关心别人如何做,只要关注自己,安排时间来规划就好,不要等,也不要观察,更加不要拖到最后的时间,一定要从容地完成任务。这种习惯一旦养成，你就会发现时间很充裕，做事能够从容，更令人高兴的是你因此可以保证做事的品质。请记住，最重要的事情要集中时间，排在前面做。

二、一次只做一件事

　　有同学曾经和我说：成功的人好像可以做很多事情，而且都做得很好。其实不是他们有过人的精力或者更聪明，只是他们都掌握了时间管理的又一个技巧，即一个时间区间里只做一件事情。没有人可以在一个时间段里做好几件事情，只要把时间做一个分配，你就可以做很多事情了，为每一件事情配上时间是一个非常重要的技巧。但是同学们忽略了这个道理，他们总是把所有的事情塞在一整天里面，总是对自己说：今天我要做四件事情，太可怕了。如果你分时间段安排，就会发现其实你总是在做一件事情，根本就不可怕。

　　我曾经观察过一个经理人，他在一天的工作时间里要处理好几件事情，但是他做得很好。上午他把自己的时间分为四段，其中两段是开会，一段是和下属沟通，他预留了一段时间给自己；下午的时间他同样做了区分，分为三段，这样他其实在一天里都处在有条不紊的工作中。但是我观察到另外一些经理人，却没有掌握到这一点，他们在一天的时间里非常繁忙，经常手里抓着两部电话机在大声讲话，常常发现自己要做的事情没有时间去做，总是发现时间属于别人，总是在快要下班的时间才匆匆忙忙地处理本来应该一早来上班就要处理的事情。

　　所以在时间管理上，一定要记住一个时间区隔里只做一件事，把每一天的时间分段，在一个时间段内，只做一件事情。不要同时做很多事情，因为做的效果不好，而且也可能无法达成目标。重大的事情就用大段的时间，细小的事情就用小段的时间，事情无论大小，都为它分配时间，这样你就会发现每一件事情都能够随心所欲地来处理了。

　　对于你认为极其重要的事情，更要辟出专门的时间来进行这个重要的工作。其实很多人在能力和基本条件上并没有太大的区别，但是一部分人成功，而另外一部分人不成功，就是因为不成功的这部分人不能够为重大的事情辟出专门的时间，不能够集中精力做这件事情，但是如果不肯花专门的时间去做重大的事情，就不会得到重大的价值，所以一定要在一个时间段内只做一件事情，当你确定在这个时间做什么事情的时候，你就马上去做，结果就会很好。

三、提高单位时间效率

美国麻省理工学院对3000名经理人做了调查研究,发现凡是优秀的经理人都能做到精于安排时间,使时间的浪费减少到最低限度。根据有关专家的研究和许多领导者的实践经验,驾驭时间、提高效率的方法可以概括为下列五个方面。

(一)集中时间

切忌平均分配时间。要把自己有限的时间集中在处理重要的事情上,切记不可每样工作都抓,要有勇气并机智地拒绝不必要的事。一件事情来了,首先问:这件事情值不值得做?绝不可遇到事情就做,更不能因为反正做了事,没有偷懒,就心安理得。

(二)平衡两类时间

任何人都存在着两类时间,一类是属于自己控制的时间,称作"自由时间";另一类是属于对他人他事的反应时间,不由自己支配,称作"应对时间"。两类时间都是客观存在的,都是必要的。没有"自由时间",完全处于被动、应付状态,不能自己支配时间,不是一个有效的经理人。但是,要完全控制自己的时间在客观上也是不可能的,只有平衡这两类时间,才会达成目标。

(三)利用零散时间

时间往往很难集中,而零散的时间却到处都是,珍惜和利用零散的时间是提高时间效率的一个重要方面,用零散的时间做零散的事情,就会大大提高做事的效率。

(四)利用闲暇时间

常常听到有人说:等我有空再做。这句话通常表示目前没有时间做事情,表明没有空余的时间。凡是在事业上有所成就的人,都有一个成功的诀窍:变"闲暇"为"不闲",他们会很好地利用"闲暇时间",也就是不偷清闲,不贪安逸,他们的成功与其说是拥有过人的能力,不如说是不甘悠闲、不求闲情的生活准则在起作用。

（五）不浪费时间

在很多时候我们是自己的奴隶，常常让自己陷入事物中，事实上并不是每一件事情都必须做，如果我们花时间去做不值得做的事情，就会浪费时间，有些人认为，不管怎样总算是做了一些事情，总比什么都没有做好。事实上，这样比什么都不做还要糟糕，因为不值得做的事会让你误以为自己完成了某些事情，从而更加陷入没有价值的追求中。一些人会说：我们不应该让它消失，我们已经做了这么久了。许多事情或者活动根本就不该存在，其仍能持续存在的原因只是大家已经习惯，有了认同感，如果让它们消失的话，会有罪恶感，可正是这样的缘由，让我们浪费了很多时间。

四、合并同类项

合并同类项，也就是说，可以合在一起做的事情，你就尽可能地合在一起。比如去买东西，不要为一件东西去买一次，最好一次去把要买的东西买完。今天很多同学成了电话的奴隶，电话其实只是工具而已，不应该让电话打乱你的时间，所以你应该合并电话时间，一天中有一段时间就是专门接电话的。我曾经在自己的名片上标明开机时间，这个令很多人惊讶过的举动给了我极大的帮助，我因此可以专心地在规定的时间里面教学和研究，能够集中处理电话中的问题，不会时时被打断。你可以在很多时候合并同类项，合并接收邮件的时间、合并相关的事物等等。关键是你要这样去做。

五、养成好的习惯

时间管理的关键是要养成好的习惯，这些习惯可以简单概括为以下几个方面。

不要有拖沓的习惯。

不要乱放东西而四处寻找。

不要藏东西。

物尽其用，物归原处。

尽早开始。

不要考验自己的记性。

不要沉湎于过去。
不要让别人浪费你的时间。
懂得说"不"。
找出隐藏的时间。

（原载：春暖花开公众号，2017年8月18日）

敲开那扇心门

能够在10年之后，再一次参加教师节表彰大会，我内心充满感恩。首先让我借此机会向各位老师致以节日的问候！向各位获奖的老师和同学表示最热烈的祝贺，你们用行动和成果使得教师节具有了更加丰富的内涵！

看到哈师大的老师同学们，总是不自禁地想起我的宁齐堃老师。老师离开我们19年了，但我还是清楚地记得，老师家里唯一的一件装饰品是挂在墙上最显要位置的一幅墨竹画。那尺寸之间，既饶骨力，又丰神韵；既清新脱俗，又开张大气。当时，我只觉得其气象独特，雄健飘逸。然而又不解的是，于艺术的世界里有立体写实的油画，有人物山水工笔，而老师为什么独独钟情于一方写意墨竹呢？今天想来，老师或许钟情的不是竹子，而是它的自然天性和独特品格。

竹子那"簝落长杆削玉开""更容一夜插千尺"的青云之志，不正是老师高尚的道德情操和崇高精神追求的写照吗？

我一直尊崇老师超越物质的精神生活。她是精神丰富之人，更是精神灿烂之人。有人说精神的丰富与灿烂，从哲学层面看，阐释的是人生的意义。老师的一生从"志于道，据于德，依于仁，游于艺"四个为人为学的维度，展现了她作为一名普通而又出色的教师之立体生活图景：立志于道，给了她的教师生活以思想的高度；慎执操守，给了她的教师生活以品德的宽度；仁厚为人，给了她的教师生活以情感的深度；丰富的学识，给了她的教师生活以迷人的风度。

她以一个教师最好的职业知觉，积极而深刻地影响学生，那就是：无差别地对待每一个学生；"润物无声"的引导教育；"疾风骤雨"的严格要求，令我们"望之俨然，即之也温，其言也厉"，令我们感受到她的爱无时不在、无处不在。她将这种爱作为她的职业底色，用美化育心灵，用真坚守教学，用心助力成长，教会学生有价值地工作与生活。今天，她在我们心灵里播散的不朽的种子，已经开花、结果，让齐齐哈尔市第十一中学三年（1）班的83位同学，长大后都成了另一个"她"。今天他们中的近40位同学也从祖国各地来到现场，表达对老师的爱戴，以及对哈师大的敬意。请同学们站起来，一起说声"老师好！"

在黄沙漫漫的校园，在四处透风的教室，在数九严寒的冬天，无论在怎样艰苦的环境里，她都内心丰盈、精神丰富，一切云淡风轻。老师就是一滴清水，微小而不渺小，她以一己之柔韧，折射阳光，照亮我们的世界。

竹子那"未出土时先有节，便凌云去也无心"的正直谦虚、高洁脱俗的境界，不正是老师那虚怀若谷的高风亮节和文静高雅气质的写意吗？竹子那"咬定青山不放松，立根原在破岩中"的坚强品质，不正是老师用35年的安静平实，守候了如我们一样的一代又一代昂昂溪孩子们幸福的写实吗？

2016年教师节前夕，习总书记在北京市"八一"学校同教师学生代表座谈时指出，"一个人遇到好老师是人生的幸运，一个学校拥有好老师是学校的光荣，一个民族源源不断涌现出一批又一批好老师则是民族的希望"。可见好老师于学生、学校，甚至于民族是何等的重要。

2016年是我自己从教30周年，在学校工作时间长了，经历的学生多了，慢慢觉得，温暖学生的心，其实是不容易的。也正因为此，更加发觉宁齐堃老师是多么的伟大，她温暖了我们每一个学生的心，这温暖一直延展开来，充盈了我的一生。

每一所大学的老师，都用独特的意志，把温暖倾注在学校里和教学中，陪着学生漫步知识的殿堂，知性的天空；让学生学会欣赏丰饶的大地，丰满的人生；使学生拥有梦想的翅膀，坚实的步伐，善良的秉性以及顽强的意志。

有一个你，温暖着学生的心，这就是我对学校的感受和期待，也是我对老师的感受与期待。在寂静的夜晚，窥见明亮的星；在明朗的早晨，迎接绚丽的朝阳；在宽敞的教室，汲取丰厚的知识；在宽广的校园，锤炼健壮的体魄。画一般流过的岁月，雕刻属于学生们的情节，也让温暖就这样恒久地留存着。

学校和老师就是这样的温度，暖暖地直入人心。每一天如花开般抹平平淡，让善渗透在每一节课里，望着你们，便有光散向四方；每一学年如光阴般加重悠远，让爱沉浸在每一次交流中，望着你们，便有暖流过四方。

这是我在从教30周年的时候为自己写的一篇文章《大学的意义》里开篇的话，也是我今天最想分享的感受。

有朋友问我，如何看待过去的时间，我回复给这位朋友时写道：时间，总是能够穿透一切，在过去的日子里，无论是迷茫、痛苦、不安或者快乐，都在时间的沉淀下，丰满了这些岁月，走过这段路，终于发现，那曾经深刻的记忆，早在过去的时光里，成为过去；哪怕你患得患失，哪怕你妄自菲薄，哪怕你踌躇满志，哪怕你心满意足，可以确定无疑的是，你的一切都已被悄然改变。

我和哈师大的这10年，是一段值得珍藏和骄傲的时光。这些优秀的老师们不仅仅战胜了时代的挑战，更是战胜了自己；这些优秀的学生们不仅付出了勤奋和努力，还获得了知识与成长；老师们所做的不仅仅是一份工作，学生们所努力的不仅仅是一份成绩单，还都收获了成长的美好，拥有了面向未来的无限可能。

泰戈尔说：教育的主要目的不在于解释意义，而在于去敲那心的门。在这所敲开宁齐堃老师心门的大学里，我想告诉同学们，不要辜负了时代带给年轻学子的命运；不要辜负了互联网技术带来的全新世界；不要辜负知识与你融合一体所带来的无限可能；更不要辜负学校和老师对你的期许与帮助。

这是一个随时被更替的时代，也是一个随时创造奇迹的时代；这是一个未来已来的时代，也是一个被变化加速的时代，而你我刚好身在其中，问题是你我是否做好了充足的准备。

我们需要更加清醒地知道，无论如何变化，社会依然按照可以遵循的逻辑自然生长。一个优秀的人，一定是能够用自我生长来应对变化、用价值创造来拥抱变化、用符合规律的发展路径来获取机遇的人。这个逻辑就是价值创造的逻辑，就是自我成长的逻辑。

拥有这样的逻辑，在快速变化的宏大场景中，可以使我们依然清醒与坚定；拥有这样的逻辑，在喧嚣与焦虑中，可以使我们依然清明与笃定；拥有这样的逻辑，可以让我们在巨变之中，有一个坚定稳固的内核，当变化变得更加剧烈，挑战变得更加巨大之时，这内核更加熠熠生辉，充满力量，这个内核就是你已敲开的那扇心门。

10年前，我因为一个使命来到这里。幸运的是在各位领导、老师的厚爱之下，让这过去的10年填满了丰硕；让我因为宁齐堃老师，结缘了80多位优秀教师，结缘了110多位优秀的学生，更是结缘了各位领导，结缘了这所优秀的师范大学。这份10年的约定，让我可以保有内心与老师对话的真切。能拥有一个可以真正和你内心做交流的良师是多么幸福的事情，我很感恩，正是哈师大的帮助，让我拥有这份幸福与幸运。在10年后的今天，我再一次回到这里，回到老师求学的地方，回到让心可安的地方，继续与哈师大结缘，继续与优秀同行，继续保有与老师对话的真切，让我能够借助这个永久设立的"宁齐堃奖"基金，拥有永恒驱动自我进步的力量。念及此，我内心充满感激与感恩。谢谢你们！

最后，让我以最诚挚的敬意，感谢哈尔滨师范大学的各位领导、老师和同学们，感谢你们给予我的温暖和幸福！

"师道既尊，学风自善"，努力前行，功不唐捐。

谢谢大家！

（原载：春暖花开公众号，2017年9月10日）

超越自我是人生价值的最高追求

自我超越的最终效果和表现,就是人生的不朽。不朽,是人生价值的最高境界,是一个人完全超越了自我的结果。

要使自己的生命超越死亡走向不朽,要使自我价值的追求走向光辉的顶点,就必须有对人生理想的坚定而执着的追求。我们正是在这种追求的过程中使自己拥有为后人称道和讴歌的伟大人格品性。在这个问题上,我们认为中国古代伦理思想家的理论和实践探索给了我们启迪。正如中国哲学家张岱年先生指出的那样:中国哲学离宗教最远,从不探讨灵魂不灭之类的问题,而更注重生命如何以自己的创造和贡献达到不朽。

早在《春秋左氏传》中就有如下关于人生如何才能达到不朽的记载:"太上有立德,其次有立功,其次有立言。虽久不废,此之谓不朽。"这亦即说,立德、立功、立言是人生达到不朽境界的三个现实途径。事实上,我们可以发现,中国古代的圣人贤者孜孜以求的莫不和"三不朽"有关。我们民族史上那些英名永存的人,如老子、孔子、李白、杜甫、苏轼、文天祥、李世民、严复、康有为、谭嗣同、孙中山、毛泽东、周恩来等人,无一不是与独特的创造和不懈的奋斗精神有关,或立德,或立功,或立言,或兼而有之,而使自己的生命永垂不朽。

正是从这个意义上我们理解了明代思想家罗伦的如下一段精辟之言:"生而必死,圣贤无异于众人也。死而不亡,与天并久,日月并明,其惟圣贤乎。"也就是说,生命的躯体无法永存,但生命在追求人生理想的过程中,可以通过立德、立功、立言而使其精神走向不朽和永恒。要做到这一点,就必须做到以下两点。

一、必须使生命有一个坚定执着的理想

理想是人为自己设定的关于未来的最高目标。追求理想是人独具的特性,只

有人能展望未来，也只有人能为了未来而奋斗。有了理想，人的一切活动就纳入一个关于未来的目标之下，人也才能超越自己，走向不朽。

拜伦宣布："我一定向所有向'思想'作战的人作战。"乔治·桑起誓："面对不公正，我绝不会若无其事，处之泰然。"当欧洲中世纪的精神压迫，造成许多人的自轻自贱的时候，目睹塞维特斯因"思想罪"而被杀害的卡斯特利奥，在宗教裁判所的巨大阴影下愤怒疾呼："我不能再保持沉默了。"为了捍卫思想自由的权利，他向"用物质甲胄保护着的"庞然大物挑战了。当偏见和迷信企图永远左右世界，宗教裁判所密布欧洲，告密者像草一样蔓延之时，对理想的执着追求却使布鲁诺胸中充溢着英雄的激情，他憎恨使人变得愚蠢、渺小的一切，他不顾后果地以"渎圣的勇气"一吐真言，并积聚起自己的全部力量，猛虎般扑向一切迷信，决心把迷信撕得粉碎！

人们追求理想的道路是艰辛的。但是，尽管有千难万险，人类总能在失望中奋起，人类的理想总能冲破窒息它的黑暗氛围而再生。

二、在理想的追求中必须具有积极创造的精神

正如前面所论述的一样，创造使现实世界成为一个自强不息、未来与过去既相继承又永远相斗，每个瞬间都在翻新、都在生成不止的世界，正是人所独有的创造性构成了人的基本价值，正是创造使人生活在"有意义"的领域，即走向不朽。

张岱年先生在其《美与善的探索》中曾说过这样一段话："有光荣的遗留影响是不朽，譬如木不朽而有香气。有卑劣的遗留影响谓之甚朽，譬如木甚朽而有臭气。无遗留影响谓之朽，譬如木朽而无气味。"所以，"不朽的标准在创造，即在所立"，如有创造贡献影响后人，千百年后人犹受其益，被其泽，服膺其训教，怀念其功德，仍有一种力量能激发人的精神，能引导人的生活，即等于仍生存。造纸的蔡伦，活字印刷的毕昇，都是因创造而名垂千古。

应该承认创造是艰辛的。这是因为生命的存在一方面很短暂，另一方面也很脆弱，而生命所面临的外部世界则往往是无限强大的。但也正是在这个以短暂抗衡无限，以脆弱抗衡强大的创造和奋斗中，生命得以延伸。所以，有哲人做了如下的总结：平庸的生命再长也是短促的，而轰轰烈烈的生命再短也是永生的。

（原载：春暖花开公众号，2017年9月22日）

创造性思考，
就是日常要做一个有心人

人们常说，不怕做不到，就怕想不到。

借助于想象力，人类在过去的50年间发现和驾驭自然的能力，超过了此前全部人类历史时期的总和。太空漫步、海底穿行、生命奥秘的解构，我们开始了前所未有的人类的一个崭新的历程。

创造性的思考通常由想象力培养获得。想象力根据其功能，可以分为两种，一种是"综合型想象力"，一种是"创造型想象力"。综合型想象力是这样一种能力：人可以把旧有的观念、构想和计划重新组合，推陈出新。这项能力没有任何创造，它只是将经验、教育和观察作为材料进行加工。它是发明家最常使用的能力。通过创造型想象力，人类的智慧可以无限扩展，"预感"和"灵感"就是通过这种能力获得的，所有基本构想或新构想也正是通过这种能力产生的。

其实创造型想象力就是我们通常说的创造力。我非常喜欢电影《阿凡达》，惊讶于视觉冲击的同时，更加震惊的是这部电影所表现出来的想象力和对未来的理解，它虽然是一部电影，可是通过想象，人类感知到自己的渺小和狭隘，也感知到不可知世界的一切，这就是想象力的魅力。

每个人都有自己的专长，一个人做某些事情会比其他人做得更好。但是，还是有很多人从未找到最适合自己的工作，真实的原因是他们没有很好地发挥想象力或者创造力。一部分人随遇而安，得过且过，一部分人怨天尤人，牢骚满腹，这些人都有一个共性，就是没有能够释放自己创造性的思考。爱迪生在他工厂的四处都挂上这样一块牌子：一个人除了老老实实认真思考之外，没有什么捷径可走。他认为此话千真万确，"几乎没有哪一天不发现这句话是多么刻骨铭心的正确"。

如果你真想探索多一点的东西，就要创造性地思考，看山不一定是山，看水不一定是水。想起自己学习一些社会科学的感受，社会科学如果从学科的角度理解，可以用文学、史学、哲学的思维方式来表达，很多创造性的思维来源于对文史哲的理解。

已经不太记得是谁这样描述文史哲的，但是我很喜欢这个描述，因为这个描述让我的理解具有文史哲的基础，对于形成创造性思考有很大的帮助。文学是什么？文学就是窗外的一棵树，如果你直接描述这棵树就不是文学，而必须描述出在树旁边有水，描述树在水中的倒影，这棵水中的树就是文学。史学是什么？如果你能够寻找到一面镜子，在镜子里寻找到你的影像，如果可以在以往历史中找到与现在类似的东西，就可以判断现在的问题如何解决，理解现在的问题，需要考虑历史、考虑变化，唯此才可看透现在的每个问题，历史的方法就是教人们在看事情的时候，学会回归到从前，寻找类似的事。以古为镜，以史为鉴就是这个意思。

哲学的启示是斯芬克斯之谜：人面狮身的神守在人要走过的路口，它会问每个路过的人，什么动物早上四条腿走路，中午两条腿走路，晚上三条腿走路。答对了它就放你过去，错了你就会被推下悬崖。这个故事的奥秘就是谜面和谜底都是"人"。文史哲的方法就是帮助人们学会透过现象获取本质的认识，而在对现象的理解中需要有创造性的思考能力。

对世事和外物的理解，不能简单地以自己的理解来认识，需要扩展自己的视野和认知来理解，这就需要人们在不同的学科领域里掌握其精髓，正如上面描述的对于人文科学的理解一样，对于自然科学的理解也会需要同样的比喻和想象力。

自然科学的精神可以用数学的精神来表达，数学可以用两个典型的原理来描述：极限和微积分。这两个原理表达一个根本的含义就是无限接近真理，而无限接近真理就是数学精神的表现，因此对于认识事物来说，不要满足于求一个解，你要想真正训练你的创造性思维，一定要去找多解。

也许你会认为世界上很多事情是无解的，我也承认存在这样的情况，但是这并不意味着我们不需要学会如何寻求解决方案。我们在自然科学里培养数学精神，在社会科学里培养人文精神，当拥有这些基础知识的时候，可以确信你拥有了认识世事的能力。因此，不要单纯认为读书就是为了考试，要学会训练自己的创造性思维方式，只有获得了创造性的思维方式才会让你得到真正的成功和发展。之所以普通人和成功人之间会有很大区别，是因为普通人创造性的思考不够。

网络的存在，让很多人丧失了思考和创作的能力，这一点让我非常担心，因为得到信息实在是太容易了，得到信息并不意味着真正了解信息本身的含义和内在的关系。我担心学生们养成不好的习惯，那就是用信息堆砌来表达自己的想法，用别人的想法表达自己的想法，用信息去佐证判断而不是自己分析得出结论。之所以会形成这些习惯，就是信息量太多了，学生们可以随便在任何一个地方找到信息和相关的观点，然后把这些信息和观点连接起来，这些复制的信息竟被学生认为是自己的结论。我之所以非常担心这一现象，是因为这样的结果会使学生丧失学会创造性思考的能力。

如果说学生们几乎没有什么创造性，你会不认同甚至反对，也可能认为不像我认知的那样严重，事实是今天的很多东西都是直接地借用、借鉴甚至直接地拿来，属于自己创造的部分少之又少。拿来主义是创造性的一种，我不反对，而且我也认为在今天的经济发展中，因为我们还比较落后，还处在发展阶段，还需要拿来主义，认真学习和消化。

但是大学生毕竟是有智慧的一批年轻人，如果大学生只会拿来主义，那就非常可悲了。如果大学生不能创造性地思考，那怎么能够做创造性的贡献，因此大学生一定要学会创造性地思考，去探索。必须面对的问题，一定要用创造性的思考来锻炼自己，只有这样才真正帮助了自己。

我在华南理工大学给学生们开设了一次讲座，主题是"人生因读书而改变"，和同学们交流在我一生中对我影响至深的三本书：居里夫人女儿的《居里夫人》、林语堂的《人生的盛宴》、彼得·德鲁克的《卓有成效的管理者》。这三本书也分别伴随我人生的三个重要的阶段，中学时期、大学时期以及从事管理研究时期。我竭力主张读书的原因是：读书可以启发思考、启迪智慧、获得升华。而这一切都是在阅读中才可以获得，而不是在信息中获得。

你可能会发现在身边总是有一些人非常幸运，他们总是毫不费力地取得其他人需要艰苦跋涉才能够得到的一切；他们总是走在正道上；他们的行为举止总是恰当得体；他们学习什么都轻而易举；他们无论开始做什么，总能窥见其奥妙轻松完成；他们和自身保持着永恒的和谐，从不需要反思自己的作为，也不需要经受艰辛的考验。这些人所展示出来的幸运，都是源于这样一个关键的原因：他们掌握了创造性思考的能力。

这种思考的结果，的确是一种智慧，人如果发挥这种智慧，就可以引导帮助解决一切问题，认识这种思考的力量，明白这样的事实，有着极其重要的意义。

不断的变化、不同的重点、特别的理解、独到的见解、创新的表述等等，这一切都可以表明创造性思考的力量。到目前为止，所有世纪中最伟大的发现，就是思考的力量。

你或许会问，思考的创造力是由什么构成的？它是由创造性的理念构成的。反过来，这些理念通过发明、观察、应用、鉴别、发现、分析、控制、管理、综合等手段，运用物质和力量，使自身客观化。当你潜入思考的深海，思想的活力也就迸发了出来；当思考突破自我的藩篱，就进入永恒的和谐之中，在这个自我思考的过程中，诞生的将是智慧，它可以带领你了解事物的本质知识和原理。我们知道有许多人取得了看似不可能的成功，有许多人实现了自己一生渴求的梦想，许多人改变了一切，包括他自身。我们有时也会为这种无坚不摧的力量而惊叹，但是，其实这一切都来源于你创造性思考的能力，你所要做的，就是形成这种能力并合理地运用它。

我曾和女儿一起学习司马光砸缸的课文，女儿被其智慧折服。有一次，司马光跟小伙伴们在后院里玩耍，院子里有一口大水缸，有个小孩爬到缸沿上玩，一不小心，掉到缸里去了，缸大而且水深，眼看那个小孩快要没顶了。别的孩子们一见出了事，吓得边哭边喊，跑到外面向大人求救，司马光却急中生智，从地上捡起一块大石头，使劲向水缸砸去，"砰！"水缸破了，缸里的水流了出来，被淹在水里的小孩也得救了。其实在日常生活中，创造性思维是随处可见的。

300多年前，一位奥地利医生给一个胸腔有疾的人看病，由于当时还没有发明出听诊器和X射线透视技术，医生无法发现病源，病人不治而亡，后来经尸体解剖，才知道死者的胸腔已经发炎化脓，而且胸腔内积了不少水。结果这位医生非常自责，决心要研究判断胸腔积水的方法，但久思不得其解。

恰巧，这位医生的父亲是个精明的卖酒商，父亲不仅能识别酒的好坏，而且不用开桶，只要用手指敲敲酒桶，就能估量出桶里面酒的数量。医生在他父亲敲酒桶举动的启发下想到，人的胸腔不是和酒桶有相似之处吗？既然父亲通过敲酒桶发出的声响可以判断桶里有多少酒，那么，如果人的胸腔内积了水，敲起来的声音也一定和正常人不一样。

此后，这个医生再给病人检查胸部时，就用手敲敲听听，他通过对许多病人和正常人胸部的敲击比较，终于能从几个部位的敲击声中，诊断出胸腔是否有病，这种诊断方法就是现在医学上所称的"叩诊法"。

到了1861年的某一天，法国男医生雷克给一位心脏有病的贵妇人看病时为难了。正在为难之际，他忽然想起了自己在参与孩子游戏活动中的一件事情：孩子们在一棵圆木的一头用针乱划，另一头用耳朵贴近圆木能听到搔刮声，而且还很清晰。在此事的启发下，他请人拿来一张纸，把纸紧紧卷成一个圆筒，一端放在妇人的心脏部位，另一端贴在自己的耳朵上，果然听到病人的心率声，甚至比直接用耳朵贴着病人胸部听的效果更好。后来他就根据这一原理，把卷纸改成小圆木，再改成现在的橡皮管，另一头改进为贴在病患者胸部能产生共鸣的小盒，就成为现在的听诊器。

  这样看来，创造性思考能力的培养并不是很困难的事情，只要观察就会有所收获。正如上面的例子一样，在营销领域也流传着这样一个案例：一家牙膏公司曾经在市场广泛征集一个新的营销方案，要求是这个方案可以让公司的销量提升50%。据说当时有3万多个方案被征集上来，其中很多是营销专家的方案，但是最终选用的方案只有一句话："把牙膏管口放大一倍。"更令人感兴趣的是，提出这个方案的人既不是营销专家，也不是营销人员，反而是这家牙膏公司的一位普通职员。

  这个方案最富创意的地方就是管口放大一倍，大家想一想，一早起床挤牙膏，迷迷糊糊地一挤，本来只有一小段，现在放大一倍，本来一个月用一支牙膏，现在需要用两支，销售额就是提升50%。这就是创造性思考。所以创造性思考并不是一个非常困难的东西，任何人都具有这种能力，问题是要不要日常来培养。有人问这个职员："你为什么会想到这个方案？"她说："没有什么特别，我就是每天早上起来挤牙膏的时候发现，在挤牙膏时其实并不关心到底挤多少，挤得方便就越挤越多，就这样。"创造性思考，就是日常要做一个有心人。不能下决心培养自己爱观察、勤思考习惯的人，失去的正是人生最大的力量——创造力的来源。

（原载：春暖花开公众号，2017年10月6日）

让教育开启"爱"的大门

很多时候,我的心中总会浮出泰戈尔和他创办的大学。1901年泰戈尔40岁,在宁静的帕德玛河畔一边写作,一边管理希拉伊达哈田庄。十余年后,他怀着"要从用砖头、木材建造的房屋监狱解救城里的孩子"的决心移居桑地尼克坦,向父亲讨要到一块地,开办了教育中心。

学校最初只有包括其长子在内的5名学生和5名老师。"我才疏学浅,但做了力所能及的事。我绘声绘色地为他们讲《罗摩衍那》和《摩诃婆罗多》里的故事,引得他们时而伤心落泪,时而又笑得前仰后合。""孩子们在这儿欢快地奔跑、爬树,清脆的笑声在天空回荡……见此情景,我觉得他们得到了极其珍贵的东西。"这种东西就是,儿童内在大门的开启。泰戈尔认为,教育务必要尊重儿童自发的活动。"教育的主要目的不在于解释意义,而在于去敲那心的门。如果我们叫一个儿童说出在这样的敲门时,他心里的感觉是什么,他会说出些非常聪明的话来,因为内部所发生的感觉比他所能用言语表白的更为伟大。""只要大门开启,内宅的重门就能相继打开。"

我为泰戈尔的实验所感动,更认同他对教育目的的诠释,在我看来,这扇大门就是"爱"。

教育的目的就是让学生懂得什么是爱,并且在内心真正感受并呈现出爱及快乐,懂得爱的学生,也会知道慈悲与怜悯,知道外事外物独立的意义,知道宇宙与自然的优美。因为懂得爱,学生们在年轻的心灵中,会培养其普遍而深刻之同情心,以去除一切人与人之间,包括民族间的嫉妒和误解。

有人问我,读过大学的人与没有读大学的人之间有什么差异?我回答说,在大学校园度过四年的人,会有一种特性,会宽容很多,会更加容易接受和理解不同的意见,会懂得珍惜并做出选择,能够与自然融合,亲证人性,发展心灵。沉浸在校园里,知识教会学生用理性去理解自然之美,大学精神会让学生拥有宽广的胸怀以及美好的秉性，而这些是源于懂得爱，并能够真正拥有内心的快乐。

爱因斯坦的女儿Lieserl出于父亲的命令而不是为了出版，将爱因斯坦写的1400封信捐给了希伯来大学。一直到爱因斯坦死后20年才公开其中的内容。这一封就是他写给女儿Lieserl的信，爱因斯坦在信中写到：

有一种无穷无尽的能量源，迄今为止科学家都没有为它找到一个合理的解释。这是一种生命力，包含并统领所有其他的一切。而且在任何宇宙的运行现象之后，甚至还没有被我们定义。这种生命力叫"爱"。

当科学家们苦苦寻找一个未定义的宇宙统一理论的时候，他们已经忘了大部分充满力量的无形之力。爱是光，爱能够启示那些给予并得到它的人。爱是地心引力，因为爱能让人们互相吸引。爱是能量，因为爱产生我们最好的东西，而且爱允许人类不用去消除看不见的自私。爱能掩盖，爱能揭露。因为爱，我们才活着；因为爱，我们死去。爱是上帝，上帝就是爱。

如果我们想要自己的物种得以存活，如果我们发现了生命的意义，如果我们想拯救这个世界和每一个居住在世界上的生灵，爱是唯一的答案。

我最喜爱的两位伟人，泰戈尔与爱因斯坦都在清晰地指引一个共同的方向：要了解爱并懂得爱。泰戈尔更是把这种教育理念直接付诸行动，亲自创办教育中心，甚至不惜贡献自己的诺贝尔奖奖金，到处行乞，只为把学生培养成他期待的样子。

的确，懂得爱是多么重要的事情，如果不懂得爱，哪怕是拥有足够的知识，也会让人陷入无知之地。记得钱穆先生一句名言："任何一国之国民，尤其是自称知识在水平线以上之国民，对其本国以往历史尤必附随一种温情与敬意。至少不会对其本国历史抱一种偏激的虚无主义，视本国以往历史无有一点价值，亦至少不会感到现在我们是站在以往历史最高之顶点。而将我们当身种种罪恶与弱点，一切诿卸于古人。"看看我们现实生活中的种种现象，钱穆先生所提醒的情形，全说中了，知识水平不低的人，不抱怀温情与敬意，不懂爱以及如何去爱，会让历史与现在，甚至未来都失去价值。

回顾人类的悲剧史，固然有利益和权力的纷争与操纵，但是更直接的原因是爱的缺失。我总是无法理解希特勒时代，那些参与直接杀害人类的人，也是知识水平极高的人，如果简单地从服从命令以及狂热追随去理解，未能完全说服我，但是如果从爱泯灭的角度，我认为是根本的原因。

所以，拥有知识的人更加要懂得爱，懂得对生命的爱，对生命的敬畏，这

是人类趋于和谐美好的根本之道。泰戈尔说：教育的目的应当是向人类传送生命的气息。人与自然、人与宇宙、人与人的关系中，我们要学会尊重差异，敬畏自然，让我们在理解知识规律的过程中，看到生命的有限性，从而更能欣赏生命，珍惜和提升生命的意义。这是一个学生需要完成的教育履历，需要获得内在沉淀的品性，以及获得毕业证书的真切内涵。

可惜的是，人们会看到一些令人心痛的大学生行为，冷漠看待世事的态度，毫无热情的生活，自私自利的选择，对爱的狭隘占有，以及伤害他人的生命。这些行为与大学生组合在一起的时候，真的让人非常痛心，因为这是绝对不应该出现的情形。知识本身就是在传递宇宙规律与生命规律的，如果没有认识到这一点，如果没有去感应到爱并懂得爱，又怎样可以运用这些知识去光大生命呢？

人的一生需要多种要素组合才可以达成理想并取得成功，很多时候人们并不了解自己，也不了解事物本身的规律。获得支持与欣赏，相互扶持和帮助，才有机会超越自己。

第一次听到《感恩的心》这首歌和看到手语表演时，眼泪忍不住流出来。人生活在世界上会有很多的选择和机遇，也会有很多不同的文化和价值判断，但是这个世界还是会有一些普世价值。超越这些界定，最珍贵的就是感恩的心。感恩，是一种美德，是获得持续成长的动力来源，是获得信任的基础，更是一种境界，当你拥有了感恩的心，你会懂得爱，从而获得生命的真谛。

过去我是一个非常害怕海的人，一直以来我都不能够面对一望无尽的海，感觉那是浩瀚和不可测的，感觉那是无尽的变化。每一次面对大海，我都有很深的孤独感，也曾经很清晰地知道，自己更喜欢草原，因为可以坚实地踏在地上，与土地接近和依靠，大海没有给我这份安全和依靠。所以在很小的时候，与大堂哥去到公海坐他设计的船，初航时总是很惧怕地留在船舱，堂哥希望我到甲板上，能够亲近大海，但是我没有做到。2007年的冬天，三亚的海给了我特殊的感受，人行水中，忽然就有了浮起的感觉，那种漂浮和温柔，好像生命第一次展开，这样生长的感觉，有自己的尊严和变化，竟然会觉得自己就是张横渠所说的可以"为天地立心"的那个人！

一直喜欢一个故事。圆泽（又称圆观）是唐朝一位高僧，有天与好友李源行经某地，见有个大腹便便的妇人在河边汲水，圆泽于是与李源道："这个妇人怀孕三年未娩，是等我去投胎，我却一直躲着，如今面对面见了，再也不能躲了，三天后，妇人已生产，请到她家看看，婴儿如果对你微笑，那就是我了，就拿这一笑作为凭记吧！十二年后的中秋夜，我在杭州天竺寺等你，那时我们再相会吧！"当晚，圆泽就圆寂了，妇人亦在同时产下一个男婴。第三天，李源来到妇人家中，婴儿果真对他一笑。十二年后的中秋夜，李源如期到天竺寺寻访，才至寺门，就见一牧童在牛背上唱歌：

三生石上旧精魂

赏月吟风不要论

惭愧情人远相访

此身虽异性常存

这就是"三生有幸"的由来！人与情景的衔接和感触，让我陡生万千情感来，"惭愧情人远相访"，隔世也要寻访的真情给我无尽的感动。是啊，不论世事如何，人们似乎需要寻找的正是内心的这份力量和感动，只有这样，人才可以真正地活着。

人许多原有的高贵品质，似乎在一路追追赶赶里遗失了。但是追赶什么，却又说不上来，或者只是沿着过去的路重复地走来走去。但是我们需要了解到的是，不管如何追赶，如何走来走去，去体认爱，进而体认生命的尊贵，是人最高贵的品质。张晓风在《敬畏生命》中面对伟岸造物者感叹道：一种折服，一种无以名之的敬畏，一种由衷的感恩之心，一种对生命的最美好的感情。这才是人类内在的品性，大学生们在完成大学教育时，内在品性也要完善。

哈佛大学著名的"格兰特研究（The Grant Study）"研究的是"什么样的人，最可能成为人生赢家"，这项研究已经持续了76年，花费超过2000万美元，得到如下数据：与母亲关系亲密者，一年平均多挣8.7万美元。与兄弟姐妹相亲相爱者，一年平均多挣5.1万美元。在"亲密关系"这项得分最高的58人，平均年薪是24.3万美元。得分最低的31人，则平均年薪没有超过10.2万美元。

哈佛76年的研究结论是：人生成功的关键是"爱"。

主持这项研究整整32年的心理学者乔治·瓦利恩特（George Vaillant）说：爱、温暖和亲密关系，会直接影响到一个人的"应对机制"。

参加研究的一个化名为卡米尔的哈佛毕业生直到35岁才第一次知道被别人全心关爱是什么感受，当时他因肺结核住院，医护人员给了他一直渴望的爱与温暖。从此之后，卡米尔从一个自杀未遂的神经症患者变成了一个负责的医生、丈夫和父亲，他的家人、病人、下属和朋友都很爱他，最终他在82岁攀登阿尔卑斯山的过程中心脏病突发去世，许多人出席了他的葬礼并向他致意告别。

脑海中依然浮现泰戈尔的样子，浮出"桑地尼克坦"的和平之院安静的画面，泰戈尔在这里启蒙了印度现代教育，也一样是我们理解教育的发蒙之地。阿尔贝特·史怀哲说："正是通过对其他生命的同情与关切，人把自己对世界的自然关系提升为一种有教养的精神关系，从而才赋予自己的存在以意义。"

爱给了每一个人真正的力量和美好的品性，也让每一个人获得了生命最高的礼赞，教育会开启这扇"爱"的大门。

（原载：春暖花开公众号，2017年10月13日）

年轻的唯一资本就是时间

一、一个人真正的价值是体现在时间上的

人的客观的时间不会有根本性的区别，可是每一个时间的价值却相距甚远，所以评定一个人的价值并不是他生命的时间，而是在有限的生命时间里面，所创造的价值的大小。从这个意义上讲，时间才是衡量人生价值的根本因素。"记住，时间就是金钱。假如说，一个每天能挣10个先令的人，玩了半天，或者躺在床上消磨了半天，他以为他在娱乐上仅仅花了6个便士而已。不对！他还失掉了他本可以赚到的5个先令。"这是美国著名的思想家本杰明·富兰克林的一段名言。它通俗地阐明了一个道理：如果想获得成功，必须重视时间的价值。

是的，利用好时间真的是非常重要的，一天的时间，如果不好好利用，就会白白浪费掉，就会消失得无影无踪，我们就会一事无成。经验表明，成功者和失败者的界限在于怎样分配时间，怎样安排时间。你也许在日常生活中不太在意这么几个小时、几分钟，可是这几分钟的作用是非常巨大的，也许这样的差别你在当时无法察觉，但是到了一定的积累之后，人与人的距离就会拉开，但是到这个时候，你已经没有机会了。

二、年轻的唯一资本就是时间

我们先来看看一个人一生当中的时间是如何度过的，这是一个美国人一生的时间分布情况（表1）：

表1 美国人的一生时间分布情况

睡觉	21年	工作	14年	个人卫生	7年
吃饭	6年	旅行	6年	排队	5年
学习	4年	开会	3年	打电话	2年
找东西	1年	其他	3年		

这个时间表，可能与我们的实际生活会有些出入，但是我们也可以从这个表上感受到一些东西，人的一生中可以创造价值的时间是非常有限的，所以必须学会管理时间。可惜很多人并不知道这一点，浪费了很多时间。无论是多么伟大的人，都会惊叹年轻的魅力，都会认为世界最终是属于年轻人的，年轻人是否理解为什么这些伟人会这样看？因为年轻人最大的财富就是拥有时间，如果大家不懂得这一点，那么成功离大家的距离就非常远。

我曾应邀为广东省大学生干部培训，参加课程的都是省里各个大学的学生领袖和精英。我从外地赶回来为同学们讲课，因为天气的原因，等我抵达培训基地的时候已经是凌晨4点钟，课程是上午8:30开始，为了不迟到，我要求自己8:15走进教室。我按照自己的约定来到教室，但是等到8:45，学生们才陆陆续续来，负责组织工作的学生不断地向我道歉说："陈老师你别急，大家会慢慢来，这样你可以多休息一会儿。"到了9:00课程才开始，我对大家说："也许你们觉得这半个小时是不重要的，但是年轻唯一的资本就是时间，而你们却把你唯一的资本扔掉，这样下去你们还有什么希望呢？"

我并不是想批评这些学员，这样的情况我常常遇到，甚至有一次到北京参加一个跨国企业的培训课程，这家全球领先公司的许多经理人也迟到半个小时，这让我非常惊讶，每到这个时候我就很认真地告诉大家："年轻的唯一资本就是时间！年轻人没有经验，没有资源，更没有成熟的能力，人们之所以愿意把事情交给年轻人去做，是因为认为年轻人有足够的时间来完成这件事情，这样既可以做成事情，又可以让年轻人积累经验和提升能力，为未来奠定基础。"

三、成功人士和普通人的时间管理

柯维的两本书对我有着特别的意义，一本是《与成功有约》，一本是《与时间有约》。这两本书给了我非常大的启发和帮助。在《与时间有约》这本书里，柯维强调了时间四象限的观点，我非常认同。这本书认为一个人所面对的事情，按照重要性和紧迫程度划分为四个象限：第一象限是很重要很紧迫的事情；第二象限是很重要不紧迫的事情；第三象限是不重要很紧迫的事情；第四象限是不重要不紧迫的事情。如图1所示。

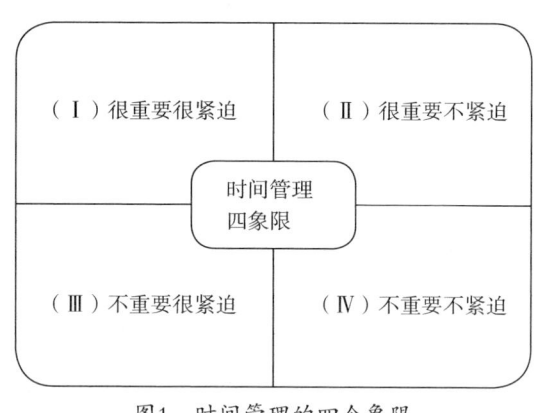

图1　时间管理的四个象限

普通人会把第一象限和第三象限紧迫的事情做了，不管它是否重要，但是成功人士却安排出时间把重要但不紧迫的事先做了。所以当有一天这件事变成很重要很紧迫的时候，做好准备的人就可以脱颖而出，这就是时间管理的办法。

所以如果想在人群中突出，最有效的方法是，一定要花时间做重要而不紧迫的事情。举个例子，有规律地锻炼身体是很重要的，但是不紧迫。有的人心血来潮，去绕湖跑步，第二天下雨了，第三天说好像风大了一点，第四天说今天想多睡一会儿觉，可是没有规律的锻炼其实是没有用的，虽然接下来你好像也没有什么不妥，只是因为现在你身体上的反应足以让你承受工作，所以这样懒散的锻炼好像也没有什么不好，但是要知道健康对你的未来是很重要的，所以有规律地锻炼身体对未来是非常重要的。可是我发现认真锻炼的人几乎都是老年人，很少有年轻人锻炼，更加不要求进行有规律的锻炼。为什么会这样呢？只是因为身体目前对于年轻人来说还是不紧迫的事情，所以忽略了。唯有到你躺在病床的那一天，它才变得紧迫了，但是那已来不及了。

还有很多类似于身体锻炼这样重要但不紧迫的事情，比如不断地学习，养成良好的生活习惯，留出时间与家人交流等等，这类事情都是需要大家务必安排时间做到的事情，可能在这些事情还不紧迫的时候，你根本忽略了它们，甚至用透支的方式在伤害这些重要的事情，等到了紧迫的时候，结果可想而知。

时间最大的特点就是它的"一维性"，也就是说时间是不能够逆转的，不能够补偿的，不能够储存的，也不能够再生的。因此，当你年轻的时候，时间就是你最大的财富，所有比你年长的人在时间上都处于劣势，所谓的"时光倒流"只是一种幻想。对于一个个体来说，时间无法倒流，只有好好地珍惜眼前，发挥拥有的时间的价值，你就会感受到时间所带给你的美好。可是如果年轻人自己并不珍惜时间，就等于放弃了自己唯一的资本，也就等于没有机会获得成功了，所以理解时间以及时间的价值是至关重要的。

四、一位盎格鲁主教的遗言

当我年幼时，充满无限的幻想，我梦想着要改变世界。
当我长大一点，我发现世界不会改变，我决定放短我的目光，去改变我的国家。
但是，国家好像也不可以改变。
到了暮年，我决定做最后的尝试，我只要改变我的家人，那些与我最亲近的人。
然而，他们也不曾改变。
现在，我的生命快要结束，
我突然醒悟到如果首先我改变了自己，
然后通过以身作则，我可能改变我的家庭。
而受到他们的鼓励，我可以使得我们的国家变得更好一些，
说不定，我还改变了整个世界。
所以，年轻人，改变，请从认识时间的价值开始吧！

（原载：春暖花开公众号，2017年10月20日）

第四部分

行

我所理解的能力三内涵

2015年1月在海口,我和女儿第一次参加马拉松比赛。女儿完美完成全马,我也幸运地完成半马。这个结果超乎我的想象。看来有时突破一下自己,也是有可能的。感谢新加坡国立大学9位同学陪着我们,你们的鼓励和赛前、赛后的拉伸,让我觉得创造奇迹也是有可能的。

在广州飞海口的飞机上,邻座的客人发现女儿没有带能量胶和盐丸,就热心地送给她。我们在大会点将后的晚餐上相遇,他得知我们全部都没有能量胶的时候,当晚就送来9人份,让我觉得很温暖。更神奇的是,这位好人还夺得商学院海口马拉松男子第一名,人称小明哥。小明哥后来告诉我,2013年10月前他从没跑过步,之后被戈壁挑战赛的视频震撼,开始跑步,早期缺乏经验,结果一个星期就把膝盖跑坏了,用拐杖一个月,医生说以后再也不要跑步了。后来又找到一个运动康复医生,开始适当运动,找回信心,其间很多部位都受过伤,结果还是出现了奇迹,他完全可以跑步。这一次他还成为马拉松冠军。

女儿跑出的结果也让我惊讶,虽然她做准备的时间不足够,但是她积极去准备,坚持的韧性以及克服自己极限的努力,让奇迹发生。这个跑马拉松的故事,就是我自己对能力内涵理解的最好诠释。我也把自己对能力的理解告诉大家,因为理解清楚了,做起来就会容易一点。

我觉得能力可以从以下三个角度去理解。

一、能力是一种可能性

这个内涵意味着,能力本身是没有界限的,能力是一个人努力运用条件实现目标的可能性,它完全是一种超越与创新。2015年开启,我和女儿想做一件从未做过的事情,结果在新加坡国立大学同学的帮助下,我们决定一起去跑马拉松,这是我之前想都不敢想的事情，但是真的就实现了，女儿完美地跑完全马，我则完成了半马。很多时候，挑战超乎我们的预期，不过，正如我一直告诉大家的那样，你的能力超乎你的想象，这就是能力的第一个特点。

二、能力是知行合一

能力是想得到，并要做得到。如果一个人不会说只会做，那不叫有能力，因为如果不会说只会做，你就只能一个人做，如果你真有能力，就可以让很多人一起做，所以你必须得会说。在会说之前必须得会想，因为不会想就一定不会说，所以我对各位的要求，和对自己的要求实际上是很高的，会想、会说、会做。如果你真的有能力，就应该知行合一。

三、能力是韧性和速度

能力的内涵，既包括韧性，又包括速度。既要能够坚持，又要有效率。举一个例子，跑马拉松就是这样，42公里会在6小时后结束，也就是说6小时内你不跑进终点，就没有成绩了。所以你既要有韧性去跑6个小时，很多时候还要在行进的过程中调整速度，因为光有韧性还不行，还得有速度，否则无法在约定的时间里完成赛事。能力其实是速度与韧性的总和。

这就是我想跟各位分享的内容：如何更好地理解能力的内涵。能力是一种可能性，它没有边界，你的能力超乎你的想象；能力必须是知行合一，要想得到、说得到、做得到；能力是韧性与速度的总和，既要有韧性，又要有速度。

（原载：春暖花开公众号，2015年2月7日）

人生是旅行，
工作是修行

工作是修行

很多人都认为人生是修行，我不认同，因为"人生是修行"太苦，修行一定是很苦的。那怎么修炼自己呢？工作就是修行的场所，不要把人生变成修行的场所，我觉得人生应该是旅行。想象一下你去旅行的时候，一定是很快乐的，那才应该是人生。你遇到的每一个人都应该是风景，你遇到每一件事情都应该是美好，这才叫人生。我回到新希望六和来工作，一直觉得遇到你们，是我人生很美好的一件事情，你们肯定已经发现，一年半来我努力在调整公司，让大家感觉变得比较美好。但是你们也知道，我在工作上、转型上的要求非常苛刻，因为我知道那是修行。所以请大家区分开来：工作是修行，人生是旅行。这就是我个人的心得，我也是这样要求我自己的。

你们会看到，无论我去哪里，参加你们的会也好，到不同地方看片区也好，我一定是很认真，很高地来要求你们，要求我自己。可是我也会在闲暇之时写一些很美的东西和很好的感受。我与大家同样去青岛开会，但我们得到的东西可能会不太一样，因为我会花半个小时或者一个小时感受人生，然后花九个小时去工作。我只需要半个小时或者一个小时感受人生，就够了。所以昨天雷军说，以前的模式是99%+1%，24小时工作，他以前觉得是对的，但现在觉得不太对了。我先不作评价，只是告诉大家，有些时候我们在一个需要付出的时间里才可成长，而且也得99%的汗水，因为我们是在转型，是在付出的时候，我们只有付出努力才可以把之前落下的功课补回来，这是没有办法的。但是我希望大家能自我调整，用一种修行的态度对待工作，如果工作是修行的话，你就会发现工作很好，因为修行会有所得，修行会得到让自己心安的东西。

我学禅修已经有一点时间，一直感谢禅修训练，使我可以面对这么大的挑战和压力，又可以接受这么多的变化。在转型推进的过程当中，我并没有太焦躁，相反我还按照我的时间去锻炼身体，继续在飞机上写我的书，准备给你们讲的PPT。你在努力工作时，不会觉得太累，你会享受它，因为你知道这是在修行。

修行会得到几个好处。

第一个好处是让你的心比较安静。人心安静是比较重要的，人心安静的时候，人会长得比较好看，因为人的面貌是由心定的，所谓相由心生。

第二个是你会发现你在为自己做事，而不是在为别人做事，修行都是内求，就是你在为自己做事。

第三个是快速进入状态，有效率。这个好处我一直重复强调。有人问六祖什么是禅，六祖回答说"吃饭时吃饭，睡觉时睡觉"。也就是说你在什么时间做什么事情，你会很快就去做，不会有太多纠结。所以人们总是会问我，你怎么可以处理那么多的事情，我说没关系啊，你就一小时干一件事情。一小时干一件事情，你会发现一天可以干八件事情。如果你一次性去做八件事情，你可能完成不了，但是你每一小时做一件事情，那么一天做八件事情你肯定做得到。只是你必须保证那一小时只做这一件事情，这就叫吃饭时吃饭，睡觉时睡觉。只有禅定的人才做得到，你的转换速度要非常的快。

其实禅修并不需要跑到深山老林，也不需要什么都不吃，不需要苦思冥想，工作就是修行的场所。如果按照这个逻辑来讲，你可以知道工作有多大好处了，更重要的是人会更健康。

工作为什么是修行的场所呢？因为工作要的一些东西跟修行一模一样。我可以从三个方面来诠释给大家听。

（1）工作就是要持续完善，在每一天的工作中，努力认真地去做事。释迦牟尼开示说"精进"是达到开悟的办法之一，联系到我们的日常工作，持续改善不就是"精进"嘛。比如说这次来做报告的同事，一个月后你又来做报告，要问自己这次报告比前一次报告进步在哪里，进步一点点也行，"持续改善"就是"精进"。工作之所以成为我们修行的场所，第一点就是因为工作要求持续改善，如果你能这样要求自己，你就已经在开始禅修了。

（2）工作可以帮助我们战胜欲望，磨炼心性、培养人格。在工作当中，最重要的就是管理目标。我为什么对预算这么紧张？就因为预算是目标的一种表达方式，那么管理目标就是管欲望，所以承诺目标实现，是一种修炼。工作当中我们必须合规，当一定要打破流程、打破我们讲的制度的时候，其实你就是没管理好你的欲望，所以合规、遵守流程，又能够去实现目标，这本身就是修行。而能够在工作中接受挑战，接受变化，调整自己，战胜欲望，超越自己，就达成了修行的目的。

（3）工作品质就是人格完善的表现。在修行当中，非常在意人格的完善，修行就是实现自我人格完善的过程。在人格完善当中，最简单的一件事情是什么？就是有品质地去做工作。你做的工作每次都有品质输出，都有价值的贡献，你的人格就很高尚。人格是什么？在我看来，人格就是你品质的厚度。在工作中，如果你把每做的一件工作、都有价值、有品质地贡献出来，你的人格一定是很高尚的。

所以，我才说工作就是修行。如果你这么去想，你会觉得工作真的很好，你发现你每做一件事情都是一个修炼的过程，会对完善自己非常有好处。所以人们总是问我，为什么你可以在研究和实践中跳来跳去，做了这个又做回那个，我说就是因为我在尝试不同的修炼的场所。你这样理解工作就会很好，你也不会觉得太累，遇到难题你就知道，这是修行对你的要求，对你的挑战，你超越它，你就会成功。

（原载：春暖花开公众号，2015年2月12日）

人生的七个规划

多年前给学生们写过一本书《从现在出发》，内容是如何规划大学生活，其实这也是对人生规划的设计。人需要在年轻的时候，好好规划自己，认真去做出努力。因为我一直坚持，一个人在年轻的时候努力的程度如何，就决定未来你的高度如何；一个人在年轻的时候有多自律，就决定未来你有多自由。在大学开学的时候，再把这本书的核心内容转述给大家，特别转给年轻的朋友，祝愿大家过好每一天。我讲的理念有很多是你已经知道的，但我真的希望你去做，当你去做了的时候你肯定会成功。

一、设计你的梦想

有一次女儿告诉我，她很喜欢到广州的地铁上，看那些拿着电脑包，穿着白衬衣的人，因为那样她可以感受到在大公司上班的精英的状态。作为中学生的她喜欢看职业精英，我相信那可能是她长大的梦想。我听着她说，自己内心升起感动。我每天都在课堂上与职业精英们探讨管理的课题，经常在公司里与职业精英们一起解决管理的问题，可是我从来没有像女儿这样去看这些拿着电脑包、穿着白色衬衫的人，我为自己的麻木而感到惭愧。

到了成人的阶段，很多人觉得梦想已经与自己没有什么关联了，很多人关心的是现实生活的所有。我在与一些学生聊天的时候，大家说得最多的是财富、工作和生活，还有人不断地谈论现实的残酷、长大的烦恼、生活的无奈、自己的孤独。这些都是必要的话题，可是我真的很想听到离开现实生活稍微远一点的一些话题，希望看到充满激情的脸和神采奕奕的状态。人们之所以陷在现实的困惑中，是因为我们失去了想象的能力，失去了梦想的牵引，也就失去了梦想带给我们的所有的美好和期许。如果没有期许、没有理想、没有愿望，相信生活也就没有了色彩、没有了方向和追求。

理想愈高远，人的进步愈大，这是一个不断被证明的话题。人之所以成为伟人，首先是因为他有着崇高的理想，有着伟大的目标。我特别喜欢两位运动员，一位是姚明，一位是刘翔。我喜欢他们的地方不仅仅是因为他们所取得的成就，还有他们用理想激励自己的过程，为了实现这个理想，他们训练自己拥有更多的知识和技能，还要超越个人的得失，做出某些重大的牺牲。正如姚明和刘翔一样，在理想指引下，你逐渐变得有超乎常人的能力，胸怀宽广，大公无私，以你独有的方式为公众、为国家、为民族，甚至为人类服务，而当你的这种服务取得成效后，自然能够得到社会和公众的认可与尊重，而公众和社会对你的认可和尊重，使得你成为伟大的人。

二、设计你的努力

"智慧"是我很喜欢谈的一个词，我在很多地方都讲它，因为它给了我极大的帮助。受《说文解字》的启示，开始理解"智慧"的含义了，"智"这个字，把它拆开是"日""知"，可以据此理解为每天知道多一点，就叫"智"；再看"慧"字，把它拆开，它是三个字的组合，上面两个"丰"，中间一个"雪"，下面一个"心"，也就是说：当心像雪一样洁白平静的时候，就会有双倍的丰收，能双倍接纳别人的人，就是充满"慧"的人。所以智慧就是每天知道多一点，让你的心平静下来，不断地吸收，双倍地吸收，你就可以成为充满智慧的人了，的确如此。

但是我们想一下，我们有多少人会很认真地对待"我每天知道多一点"这件事呢？通常，人都希望是今天休息一下，明天再做。大家记住，有知识不等于有智慧，知识与智慧的唯一区别：知识有一个节点，智慧没有。智慧是每一天逐步增加的。这本书我现在看完了，但是智慧没有结束，它是一个不断累积的过程。我真的非常希望我的学生走出去都是有智慧的一群人，而不仅仅是有知识的一群人。有智慧跟有知识的区别，就是你是不是能够每天多一点进步，你是不是能够平静地接受所有的东西。一个人的成长与另外一个人的成长为什么会拉开距离？就像二十年前和二十年后的我，跟我二十年前的同学相比，有的走在前边，有的走在后边。那为什么会拉开这个距离呢？其中很重要的一个原因是：你愿不愿意探索更多的东西。

　　成功与失败没有太大差别。唯一的差别就是成功比失败多了那么一点努力。我只是知道我每一天，一定要写3000字，然后每天坚持着写，就会获得持续的研究成果。成功没有其他原因，就是比其他人都付出多一点。晚上，常常是我最喜欢的一个时候。当我写累了，往窗外一望，发现其他所有的灯都灭了，我就知道我离成功又接近了。对，成功就这么简单，成功真的不是太难的东西，真的只是需要稍微多一点探索。你都这样做了，那你就一定会成功的。我想说的第二个意思就是你要成功，就一定要比别人多付出一点。

　　要创造性地思考。如果你真的想探索多一点的东西，你一定要创造性地思考。也就是说，你看山不一定是山，看水不一定是水，这个时候你才是创造性地思考。现代人的基本素质只有三个词，叫作团队、速度、韧性，也就是说如果你不会跟人家合作，你一定不是一个现代人。如果你的速度没别人快，也无法当一个现代人。还有更重要的一点就是你要有韧性，因为今天的诱惑太多，坚韧的韧，韧性！这是现代人的三个基本要素。所以我想说你一定要控制你的注意力。

三、设计你的心态

　　第三个设计，我把它叫作心态的设计。我觉得这是非常非常重要的，怎么样才能保证大学四年能为我们的未来助力？我想应该是在大学四年里面把心态调整过来。

　　第一个心态是回归为零。我觉得中国人别的地方都没有输，就输在心态上。不是拿来人家的东西能生产就是好，不是把价格做得越来越低就是好，而是一定要有一个很正确的心态来面对所有的挑战。这个心态是在大学里边培养出来的，到你出来工作的时候，你就没有时间培养你的心态。为什么？因为你那时候压力太多，比如说你要成就事业，你要成家立业，你要有所作为，你要出人头地……你的欲望太多了。在大学里毕竟还是非常单纯，所以这个时候是你练心态最好的一个时期。我们很多人没有注意到这一点。

　　一个正确的心态应该怎么样来树立？第一个就是要学会归零。我刚刚说智慧的慧就是心要像雪一样平静就是这个道理，就是你要学会归零。无论你取得什么样的成就，无论你获得什么样的知识，得到了之后就要变成过去，然后你一定要永远面对现实、面向未来，你要把心态归零。在研究企业文化的时候，我总结中国的企业文化,感觉难的并不是接受新的观点,而是忘记旧的观点。所以我希望你们把中学忘记掉,这个忘记不是对老师、对同学、对情感、对乡村、对你所有的过去,而是你所取得的所有成就,请你忘记掉,把那些都回归为零。一个能够归零的人,他的心态一定是成功的心态。那我想问大家,你是不是这样?你是不是把你的心态回归为零?你是不是对很多东西都耿耿于怀?当你错了的时候你就要承认错误,而且要真心实意地承认,承认完了那就把它扔掉。当你对的时候,你也要真心诚意地来想我是对的,但是欣赏完了就拉倒。一定要有回归为零的这个心态,这是第一点。

第二个心态是学会欢乐地学习。我不知道该怎么形容,我觉得学习是一件非常快乐的事情。你每取得一点点的进步、每掌握一个公式、每知道一个定理,你都很高兴,你会发现学习非常的快乐。说实话我要你们为未来的人生是否快乐负责。为什么我说得这么严重?因为未来需要终生学习。我唯一对自己满意的就是自己真的很爱学习,我所有取得的东西都是基于学习。如果你真想未来快乐,我就拜托你今天就把学习变得快乐,因为未来的主要工作就是学习。如果你不懂得快乐学习的话,你们不就变得很痛苦吗?这是第二个心态。

第三个心态叫作积极的心态。快乐与积极其实是一样的,就是快乐的事情我们都认真做。可能你会发牢骚,但一定要仅限于偶尔而已。你要做的所有事都要快乐地去面对,你要去解决所有的困惑。你的积极的心态、欢乐的心态、归零的心态,它的重要性在于让你一生受益,这个你一定要在今天把它培养出来,然后你才有机会用这个心态去面对未来的生活。这是我讲的第三个设计。

四、设计时间的价值

第四个设计就是时间的价值。你一定要把时间管好。我对大家读大学期间的生活,最感可惜的就是浪费时间。我总是在给学生开讲座的时候讲,我喜欢的学生只有两个时间,一个就是考试前三天,那时的学生真是好得一塌糊涂;还有就是下大雨还在踢球的那些学生,你看他那一身泥一身水的样子充满了健康。你好好算一下,你真正有效地去学习的时间是很少的,但是你的时间是有价值的。所以请大家一定要记住,在大学你一定要学会管理时间,这个管理的习惯一旦养成,你的未来就很好把握。

我从三个角度来教大家怎样把时间设计好。

第一个就叫二八定律。在你整个大学生活里，你有20%的事情是最重要的，你要给它80%的时间，那这个应该就是学习。然后你还有80%的事情并不重要，但却是你一定要做的事情，比如说你要吃饭、睡觉、洗澡、交友、花费时间做自己喜欢的事情等等，我希望你用20%的时间去把它做掉。为什么要这么说？因为我知道，比如说洗澡，大学生最重要的一个练歌场就是冲凉房，而且大家还会比着来，一听隔壁的声音很大，他就更大。可是你不知道，你在喊的过程当中，不断自我陶醉的过程中，那个花洒又很像话筒，你就忘了，本来你洗澡可能十分钟或二十分钟就解决了，但是你拖了半个小时。而你还有很多事情要做，包括做学生干部、参加学校活动、锻炼身体等，这些也只能占20%的时间，这样做才是对的。犹太人为什么这么强大，就是因为犹太人从小到大一直都有个教育，就是"二八定律"，无论任何事都是用"二八定律"来界定。

我觉得对我来讲，最重要的事情就是看书，我必须保证我看的书的数量要足够。所以不管我多忙，我肯定每天看书两小时的。这个习惯一直持续了十几二十年。所以你一定要知道你最重要的东西是什么。

第二个是学会时间管理的技巧。先要学会划分时间的四个象限，任何事情在时间单位上都可以分为四种：很重要–很急迫、很重要–不急迫、不重要–很急迫、不重要–不急迫。那么一般人就会先去处理很重要–很急迫，不重要–很急迫的事情。但是对你来讲，如果你想真正发挥价值，你必须要抽出时间来做那个很重要不紧迫的事情，大家一定要学会。

我这里教大家时间管理的技巧。

技巧1：一段时间只做一件事情，把全天的时间分段

我常常拿学生们的晚自习做例子。同学去晚自习，说刚吃完饭，坐下对身体没有好处，他就把书包放在桌子上，出去散步。出去散了一会，遇到了老乡，说好久没见，也要说两句，就说了一会，半个小时就过去了。他回到教室里往下一坐，就在想，我是做物理还是做化学呢？做微积分还是做什么呢？又想了一会，想完了，做了一会就发现到八点了，那八点应该课间休息了，就又放下作业，出去放风。又在外面走一圈，走完了又回来，回来了之后又处理别的事情，看看小说、写写家信，等这个都处理完了，课室的铃一响，他就高高兴兴背着书包回去了，他对自己讲，我今天做了晚自习了。但实际上呢，他用于晚自习的时间是非常少的。所以说在时间管理上，一定要记住一个时间里面只做一件事，把每一天

的时间分段。

技巧2：很重要—不紧迫的事情立马做

当老师二十多年，我发现学生有一个通病，作业拖到最后的时间才做，也就是把重要的事情拖到最后做。可是当你把重要的事情拖到最后做时，做出来的东西一定是不好的，一定不是最漂亮的。如果你养成这个习惯，你去工作也会是这样，每一次提交的方案或是解决的办法，都是不完善的。我在企业里遇到的情况就是这样，每个人上来讲的话，都是"对不起，我准备得不充分"。我说以后凡是说这句话的，你都不用讲了。我只想告诉大家，这个坏习惯，是你在大学养成的，作业拖到最后写。从今天开始，作业在当天或者第二天就开始写，这就是重要的事情先做的原则。这个习惯养成了，你将来就会终生感谢我，它的作用是会非常大的。

技巧3：合并同类项

也就是说，有些事情是可以合在一起做的，你就尽可能地合在一起。比如你去买东西，不要买一样去一趟，最好一次买完，在一个时间段里就做一个事。我习惯每天看邮件，但邮件都会集中在一个小时里面看，其他时间我不会再看，除非有很急的事情，并告诉我"陈老师你必须看邮件"，那时候我才会去看。这是再告诉大家，时间管理的技巧之一是合并同类项。学会合并同类项，你的时间才可以挤出来，否则你一定没有时间。

五、设计你的沟通模式

第五个设计，我认为叫作快乐地沟通。我有时庆幸自己可以跟很多人沟通，我想说的意思是，学会与人沟通对你的帮助会非常巨大。一个真正学会沟通的人，一定会得到知识和帮助。比如每当我需要去判断，中国企业的未来发展方向，今年主要要做什么时，其实并不是我自己的结论，而是我跟很多人沟通得出的结果。又比如说有一年，我坚持说，企业必须解决供应链的问题，当时我并不知道人民币会升值，只是认为供应链是最关键的，结果不幸被我言中。按照这个判断去做出安排的企业就很高兴，做对了。没听的企业就觉得很困扰。何以我的判断比较准确，其中很重要的一个原因就是我与很多人沟通，然后把他们的判断放在一起去对比和分析。所以我请大家一定要在大学里学会快乐地沟通。

沟通一定要"由心开始"。沟通由心开始最重要的就是想别人所想，而不是想你所想的。要去帮助别人达成目的，而不是达成自己的目的。当你可以帮助别人达成目的的时候，你的目的自然会达成。

沟通就是做听众。喜欢说话的人在人群里面大约占80%，喜欢听人说的人在人群里面大约只占15%。所以如果你真的想沟通，大家记住最有效的就是做听众，那你就可以面对80%的人。所以你一定要学会做听众，做听众就是我们讲的第一个模式。但是现在的同学就是不愿意当听众。我有一次跟学生讲话的时候，他们为了证明他们反应快，在我前一句话还没说完的时候，他后一句就说，陈老师你不用讲，我已经听懂了。但他不知道我后面要说什么，那这种人就不是好的听众，就不可能达成快乐的沟通。所以沟通的第一个模式就是一定要让别人说，我们做听众。

沟通就是不断地为别人提供方便。这是沟通的第二个模式，一定要学会怎么样不断地为别人提供方便，这个沟通才会有效。我以前讲到沟通模式的时候就喜欢讲一个故事，叫盲人打灯笼：盲人每天晚上都散步，他散步方式很奇怪，他会打灯笼，人家就说你盲人打什么灯笼，他就说这你就不知道了，我打灯笼，就是让人家看到我在这儿，不要撞到我。还有一个就是为别人把路照亮。这个就是我们讲的沟通。所以好的沟通是你一定要为别人提供方便，然后才能把沟通做好。还有一点，沟通不要定型，就是不能老用一个方法进行沟通。

六、设计你的生活

我想，如果我们要把大学生活设计好，一个非常关键的点就是你要设法激励自己。我觉得自我激励是非常重要的，因为我们有时候会泄气，有时候会想不通，有时候你会觉得好像要放弃，所以一定要学会不断地激励自己。那么激励自己的第一个概念就是要了解自己。我是觉得今天的大学生不太了解自己，比如以下两种学生：一种就是自我感觉良好的人，我称作不知天高地厚型，有一部分同学对自己是过高估计的；还有一部分正好是相反的，就是对自己完全没有信心的，自卑型。这两个方向都是因为大家没有认真地了解自己。那到底怎么才算是真正的了解？我的标准是，你可以借此做到了解自己。

第一，自己对自己的评价；第二，别人对你的评价；第三，你认为别人对你的评价。如果这三样东西是一致的,你可以说了解自己;如果这三样东西是不一致的,你就不了解你自己了。

我举个例子,我问过一个同学,你觉得你的班长当得如何啊?他说我这个班长当得不错,我们班的活动都很顺利啊,所有的同学都积极参加,我觉得很不错,我们班也很好,哎,我觉得很不错。我就问他们班的同学,我说你们班班长怎么样啊?同学们都晃晃头说,马马虎虎吧,如果能换,陈老师你最好把他换掉。那么这说明什么?肯定是出了偏差。所以你评价你自己是一个方面,别人评价你是一个方面,还有你认为别人评价你又是一个方面,这三样东西合在一起是一致的,你就了解自己了。所以大家还是要关心同学对你的评价。当你了解了自己之后,就要激励自己,就要提升希望。

弥补三大欠缺。对于今天的学生,我个人认为,有三样东西是缺少的。第一个是缺少责任感;第二个欠缺真正的自信;第三个欠缺对自己定位的理解,就是你作为学生的定位到底是什么。对定位的理解没有非常清楚的情况下,我们就没有办法激励自己。所以我希望你们一定要增强信心。说这些,就是要你客观对待,自我反省。首先我还是提醒大家,做过的事情如果错了,知道错在哪里,不要再犯错误就可以了,不要整天在那里反省。我最恨的就是你们老犯同样的错误,然后还经常做自我批评,那么这种反省是没有意义的。一个人对自己最重要的激励就是发挥它的长处,而不是不断地反省。我曾经有个观点:人生只有这么长,你拿这么长的时间去发扬优点,和你拿这么长的时间去改正缺点,肯定是发扬优点的功能会大一些,所以你反省的时间不要太多。如果你说,陈老师,我就不断地改正错误就好了,就没问题了。不是的,不能犯同样的错误。这是第六个设计。

七、设计你的行动

好,最后一个,我们回到决定成功的最后一个要素上,也是最关键的要素——行动。我希望你们能够行动起来。我想告诉大家的是,你想到没有做到、你辩论对错没有意义,关键是你要有行动,你的实际行为非常关键。

当日事当日毕。我想问你是不是做得到?我们很多人都会推到明天、推到后天。我曾经问我的本科生一个问题:"明天是什么?今天是什么?昨天是什么?"同学回答 "明天是未来,今天是现实,昨天是过去。"我说:"你这个回答等于废话,明天肯定是未来,今天当然是现实,昨天肯定是过去,这是用时间在解释时间。"我为什么要说这句话?因为正确的理解是:明天是懒汉,昨天是懦夫,今天才是强者。也就是说你只有立足于今天,你才有可能会是强者。如果你的事都放在明天去做,我只能说你是个懒汉,明天不可预测的东西太多,当你把每一个今天都做到时,你一定会有一个美好的明天,因为明天是由每一个今天构成的。当你说过去的时候,我为什么说你是懦夫?因为你沉迷在过去,不敢面对现实。所以对于这个概念,我们要求当日事当日毕,你会因此成为强者。

做好成功的计划。大家一定要做成功的计划,把每一天、每一个学期、每一个课程、每一项活动都按着成功的标准去做,不要得过且过,不要不求品质。我还是非常在意品质这个概念的,我跟很多人讲过什么叫作品质,什么叫品味。你们不是很欣赏有品味的人吗?品味就是有品质才会有味道。有一次我与一帮人出国,他们跑去买最便宜的东西,我跟他讲,我拜托你,如果买不起我们就不买,要买就买一件有品味的,而不是买一个外国货就可以了。你一定要对你想做的每一件事都强调质量。一个人真正的成功就在于他所做的事情都是有质感的、有品质的,然后他才会有品味,才会有味道。

八、结束语

对我个人产生影响的理念一共有三句话。第一句叫手比头高。请把手举起来,是不是比头高?决定你高度的,是你的手,而不是你的头。很多人都会说,不怕做不到,只怕想不到。坦白地讲,不怕想不到,只怕做不到,想到和做到同等重要。因为想到是你的一个机会,做到是你的高度。人的高度是由双手决定的,所以你的行动才是你的高度。第二句是吃亏就是占便宜。你不要怕吃亏,吃亏的时候你就占便宜了。第三句达尔文的观点是:能够存活下来的,不是最聪明的,也不是最强有力的,而是对变化反应最快的。所以我要大家知道,你聪明、你强有力,都不是你能够成为强者的条件,成为强者和存活下来的条件,是你对变化反应最快。这就是我个人的三句座右铭,分享给大家。我常常提醒自己的一句话,也分享给各位:每个失败的人都知道成功的方法,但只有成功的人真正去做了。

(原载:春暖花开公众号,2015年3月1日)

变化就是无常

仁波切说：在日常生活中，有钱财、有名、有利是不会持久的，因为这些东西不会让你获得真正的幸福，甚至还会带来痛苦。你在和邻居攀比时，你关注别人取得成功而没有随喜时，你只是感受自己所失去的而忽略了自己所拥有的；你在拓展自己欲望时，已经埋下了痛苦的种子，只是你不自觉而已。

再比如听惯别人对自己说赞美的话，觉得很舒服，一旦有人说了自己一点坏话，批评一下就不舒服，甚至非常期待别人的赞美。请不要在乎别人的赞美和批评，文字只是文字，不会给你带来什么变化，把这些当成没有意义的废话就可以了。对物质也是如此，不要执着，生活中得到的，比如身份、赞美、批评，都不要执着，因为这些都不具有稳定性，一切都会随时变化，要拥有这个观念。在任何时候，做任何事情，都要有保持快乐的心态，人生本来就是无常，别人赞扬你、批评你都不需要在意，这不是永久的快乐，无常与变化才是你需要接受的东西。

为了拥有更多的财物，拼命追求最后沦为它们的奴隶；为了获得更多人的赞美，耗尽了自己所有的精力；为了让别人羡慕，透支了所有时间和安静；这一切都只为掩饰我们对于无常的恐惧。时间和精力消磨殆尽，只为了维持虚假的事物。不安的恐惧导致对稳定和确定的追求，我们甚至无法接受任何的变化，更不愿意面对无常这个真实的现实。

变化不是独自的改变，不是名利的获取，不是刻意主宰和控制什么。变化是主动迎合环境，和环境互动，变化就是淡然、自然和融合。没有其他外在的衡量标准，只有内在的和谐与自然，只是需要时间和自由，如果从这个意义上讲，我们每一个人融合于环境，让自己和周围和谐，就是变化最好的形态。

如果可以领会变化的真实含义，那么变化就会成为最适合我们的生存方式，真正理解变化之后，我们才会获得真正的自由。不受时间的约束，不受地域的约束，我们唯一需要改变的是：不应该为工作活着，而是为和谐活着。放下欲望的追求而遵从于自然，遵从于内心的安静，放下自认为是有价值的事情，放下所谓的"成功"，回归内心和自然。

我记得顶果法王在一次讲经结束时说："我现在78岁了，一生看过这么多的沧海桑田，这么多年轻人去世了，这么多与我同年纪的人去世了，这么多老人也去世了；这么多高高在上的人垮下来了，这么多卑微的人爬起来了；这么多的国家变动，这么多的纷扰悲剧，这么多的战争与瘟疫，这么多恐怖事件遍布着整个世界。然而，这些改变都只不过是南柯一梦。当你深深观照的时候，就可以发现没有哪样东西是恒常的，一切都是无常的，即使是最微细的毛发也在改变。这不是理论，而是可以切身知道，甚至亲眼看到的事。"

生命本身就是一个变化的载体，不管我们愿不愿意，生命按照自己的规律在变化着，一呼一吸之间，很多东西都在变化，没有痕迹，不露声色，但是一切都变了，这就是生命的本质，生命的活力就在于不断地寻求变化，像溪水一样，自由地流进流出。假如我们可以认识生命而不攀附任何其他的东西，我们就能了解到生命只是来来去去而已，明白生命的无常，这样我们才真的懂得了生命，也因此拥有了生命。

人们痛苦和迷惘的根源，是希望获得一切永恒的东西：幸福和快乐永恒、成功永恒、被人尊重永恒，每一个目标都可达成永恒，甚至内心里渴望着生命永恒……我们多么渴望一切都恒常不变。为了维系这些渴望的恒常不变，我们常常被虚假所蒙蔽，欲望也成为被利用的诱因。

渴望一切都恒常不变，导致人们相信一切都可以如旧，一切都可以保持原有的价值。这些渴望和期待，让我们忽视了无常的真相；恒定不变的观念和假设，会让人失去理性并显得脆弱，直接导致无法面对现实、接受变化。我们总是认为改变等于损失和受苦，变化就意味着不安全。这样的认识存在于我们的内心中，使得我们总是为了维持不变而做出种种不切实际的努力，先贤说"变，是唯一不变"。变化才是恒定不变的，除了变化之外，人生会有什么是不变的呢？

在我所研究的领域里人们也能感受到无常，在人们不断地想确认未来经济何时复苏时，还是有企业能够不受环境的约束，缔造属于自己的辉煌。苹果如此，三星如此，华为也是如此。这些不受环境影响的企业都会围绕着创新展开自己的战略，并在变化的环境中寻找到机会。

在回顾这短短不到十年的时间里，很多曾经是行业巨头的企业无法延续自己以往的风光，柯达、瑞萨、黑莓、索尼、松下等。相反苹果、三星、华为等却不断增长，为什么呢？？失去辉煌的，一定不是市场的原因，一定是因为企业故步自封，自我陶醉，看不到危机，甚至满足于自己所具有的核心优势。创造奇迹的，也一定不是市场的原因，一定是因为企业不断地超越自己，不断地转型和调整，时时让自己具有高度的危机意识。这样巨大的反差，源于企业自己是否愿意做出转型，并为此付出极大的努力和倾注足够的热情。转型对于今天的企业而言是如此重要，如果不愿意为转型做出努力，就会被淘汰。德国媒体评论认为："在科技面前，没有人能一直高高在上，时代会抛弃一切落伍者。"

不要执着于自己所拥有的优势，不要因为曾经的核心能力而让自己故步自封。导致这些曾经辉煌企业失败的原因，是因为它们对无常的理解不够，是因为它们不愿意承受改变带来的痛苦，更因为这些企业管理者的心中存在侥幸，期待着市场还会留有空间，还会有怀旧的顾客。无情的现实打碎了这一切，无法面对变化、放下自我优势的企业，环境超越了它。

用索甲仁波切的一段话来开示自己："当海浪拍岸时，岩石不会有什么伤害，却被雕塑成美丽的形状。同样道理，改变可以塑造我们的性格，也可以磨掉我们的棱角。透过各种改变的考验，我们可以学习发展出温和且不可动摇的沉着。我们对自己的信心增强了，善心和慈悲心也开始从我们本身自然反射出来，并且把喜悦带给别人，这个善心可以超越死亡。我们每一个人都有基本的善心，整个生命便是在教我们如何发掘那颗强烈的善心，并训练我们实现它。"

（原载：春暖花开公众号，2015年3月13日）

感恩戈10：
心更柔软，步更坚

戈10对于新加坡国立大学商学院的戈友们来说，意义非凡，因为这一年也是商学院建院50周年。从备练开始，大家内心中最渴望的就是走进戈壁，安全走出。因为真正的庆典，就意味着十足的欢乐，没有悲伤，哪怕会有遗憾，这遗憾也仅仅是省却的美，绝不是悲伤，因为庆典还意味着下一个50年的开启。

也许是怀抱着这样的认知，属于新国大的戈10与其他44所参赛院校味道有那么一点点的不同，这一次刚好是22班的主场，新国大EMBA每年只招收一个班45人，这一届戈壁挑战赛恰好是22班参赛。记得去年这个时候，我到新加坡给22班第一次上战略管理课程，第一次见到这群可爱的学生，听到他们组队参加戈壁赛的班会，坐在他们中间，倾听他们的筹备工作，忽然觉得这是一个开放而包容的班级。而我从戈5开始就希望参赛，每年做了一些准备，但这次被22班学习委员一"忽悠"，就真的下定决心报名参加了。看着他们一点点筹备，从不了解、不清晰，到了解、清晰，然后开始有自己的主张，征集诗词。我也忍不住为他们备战填了一首词。

《踏莎行·戈壁迎风》戈壁迎风，英豪无数。沙尘涨断孤独路。光耀汗浸了无痕，傲躁脱尽心如度。大漠回潮，疾步劲舞。韧韧似与天地语。而今携手同窗伴，他日拥得春风驻。

接着22班让人钦佩的是，发动学长和学弟一起来参加，到了报名截止日，这个只有四十几人的班级，带着一个80人的队伍朝着戈壁的方向来了，有学校的校长，学院的院长，学长与学弟，还有可爱的亲友团。学院感动于22班同学的努力，更加第一次把院庆50周年活动日的一个日程放在25日的敦煌，这既是戈壁回归的庆典，也是50周年欢乐的庆典。

神勇的A队，在我眼里全是俊男美女，更透着一股英气。他们以什么样的状态完成赛事，我只能从偶得的视频中看到，但是每一日自己跑回大本营，总能看到他们在烈日下为B队队友搭帐篷、端饭菜、拉伸按摩的身影，我真的觉得他们竞跑的成绩也许不是参赛商学院中最好的，但是他们为团队付出的成绩一定是参赛商学院中A队第一名。所以我心里好好地记住了他们：亮队、立刚、阿杜、爱民、越治、小峰、萧萧、伍军、熊愚、杜壮。

小飞侠B队，是新国大第一次如此大规模的队伍，足足有24人，加上我们几个领队和院校领导28人，分为5个小组，开始属于B队节奏的戈壁之旅。第一天，因为太过"享受"这个"体验日"，大家忙着去看阿育王寺、雅丹地貌、古城遗址，急于想了解黑戈壁与黄沙漫天，加之有C队同学一起，大家走走乐乐，照相、观赏，中途补给站成了交流的主场所，大家交换着心得，相互鼓励着，参与感几乎成为这一天的主旋律。很多人第一次走这么久的路，内心充满了渴望和未知，周遭也几乎是全新的景致，虽然也是酷热，身心疲惫，不过参与之心远大过竞赛之心。忽然对讲机传来离关门时间就剩下一个半个小时的消息，还有6位队友远在8公里处，大家一下子慌了起来，对讲机里传来各种各样的声音，有加油的，有鼓励的，有主张安全第一不要拼命的，那一刻，B队的队员才真正意识到，这是一个"竞赛"，不能仅仅带着"体验"之心参加。我是那个在对讲机里大声说"安全第一"的人，内心里我也问自己，如果是我在这6个人里，我会拼命去跑吗？我想答案显而易见，结果也真的如此，6位队友拼尽全力在关门前不到十分钟跑了进来，就如我心中的小飞侠。迎接他们的时候，我也流了眼泪，不为他们的成绩，只为他们的尽力。

竞赛第一日，酷热袭来的感受，对于每个人都是极大的考验，中途多位队友中暑，其中一位队友血压极度升高，但是她不愿放弃，依然希望依靠自己走完全部行程，可是还有整整25公里啊！文国、金泉、德钦、孟赞和渝涓决定陪着走，完成她的心愿。到了离关门时间还有23分钟的时候，他们还在4公里外，大家又一次把心提到了嗓子眼，知道这一刻，已经无法再用鼓励的话语，对讲机中传来渝涓安静的话语"请蓓蓓老师把决定权交给我们吧！"我们都不再言语，知道他们一定是在一起做了选择，那就是陪着队友走完全程，不放弃任何一个队友，这是选择更是承诺。这一日我们没有在关门前全部回来，但是我们拿到了属于我们自己的"沙克尔顿奖"，当6位队友最后来到大本营的时候，大家一片欢呼，这一刻没有眼泪，只是欢乐！

竞赛第二日，路途与天气的挑战，成了我们所有人共同面对的难题，有经验的老戈友发挥了巨大的作用，陈戈、游华、栾奕分别引领和照顾我们这些新鲜戈友，而我和梁院长更是被高度关注的对象。这些详尽和细致的照顾起了效应，前20公里，我们都非常顺利，大家来到补给站的时候，虽然疲惫、酷热难耐，不过状态依然神勇，所以稍事休息、拉伸之后，开始继续前行。走出不久，我最不愿意听到的消息，从对讲机中传来，宝春和春喜有中暑的迹象了，而且非常难受，也许要退赛了。听到消息，大钊和霍教立即转身往回走，以最快的速度赶到他们两位的身边，给他们帮助、陪伴和鼓励。我没有能力去做这件事情，唯有在心里祈祷，一切顺利，宝春、春喜加油！奇迹出现了，"二春"最后顺利回到大本营，那一刻，我觉得晚霞是那样的动人，色彩的炫目就如恩典。

是日晚，一阵呼啸的风声把我从睡梦中惊醒，睁开眼睛，看到整个帐篷变成了一片摇曳的"浮萍"，帐内漫舞着沙尘，沙尘暴来了。白天栾亦还和我讲述她在戈9遇到沙尘暴的夜晚，为了让自己不要连帐篷一起被吹走，赶紧把大袋包抱进帐内，加大压力。我们还笑说着这件事情，想不到今晚我自己遭遇相同的情况。第一个动作，也是赶紧把大袋包拖进帐内，内心的恐惧虽然减少了一点点，大脑拼命去想象可能发生的情形以及应对的策略。正在胡思乱想、束手无措的时候，耳边传来铁锤敲打帐篷钉的声音，一排一排传递过来，声音不大却清脆入耳，当我的帐篷钉也被钉牢的时候，升腾的安全与幸福，无法用语言形容。早起得知，深夜为每个帐篷钉钉的是他们几位——我每日最欢喜看到的廖队医、霍教和钱教。

每一天，得到的呵护从四面八方涌来，神奇拉伸，奇妙挑泡，廖队医的功力可谓盖世。陪完A队，霍教、钱教总是尽可能赶回途中陪B队。照礼老师总是每天第一个冲出去，走在B队的第一阵营，去探寻路线的关键节点，每每不知如何进退的时候，对讲机中总会适时传出照礼老师的声音。蓓蓓老师则成为B队的灵魂，杨嘉老师战胜自己来到我们身边，提醒声中总会听到渝涓这个B队队长的声音，而各个小队队长每小时清晰的指引，陈戈更是一对一帮助，田芳准备了护肤用品，雪芹出征前细致的精油护理，阿杜的沉香加持……这一切让从未走过戈壁的我，竟然状态一天比一天好。是的，这是一个人的戈壁挑战，这也不是一个人的戈壁挑战，此行，让我深切地理解了水和伙伴的绝对意义。

竞赛最后一日，穿行在被我称为"星际迷航"的丘陵之中。孤独无望一波一波袭来，因迎风而行，感觉完全是外星之域。没有任何的标识，无法辨识前行之路对错与否，此时才发现骆驼刺、盐碱地、风车阵都是那样的可爱，绵延无际的丘陵，除了绝望还是绝望。大钊的出现，让孤寂和无望得以解脱。他扛着橙色的校旗，这是一面硕大的旗子，猎猎的风舞动着旗子，其力之大，我根本不敢想象。来戈壁之前，我问大钊，为什么带着这么大一面旗去戈壁，大钊说，因为要给大家以希望，那个时候，我不了解这句话的价值。现在，在丘陵之中，在孤寂之中，我理解了这面硕大旗子的价值，远在5公里之外，都可望见那橙色的希望，看到旗子，就知道方向；看到旗子，就知道伙伴；看到旗子，就知道路径。我一直跟在旗子后面，心里觉得非常的温暖，身旁是陈戈、刘虎、春利、冯涛，还是一样的路，一样广垠的空间，因为有旗、有伙伴，沟壑变坦途。

继续走着，对讲机中传来谢晖的声音，问我们走到哪里？然后是对讲机中吴彤交代迎接我们细节的话语，那一刻幸福满溢，开始去想象到终点时刻的各种美好。安静而心满意足地走向终点，我们等候其他队友一起挽手迈向梦想成真之地。这一刻终于在战鼓、旗海、欢呼声与花环簇拥中到来了，望着高举上手、敞开怀抱等待我们的熟悉面孔，真的是太开心了。被大家簇拥着回到大本营，接下来发生的一切，绝对超乎我的想象，如果戈壁挑战赛的主题是"你的能量超乎你的想象"的话，这个主题就在我回到大本营的这一刻，才真正被体现出来。

酱油C队和亲亲亲友团的伙伴们，准备了18道程序迎接我们归来：①大大的拥抱；②佩戴花环；③专人带领回帐；④喷雾；⑤带进大帐；⑥帮助卸下帽子、手套、头巾；⑦解除沙套、鞋子、袜子；⑧换上拖鞋；⑨上浸过冷水的面巾；⑩送上绿豆汤；⑪送上温水；⑫送上西瓜；⑬送上莆田卤面、米粉；⑭送上蔬菜水；⑮用消毒水帮助擦洗脚；⑯轻轻按摩；⑰关注伤痛；⑱划出空间休息。

记得第一天我从帐篷出来，遇到宝春也刚好从帐篷出来，我们两个第一句话说的都是"绝对不再来第二次"，但是回到大帐的这一刻，看着吴彤单膝跪地为走出戈壁的队友一个个擦洗脚消毒的时候，我冲口而出"明年我还再来！也来当亲友团成员。"

戈壁挑战赛结束了，那4日在每个人的生命长河中一定是璀璨而恒久的，就如每个夜晚悬挂在夜空中的月。行走在旷野大漠之中，如果眼睛只是张望到无边的荒漠，将会使你恐怖、使你惶惑；而如果用敬畏的心去看待苍穹下我们的小小轨迹，又会发现四天120公里是那样短暂，但是如果把80人的4天120公里连接起来，再把3000人4天120公里连接起来，你会发现这是一条生命长路。

于是写下这段文字：

新加坡国立大学戈10行记·心愿同行

乙未暑夏，新加坡国立大学商学院戈10集七十余九杰，齐聚于敦煌，雅称神勇A队、小飞侠B队、酱油C队和亲亲亲友团，徒步奔袭阿育王寺至广显驿，兹贺学院50周年，为十年最为显赫，是为记。

五月末旬，祁连山峦，低缓绵延；西域广疆，已然蒸笼；干燥难耐，疏勒河浅；路道变幻，时而盐碱，松软踏空；时而黑戈，碎石尖砾，硌铿足下；骆刺杂生，火焰山转，风车阵长；奔于其间，不知尽头，几无生趣；沙卷浮尘，艰于呼吸。酷热暴风，寒冷烈日，四日并有，交替杂出，如此奇遇，也谓机缘。

阿育王寺，梦回锁阳；悟空拜师，佳话萌发；玄奘法师，西行万里；几百余年，古塔残躯，述说传奇。商学挑战，亦此发端；学于前师，四日百里，身心淬炼，再现传奇。

高阙无言，思其所缺；六工城郭，昆仑屏障；砾石履之，盐碱覆之，如佛而修，心无挂碍，无挂碍故，无有恐怖，远离颠倒，究竟涅槃；与师同境，心亦同处。

雷敦子夜，共谱佳话，八百流沙，西行艰辛，亦感善美；骄阳曝晒，路过该地，残城孤隼，烽台不再，橙旗高擎，引步前行，经向目标。感念战友，相扶相助，堑变坦途。

黑戈壁上，风车布阵；朔风迎面，毅然可抵。丘陵变幻，星际迷航；四望无边，孤独孤寂，可怖可怜。幸哉山巅，橙色大旗，迎风飘扬，以示其途；沙陷之地，良友佑护，长歌绕空，以忘其苦。蛮荒孤漠，酷热暴风，彼此呵护，孤寂伤痛，皆为成就，美之注脚。

广显驿站，达梦之地；温暖怀抱，热泪流畅；激情相拥，畅叙感怀。呵护备至，感动哽泣；此生有此，皆已丰盛。张骞"凿空"，东西相通；国大设学，同通东西；冥冥之中，肖毕古贤，皆得了悟。念及此中，忽觉此程，苦即为甘，感念同仁，此生同行。

斯文小记，散韵不齐，骈律不工。只期略志时景、时情、时感。备以存念之际，一并叩谢22班同学倾力而为，大学与学院鼎力相助，队医教练呵护备至，学长倾情陪护，学弟谦逊同行。面朝戈壁，春暖花开！

（原载：春暖花开公众号，2015年5月28日）

你是否杀了自己的马？

有一位勇猛的将军，在他年轻的时候特别喜欢饮宴。每次他都喝得酩酊大醉，一边东摇西晃，一边同女人调笑。他总是到离家有一段距离的一个村子里享受他的放荡生活，通常一周光顾一次。他的青春年华就这样一天天虚度，自己的武艺也渐渐荒废。

终于，有一天早上，将军的母亲狠狠地训斥了他一顿，责怪他不该像一个花花公子那样无所事事。母亲情真意切的话令他猛醒，将军感到惭愧万分，向母亲发誓说他再也不会去那个村子了。从此，他开始拼命训练，立志一心向善，成为一个品行优秀的人。

一天傍晚，在进行了整日的野外训练之后，将军又累又乏，伏在他的爱驹上睡着了。马儿本来应该驮他回家，但这天恰好是周末，也就是以前他去那个村子游乐的时间。受过主人良好调教的马儿，一路上竟带他往他的乐土去了。

当将军醒来时，他发现自己违背了对母亲所发的誓言。他又到了他不该到的地方。想到自己的失信，将军忍不住掉下泪来。他凝视着自己的马，这是他孩提时就伴随着他的亲密伴侣，是他除了亲人以外的至爱。经过长久的沉默，他拔出剑来，杀了这匹马。

改变自己无疑是非常痛苦的事情，可是如果一个人任由自己的激情和冲动及任性支配，那么，从那一刻起，你就完全放弃了自己的自由，你就会成为欲望的奴隶，你就会随波逐流。莎士比亚把自我克制定义为人类与纯粹动物的根本区别之所在，事实上，不能够自我控制的人，就不会成为真正意义上的人。

习惯往往决定一个人的品质，根据意志力的强弱，习惯或者让一个人成为优秀的人，或者让一个人成为失败者。一方面我们也许会成为习惯的快乐的主人；

另一方面我们也许会成为习惯的悲哀的奴仆。习惯可以让我们走向辉煌的成功，习惯也可能会让我们走向毁灭的深渊，关键是看我们形成了什么样的习惯。如果你能够不断地审视自己，不断地自我克制，那么，在严格的自律、自尊和自制面前，一切堕落的、不良的欲望都能够得到有效的控制，你就会日渐成为一个纯洁、高尚、懂得自我节制的人。

华盛顿，因其庄严、勇敢、清白和优秀的人格在历史上极负盛名，他对自我情感的克制能力，即使是在最困难和最危险的时刻，也是如此之强大，以至于那些不大了解他的人都有这种清晰的印象：他似乎天生就是一个心平气和、镇定自若的人。但是，在本质上，华盛顿却是一个急性子的人，他的温和、文雅、礼貌以及处处为他人着想的品质都是他严格自我控制和严格自律的结果。他的这种自我控制和自律的训练在他还是一个孩子的时候就开始了。华盛顿传记作家这样评价华盛顿："他热情奔放，极富激情，在他所经历的许多充满诱惑和激动人心的时刻，他不懈的坚持自我控制的努力使他最终控制了诱惑，克制了激动。"其传记作家还说："他的激情如此强烈，以至于有时这种强烈的激情能猛烈地迸发出来，但是，他能够在瞬间克制这种强烈的激情。也许自我控制是最优秀的性格特征。"

在很大程度上，人生是我们自己写就的。充满理想，愿意付出的人拥有实现理想的人生；快乐开朗的人拥有快乐幸福的人生；犹豫徘徊的人拥有抑郁忧愁的人生。我们常常发现，我们的性情往往能够折射出我们生活周围的真实情况。如果我们自己是喜欢发牢骚的人，我们通常也会发觉别人也常常爱发牢骚；如果我们自己是喜欢快乐、互相帮助的人，我们通常也会发现别人也是快乐的、能够互相帮助的人；如果我们自己常常怀疑别人，不原谅别人，那么我们也会发现周围的人都是抱有怀疑态度生活的人。

人都是在用自己的眼光、标准、价值取向来做辨别和判断的，如果我们不能够自我克制，不能够清楚自己的问题，那么多数情况下受到伤害的还是我们自己。

对于我们自己，如果不能够时时面对，不断反省，我们也无法让自己站在一个更高的高度。变革是痛苦的，无论一场变革可能为你带来多大的好处，它都会使你失去一些古老的、你所熟悉的、让你感到舒服的东西。旧习惯的根除并不那么容易。

你是否已经杀了你自己的马？

（原载：春暖花开公众号，2015年7月17日）

真正的强者：中国女排

2015年9月6日，这一天注定属于中国女排。这样一个美好的夜晚，几乎令我兴奋异常，看到电视屏幕定格在中国女排再度夺得世界冠军的画面时，第一时间所要做的，就是在朋友圈里发红包，表达无比欢喜的情绪，畅快淋漓的幸福，因为我们这一代，是在女排精神鼓舞下长大的一代。

1981年女排夺得第一个世界冠军的时候，我正在为高考而奋斗，祖国也正在步上改革开放的新征程。那个时候，我们多么需要一个世界冠军，多么需要一个能够站在世界之巅、激发国人的精神象征。就在这个时间点，女排以她顽强拼搏的精神，不畏艰辛，勇于面对强手的力量，给国人以绝对的精神激励。郎平更是被人们称为"铁榔头"，一个真正代表我们骄傲的团队，和一个真正站立在世界舞台上的人。至今也还记得那个时候，因为女排，健力宝被称为"东方魔水"，年幼的我甚至认为只要喝了健力宝，高考也一定会如愿。

1981年到现在，整整34年过去，中国女排也经历过低谷，经历过痛，但是2015年9月6日的这一晚，当朱婷扣下重重一击的时候，之前所有的痛都随之烟消云散，我们也一样迎来了属于我们的节日，以及属于我们的骄傲。

每个时代都有每个时代的偶像，我庆幸在属于我成长的80年代，女排是全民偶像！五连冠的霸业，崛起的民族尊严，绝不畏惧强手，以决然之气低谷反弹，女排姑娘们在中国改革开放的初期，已经成为中国全新气息的一道鲜亮的风景，主导着整整一代人的思维与行为，主导着整整一代人的精神结构与价值取向。在这一代人形成的精神结构中，在这一代人所能拥有的精神资源中，女排精神无疑是一个不可或缺的元素。

每个时代都有每个时代的风格，我庆幸在这个巨变和迷茫的时代，女排以卓然之气，再一次站上了世界之巅，用11年的努力，战胜了令人无法想象的困顿、痛苦以及艰辛，战胜了外部一切的干扰和焦躁，战胜了一次又一次挫败和打击,战胜了光环之下、其实难负的压力。这很类似于我们这个时代的种种现象:干扰、困顿、迷茫、未知、不被理解、迭代与颠覆。女排姑娘们在这样一个混沌与剧变的环境中默默去承受,坚韧而执着,饱受伤痛却又决不气馁,只是安心做好自己的事情,安静地完成自己的使命。当这一刻荣耀来临的时候,我相信很多人并未真正准备好迎接这一刻的到来,甚至在11年间,女排似乎也在人们的内心中被淡忘了,被边缘化了。当这一刻真的来临时,我相信很多人都被振奋、被激发,所有关于女排的美好记忆,如潮水般涌现了出来,整整一代人的记忆,一瞬间被唤醒。这一晚,被刷屏的不是女排,而是一代人精神的面貌!

内心里我非常感激女排带给我们这一代人的精神激励,女排精神总是有意无意地供给我精神资源,总是在我的精神结构中沉淀着一种积极而阳光的色彩,总是让愿望、梦想、拼搏以及面对强者,积淀着生命的力量,也许我无法去仔细描述这些影响具体体现在哪些行动与抉择之中,但是我知道这些影响从未失去过。

的确,今天我们在更为广大的环境下,去争取更广大的发展和成长,中国经济也具有了与世界直接对话并影响世界的力量,无论是华为还是阿里巴巴,我们拥有了能够直接在全球竞争并领先的中国企业。但是,我还是希望我们可以重新拾回中国女排的精神。夺冠后的采访中,郎平哽咽着回答记者的提问,两句话让我深深感动,一句是"对手是没有变化的,变化的是我们自己。"一句是"作为强者要面对各种困难。"今中国正是需要这样的认知:必须知道自己的问题,必须面对困难。这不仅仅是解决经济问题,还是需要解决精神资源的问题;这不仅仅是持续繁荣的问题,而是内心真正强大的问题。

我忍不住在微信圈写下这段话:一生能与中国女排相遇,多么幸福!中国女排能有郎平,多么幸运!我们能有中国女排,多么荣耀!

(原载:春暖花开公众号,2015年9月8日)

花开雅典：
首次全马感受生命的力量

这里是马拉松的发源地，赛道就是2505年前雅典信使Phiedippides从战场跑回雅典汇报喜讯的路线，全程42.195公里，分为三段路程，前12公里是一段平稳的道路，之后的19公里是一段长长的山路，最后的11公里多是一段下山路，最后在雅典奥林匹克体育场结束赛事。这里也是现在的奥林匹克运动会的发源地。虽然关门时间是八个小时，但因为赛程起伏大、弯道多，也是世界上最艰苦的马拉松赛事之一。

根据组委会发布的数字，今年参加全程马拉松、5公里跑、10公里跑以及其他赛事的总人数为4.3万人，创历史新高，其中包括数百名中国长跑运动爱好者。在飞往雅典的飞机上，住的酒店里，可以看到上海、青岛、北京等地来的国人，感觉真的很不错。

在几位朋友相约中，我们组建一个小分队走进赛道，队友打了一面旗子，带着美好的心情，"花开雅典"也就成为我们的选择。沿途看到雅典居民对马拉松的热爱和敬重，我很感慨。也许在他们心中，这更是一个节日，大家都站在路边，为每一个跑者加油、点赞、鼓掌，很多志愿者沿途服务，欢呼声、加油声、激昂的音乐，伴随着脚步，也伴随着痛与快乐。

选择把第一个全马放在雅典，只是想对马拉松这项运动表达敬意。但是绝对没有料到路途的艰辛，上坡之多甚至让人绝望。好在有伙伴相互鼓励，否则我一定无法完成雅典赛事。人的确可以超越自己的极限，前提是有团队相助。

我不属于能够胜任马拉松的人，之所以愿意去挑战，只是想去体味不同的感受。人类在自身的发展与演变中，不管技术如何发达，内在力量的认知，还是需要时时刻刻去呈现，也许这也是更多人参与这项运动的缘由吧！

很多时候，我们并不知道我们内在的力量，因为不知，所以常常希望借助于外在的力量来解决困难。殊不知，人内在所具有的力量是极其浩大的，但这需要我们庄严自己的人性！

早一日飞到雅典适应时差，有半天的时间在城市中漫步，最让我感慨的是那棵生命之树，在2500年雅典历史的衬托下，更彰显生命的力量。

（原载：春暖花开公众号，2015年11月11日）

经历是一段长长的路

对于旅途自己从来都很享受，只要目的地明确。有时候在人生的旅途上我有些困惑，还好目标很明确，也知道自己的位置和角色。

事实上能爱真好。在爱学生的教学中，看到知识化为学生的能力，觉得是爱给了我机会，让学生延伸了自己的爱；在爱音乐的感受中，听到心灵的触动化为静柔的生活习惯，觉得是爱给了我享受，让自己得以感受乐韵的欢乐；在爱书法的日子里，读到大师的飘逸化为浓墨而成为自己的向往，觉得是爱给了我精神，让自己得以悟念墨香的幽幽；在爱老师的时刻，念及老师的从容和安逸化为注目而成为自己的内心印象，觉得是爱给了我思念，让自己得以情有所依而心有所归。爱是什么，我的确无法定义，但有一点我非常清楚，真爱就是一种付出，一种没有任何索求的历程，那是老师一生的印证。我该与自己谈什么呢？我该怎样跳出现在的困境？我该怎样要求自己去做应该做的事呢？我该如何面对接下来的每一段日子呢？我知道这所有的问题都必须自己回答，我力图有解而不是无解。

对于生活我坚持要认真，不管遇到什么问题，不能对付，哪怕是一天、是一刻，喜欢自己对生活品质的热爱，喜欢对感情的执着，喜欢对自己所做的每一件事的投入和认真，更喜欢在执着中感受质的快乐。可能在别人看来是浪费，但我却固守，这要感谢你，我的老师。

我很幸运。在黑龙江齐齐哈尔昂昂溪这个被称之为"大草甸"的地方，在我最需要人指引的时候，我遇上你，我中学班主任宁齐堃老师。这位哈尔滨师范大学的高材生一毕业就主动到了昂昂溪，教我的时候她已经是50多岁的人。她的个子很小，但却总是装饰整齐，亮亮的皮鞋，梳理得好好的发型。简陋的课室，在她的字画装裱下，显得诗意盎然。她会带我们唱歌，组织小乐队；带我们去郊游；带我们背古诗词。我今天的很多习惯都源于她，喜欢唱歌、写诗词、学书法。我曾对自己提出一个愿望：当一个像她一样的好老师。

三年的初中生活加上老师对自己的偏爱让自己一个乡下孩子看到了世界的美。对于老师而言，我几乎是她的期望；对于我而言，她就是我的偶像。老师的荣耀是学生的成就，自己又真的能让她荣耀吗？

　　人需要欣赏和爱。从大学开始，所有的努力只为博得老师的快乐，只为向她证明她的眼光没有错，她的付出值得，她有理由证明自己把青春和一生交付给昂昂溪这个小镇是正确的，她的价值无限。

　　1999年的教师节，从广州到遥远的齐齐哈尔出席以她名字命名的"奖教金"，我只讲了两分钟的话，我内心相信，获奖的5位老师对很多学生来说是一生的际遇。很庆幸自己有了这个际遇，更因为这个奖项，让这份际遇成为自己一生的永久。

　　有人说，经历是财富。我却认为经历是一段长长的路，它像一根凝结着生活中无数记忆的红线，从起步慢慢地延伸开来，当你回过头来看经历的时候，你会发现经历把无数粗糙打磨光滑，把肤浅沉淀厚重，还能将幼稚转为成熟。所以特别感激自己经历过的与老师在一起的每段日子，也更珍爱现在及将来正在经历和将要经历的每一段日子。

　　是该放下自己的时候了，老师应该是希望我学会无牵无挂。好不容易放淡了所有的心情，却又像断了线的风筝，有时候觉得很奇怪，前尘往事游离身外，一个人好像在浩淼的大海中空茫地飘浮着，意识散漫。成长的岁月仿佛只在瞬间，然而在瞬间想求得永恒，人总该做点什么，总该企盼点什么，也许人生就像是撒一片理想的种子，然后充满激情地艰辛耕作，可以伤心，可以流泪，但不能辍耕，不能误了农时。投入感情，执着信念，劳其筋骨，苦其心志，短暂的生命已然是天降大任，这一轮也许能赢得和收获的也就是感受——生命中丰硕的、痛苦与欢乐的感受。

　　昨晚看刘阳借给我的DVD《马语者》，女孩艾米在一场车祸中失去一条腿，她心爱的马"朝圣者"则为了保护她而受到重创并且变得暴躁，不容易接近。后来，艾米和她的"朝圣者"幸运地找到了懂得马语的汤姆，最令人感叹的是：随着汤姆的轻声低语，"朝圣者"像一个受了太多委屈的孩子，跑进深深的草丛，低垂着头，任凭风雨不停地吹打，汤姆则在不远的地方坐下来，像一个默默关注它、陪伴它的老朋友，直到夜色降临。"朝圣者"是幸运的，老师走后，我又去哪里找到那个懂得我，并肯对我轻声细语的人？

　　我被自己搞糊涂了。近来常常会因一些极平常的人和事引发一些很细碎的感伤,这种感伤并不灰暗,也不落魄寂寞,只是当心灵的触觉敏锐地针灸着自己的时候,会觉得有点痛,有点儿沉,有点儿真,还有一波一波温暖而酸楚的情绪暗流。每天早晨醒来,都会感到一种细微如水又涌动如潮的感伤,正是这些感伤,使我懂得了应该注重人生许多事,也领悟了许多书房之外的心情,让我体验着自己的心灵是否还在鲜活地成长,思维的细胞是否还在敏锐地感受,眼睛是否还可以体察到生活无所不至的波澜,灵魂深处是否收藏和积淀了那些笔纸难言的人生况味,当然这又绝不仅仅是一种验证。有人曾说:"如果我们在爱,那么爱并非属于自己,也并非为了自己;如果我们痛苦,那痛苦并非缘于我的创伤,而是源于整个自然的内部。"也许我的感伤也如此,并非仅仅缘于自己的敏感和忧郁,而是生命本质里对生活最生动的抚摸与共振;也许,丝丝缕缕的这种感伤更是关于爱的形形色色的阐释,我所选择的是另一种别致的旁注。

　　一个人坐在家中餐桌旁,放眼望出去是研四的红色屋顶,耳中可以听到球场传来的踢球声,知道假期还是有学生在努力,这份感觉很好。

　　学校在我是人生的价值,老师在我是人生的际遇,或许,应该相信生命、相信情、相信爱。

（原载:春暖花开公众号,2016年1月15日）

管理者
要每日精进自己

　　管理者如何创造价值，是我每日都在想的事情，常常会有五个小故事出现在自我对话中，所以与管理者交流的时候，也总是把自己喜欢的这五个小故事和大家做分享。每次分享时，都是对自己的又一次提醒，所以决定把这五个小故事写出来一起分享给大家。这些故事有些我甚至找不到出处了，有些是在大学时读到的，记忆深刻，也就留在了自己的心中。做管理者有很多要求，关于价值观的、心态的、能力的等等，不过，每天精进自己应该是一个必备的要求。管理者每日都要面对问题，都要对目标承诺，都要寻找解决问题的方案，都要激发组织成员的积极性，要完成这些，首先是要自己管理好自己。经常回顾这五个小故事，大约算是我训练自己的一种方式。

一、六个核桃的故事

　　在小和尚面前放有一堆小石子、一把沙子、一杯水、六个核桃、一个器皿。老和尚跟小和尚说，"你把它们都装进器皿。"小和尚先把沙子放进去，再把石子放进去，然后发现核桃放不进去了。老和尚笑了笑，让他把东西又都倒出来，先把六个核桃放进去，然后放小石子，把沙子放进去，再把水放进去，结果发现还能继续放。这个故事告诉我们，做事情时，一定要先做重要的事情，只有做了重要的事情，那些琐碎的事情，小的事情才能够迎刃而解。如果不是这样，就会发现陷在那些琐碎的事情里面了，没有时间也没有空间去解决那些重要的事情。核桃放进去，会有很多缝隙，小石子也能进去了，沙子更小也都进去了，水就更加可以全进去了。这就是我想告诉大家的。我相信大家都很忙很累，我们是核算单元多、人员多、分布广的一家公司，我相信大家一定非常辛苦。越是如此，越要知道最重要的事情是什么，当把重要的事情做了之后，其他事情都变得容易解决。如果从开始就陷到琐碎的事情里，重要的事情没解决，最后什么都解决不了，虽然累了，却没有效果。每次我觉得很累很累，就想想这六个核桃的故事，问问自己是否忘记了核桃没抓，先抓了沙子和石子，这样的提醒常常会起到作用，让我记住重要的事情要先做。

二、一粒咖啡豆的故事

将胡萝卜、鸡蛋和咖啡豆分别放进3个锅里煮20分钟。

胡萝卜由硬变软。

鸡蛋由软变硬。

咖啡豆变水，变香。

父亲问女儿："你是哪一个呢？是看似强大，但一遇到逆境和痛苦就会变得软弱、失去力量的胡萝卜呢？是有着温柔的心灵，但在经过死亡、分别和离异的折磨之后就变硬的鸡蛋呢？还是让给你带来痛苦的开水发生了变化的咖啡豆？当水到达沸点的时候，咖啡的香味也最美。我希望你能努力做一粒咖啡豆，当事情并不尽如人意的时候，你能够改变你周遭的环境。生命中发生的一切都有它的道理，你需要找到原因，并从中学习。只要有信心，没有做不好的事。"

我之所以讲这个故事，是想告诉大家说：我们在压力越大的时候，如果愿意像咖啡豆那样，与环境和压力结合在一起时，你会得到最大的成就。希望我们都是那颗咖啡豆，压力越大，挑战越大，跟环境的融合能力越强，成就就会越大。这是一颗咖啡豆的故事，也是很多人能够成功的原因。

三、自伞自度

有一个信者在屋檐下躲雨，看见一位禅师正撑伞走过，于是喊道："禅师！普度一下众生吧！带我一程如何？"禅师道："我在雨里，你在檐下，而檐下无雨，你不需要我度。"信者立刻走出檐下，站在雨中，说道："现在我也在雨中，该度我了吧！"禅师："我也在雨中，你也在雨中，我不被雨淋，因为有伞；你被雨淋，因为无伞。所以不是我度你，而是伞度我，你要被度，不必找我，请自找伞！"说完便走了！什么意思呢？我们没有办法预估天是晴还是雨，但是如果你随时有一把伞，下雨不下雨就跟你没有关系，所以最重要的是什么？最重要的是自己有一把伞。这就是为什么我对财务期待这么高，我其实没有办法判断说2016年、2017年、2018年市场会变成什么样，但是只要手中有"伞"，就可以不在乎它变成什么样。对于公司来说，稳健的财务就恰恰是这把伞；对于每个个体来说，自我学习就恰恰是这把伞。禅师问的很好，你在屋檐下没有雨，你为什么要我的伞，你既然要走到雨中，为什么你自己不打一把伞。

四、修禅的故事

甲乙两人去跟师傅修禅，都很刻苦，但是都觉得很辛苦，因为这两个人有烟瘾。师父很严格，所以两个人一直熬着，终于有一天两个人都熬不住了，就约定分别向师父请求准许吸烟。甲先去向师父申请吸烟，结果被师父棒打了一顿，乙后去向师父申请吸烟，结果师父批准。甲觉得奇怪，为什么师父会偏向乙？乙就问甲，"你是怎样问师父的？"甲说："我问师父，修禅的时候，是否可以吸烟？"乙说："你这样问师父当然要打你了。"乙说："我问师父，吸烟的时候，是否可以修禅？"师父说"当然可以！"这就是沟通的奥妙。沟通的时候，一定不要以自己的目的为目的，一定要以对方的目的为目的，只有这样才能够达成你的目的。讲这个故事的目的，是想告诉大家沟通是为了达成共识，不是为了证明你想做什么。当你们基于共同的目的去做沟通时，这个沟通是会达成共识的。但是如果你只是想沟通你想做的事情的话，虽然你的目的可能是对的，但你得不到共识，这件事就做不成了。

五、金子与烂泥的故事

禅师问：你觉得是一粒金子好，还是一堆烂泥好呢？求道者答，当然是金子啊！禅师笑曰，那要是你是一颗种子呢？这个故事有很多诠释的角度，我选择给大家讲这个故事，是想讲如何管理你的欲望。外面有很多很多的机会，外面有很多很多好的东西，但最重要的是你的取舍，而这个取舍标准是什么，就是你自己的欲望。对很多事物的评价与取舍，在很大程度上取决于你自己的价值取向，取决于你如何约束自己的欲望。大家明白这就是要你管理的欲望，所以你要金子还是要那堆烂泥呢，最重要的还是把你自己的欲望管好，因为我们就是一颗最小的种子，想变成一颗金子，不是现在去把金子拿来。

讲这几个故事的目的就是阐述五个观点，这也是我给自己的一些要求。第一个故事：重要的事情一定要先做，不要陷在琐碎当中；第二个故事：在你面对的压力越大的时候，只要与压力融在一起，获得的机会越大、成就也就越大，所以不要怕接受挑战；第三个故事：必须准备好自己，没有人可以救你，你是你自己的伞，你只要有了自己的伞，根本不怕变化；第四个故事：沟通是为了达成共识，不是传递你的信息；第五个故事：要管理好你的欲望，不要受外界的诱惑。

（原载：春暖花开公众号，2016年2月29日）

美好很近，
路亦不远

多年前陈让告诉我有个地方叫坝上，他用相机的镜头让我看到一个美得像天堂一样的地方。年前在中山，大松把他的摄影作品给我看的时候，我惊觉他也有坝上风光，于是今年国庆终于决定带领全家到坝上。陈让帮助我在北京约好旅游的车，大松则为我定好了坝上的所有食宿，还没有到坝上，就已经感受到了美好。

我们全家10个人开始从北京出发，一路向北，赵思、菲菲、凡仔三个孩子在三姨的带动下，美妙的歌声不断，故事不断，12个小时的路程虽然有塞车和等待，但是有了歌声和故事，好像也不算太长，更加上中午在小镇的一顿午餐，全是当地的青菜，又便宜又新鲜，才发现原来我们住在城里是多么的可怜。

一出河北地界进入内蒙古，所有的人都开始惊呼，蜿蜒的山路夹在厚厚的树林中，刚好迎着傍晚的残阳，红红的一层余晖涂抹在杨树的枝梢上，金灿灿的叶子和浑厚斑驳的树干在余晖中显得那么沉稳，你不敢再有妄想，因为那厚重和绵延只能是接受，来不及思考，来不及咀嚼，来不及体味，只有细细的路不断地延伸，把人和树连接在一起蜿蜒，车前窗就好像一个电玩的屏幕，苍翠的树木盈山盖谷，只有一条路伸向远方……如果不是司机真实的声音，我只会感觉那是神话，那是童话，那是梦境。

木兰围场塞罕坝草原是人们常说的"坝上"的一部分，但真正到过围场坝上的人并不多。坝上西起张家口市的张北县、尚义县，中挟沽源县、丰宁县，东至承德市围场县。因地势在华北平原和内蒙古高原交接的地方陡然升高，呈阶梯状，故名"坝上"。

汽车继续开，一个多小时后，陡地一阵爬高，升到山顶，视野豁然开朗，上坝了。

终于到了，塞罕坝。大松为我们订的饭店的名字好听极了：红军山大胡子饭店。到了饭店才知道，真的是一个有着大胡子的人在经营。大松细心地为我们预定了一只烤全羊，我第一次尝试，想不到的美味，大家七手八脚地对着大大的羊腿发力，真是过瘾。吃相最好看的是妈妈和三姐，三个小朋友菲菲、赵思和凡仔也不落后。虽然因为实在是太冷了，没有能够站在篝火旁来烤，但是手把羊腿，看着大家的兴奋，倒也品味到芳香的草原之味了。司机告诉我们，整个坝上有很多值得看的地方，每年来得最多的是各地的摄影师，他还告诉我们这个饭店的墙上挂的都是来坝上的摄影师的作品，司机说着并拿来几本影集，我爱上了张吃的《坝上摄影集》，幻想着自己或许也可以拍到这样的照片。

第二天的清晨，10人小分队开始了坝上风光大餐。进入夹皮沟，我才知道，任何摄影师、任何相机都无法完全表达这里的美景，我更知道，我已经放弃了拍摄一些好照片的想法，因为满眼看去皆是奇景。

这是我想见的景致，沉沉稳稳的草原，在深秋的褐黄中躺在无边的大地上，像一方织锦，美丽而凝重，深情地装饰着这块大地，使得我们可以在这一方织锦中感受属于我们的历史。可以听得到猎手驰骋的蹄声阵阵，可以感受到英雄扼腕奋臂、抚胸欲狂的激昂，或者烽烟已过，蹄声轻柔，但这一马平川的驰骋，却在胸怀中、内心中、梦境里。成吉思汗需要一个平川，让他展示弯弓射大雕的气概。我反而只需要这一方织锦：不知已是几世轮回，却依旧能够嗅出草原上吹来的浮华气味，一路的璀璨、幻想遍地的坝上。因是深秋，随风飘起的微小尘埃，足以震动每个人的心弦，微风让黄绿草原和蓝天旋转出渲染般的瑰丽多变。夹皮沟改变了落入眼中的岁月遗痕，我们急促的脚步只为赶上康熙年代英雄的步伐，满眼是森林和草原，苍凉的金黄在挥手之间展露无遗。眼前的景观虽没有浪漫，却有沉郁辽远；没有峻拔，却有"踏月归来马蹄香"的慷险，辽阔中藏有无边的快感。

我一直很崇拜康熙的力量与智慧，康熙到围场最先是打猎练兵。木兰围场的"木兰"是满语，意为哨鹿。康熙初秋带兵来，每天天色刚亮时，选人戴着木制的鹿头，隐藏在草丛中学公鹿求偶而鸣，唤来母鹿和其他食鹿的动物，然后合围射杀……这些我只能在书本上看到，但是在这里似乎听得到马蹄声声、号角争鸣，风中飘过叙述传奇的细语，花开花落、秋来秋去，诠释反反复复的永恒经典——力量与智慧。

到草原不能不骑马，所以当大姐夫提出骑马的时候，我们也积极响应，连快70岁的妈妈也试着骑上马在车子周围转了一圈,我也受感染决定骑马去将军泡子。但再驯服的马也会让我战战兢兢。"'骑马湿透鞋,摔倒草来救'。你看这草,能摔伤人吗?"牧马人骑一匹雄健的高头大马,鼓励我试骑。按牧马人的指点,左手牵嚼,右手拉缰,马步由慢到快,竟也颠颠地跑了起来,后面是三姐、菲菲、凡仔和赵思,大姐夫殿后。已经接近傍晚,晚霞正美,在时间的门前体味心情飘扬的瞬间,在柔美与苍茫间跳跃的马蹄,传递驰骋的情结。晚霞渗透每一寸空气,山的倒影斑驳着尘封的回忆,用蕾丝映衬着金色的炫耀,千年前就有的华贵。

草原上渗出的地下水自然形成一个个小湖泊,称为"泡子"。将军泡子是著名的乌兰布统古战场。乌兰布统,蒙语为红色坛形山之意,康熙二十九年(1690年),准噶尔部落首领噶尔丹发动武装叛乱,朝廷派军镇压,人们为了纪念在战斗中英勇阵亡的康熙的舅舅佟国纲将军,将战场中心的小湖命名为将军泡子。也许由于今晚特别的光线,俯身在将军泡子碧蓝的湖水边,泡子像镶嵌在绿地的明镜,辉映着云影天光。一瞬间才发现繁华的身后是更多的苍凉和忍受,就像翱翔在湖面的鸿雁,若隐若现地述说着将军的英勇,飞翔和清风的温柔抚慰着英雄的寂寞,而我的思绪在瞬间飘向遥远的英雄世界,手触到湖水的温柔是最原始也是最真诚的敬意。

骑马往回走的时候,姐夫和赵思已经是熟练的骑手,凡仔总是高声吆喝着,像一个骑士,菲菲则是信马由缰,而我还是牢牢地抓住缰绳,不断地看散在马蹄下的夕阳,感觉用脚尖就可以丈量光阴的速度,每走一步,霞光就变幻一种色彩,一路上留下多少影像,褪成黑白才能看得真切,一如来时的金黄,用轻柔朦胧显示出草原的鸿蒙。

到了需要离开坝上的时刻,徘徊在过去与现在,英雄的气概,一如衬托在坝上的恢宏,似乎更容易显示力量与智慧的独特魅力。只要你来到坝上,离北京不远的地方,无论是金色的阳光、笔挺的白桦林、飞翔的鸿雁、碧蓝的天空、满地的织锦,都可以让你领略到这片土地曾经的辉煌,感受时尚与历史的碰撞,体味摇曳耳畔的金黄带来的追忆与梦想……美好真的很近。

(原载:春暖花开公众号,2016年4月8日)

人生本身
就是一场传奇之旅

人生其实是一场关于传奇的旅行，
没有终点，没有目的。
人生因创造而展开了无限的可能，
人生的意义也因无限创造而呈现了出来。
问题是，
你准备好了没有？
亲爱的同学们，尊敬的老师们，大家好！

能够在此时作为一名教师代表发言，我感到无上的荣耀，因为这是一个特殊的时刻，此刻，因4年的努力，你们有机会去创造价值，去真正成长为一个大写的人。不管今天我们站在一个什么样的程度之上，都需要对过往的4年表达真正的感恩，所以我希望在这个时刻，用你们最热烈的掌声感谢过去的4年，感谢你的家长、你的老师、你的同学，你自己；感谢你的母校——华南理工大学。

我们该庆幸，生命中与华南理工大学相遇，这是一段纯粹的时光，只有书本、阅读、想象。也许人生的意义是在其后才真正展开，可是如果可以借助这一段时光，储备足够的想象和知识，拥有明确的判断，让自己可以按照心的判断前行，人也就有了心灵的归属。

这个话题的沉重、意义和价值已经超越了我们可以想象的范畴。我无法预估你们在未来的成长过程中，到底可以成为一个什么样的人，但一定可以想象得到：在这个时刻，在我跟你们站在一起的此刻，我们有着非常美好的驱动力量，而这种动力不仅仅是你们的，同样也是我的，这就是知识与思考，我们透过华园获得并永恒地拥有。

我相信，你我在芸芸大众之中也是渺小的，我相信有一天你我可以去担当时也还是脆弱的。从小到大我都清楚地记得托尔斯泰的一句话：人类如果被赋予一种工作的话，他最重要的工作实际上是精神的成长。所以，当觉得困难的时候，要问自己，我们内在的动力和内在的追求到底是什么？这样的动力和追求能否真正化为属于自己内在的一种欲望，而且是别人不可战胜的。无论物质力量多么强大，无论遇到的困难多么的强大，无论遇到什么样的压力和挫折，当你内在的精神成长起来的时候，我相信你们就是强者。

人生其实是一场关于传奇的旅行，没有终点，没有目的。人生因创造而展开无限的可能，人生的意义也因无限创造而呈现出来。问题是你准备好了没有？我把自己的准备分享给你们，期待30年后倾听到你们的分享。

一、人需要的只是战胜自己

我曾经走入戈壁赛道，4天走了120公里，在茫茫的大漠之中，欣喜地发现，其实，一切都可以忍受，一切都可以战胜。这样说，不是"自我中心"，而是"自我认知"。所有的不可忍受，不可战胜的限制，并不是外在的存在，而是你内心的自我设限。我们觉得苦，是因为我们内心感受到苦；我们觉得不可能，是因为我们内心已经确认不可能；我们觉得阻碍隔断，是因为设立阻碍隔断的正是我们自己。请记住，人其实只需要战胜自己而已，于戈壁大漠而言如此，于浮躁世事而言也是如此。

二、真正拥有激情与热忱

有人说，知识作为个人技能，才可激发创新诉求；知识作为社会建构，才能引发创新冲动；知识作为话语叙事，才能充盈创新特质。我蛮认同这个观点，运用想象力去辨察事物，事物将不再是纯粹的事物，它被赋予产生丰富思考和进行改造的全部可能。我喜欢流连于校园，不是因为它有建筑红楼，金银岛或者12号楼的日晷，而是因为校园中弥漫着想象的味道，散发着创造的气息。只要你走在校园里，内心深处就会萌发出被唤醒的、创造的智慧和生活的激情，这是大学让我最动心的地方。我希望你我能够真正拥有这份激情与热忱，热爱我们的祖国，我们的民族；我希望你我能够真正拥有这份激情与热忱，热爱知识的沉淀，智慧的嵌入；我希望你我能够真正拥有这份激情与热忱，热爱创造的挑战，超越自我的升腾；我希望你能真正拥有这份激情与热忱，不受任何干扰地去创造属于你的传奇。

三、养成确信与诚信

人需要确立自己内心的信仰，人需要用诚信去建立确信。从自然科学的思维方式来看，一切都可以质疑和怀疑，正是这种怀疑一切的科学之心，推动着人类借助技术和科学，了解自然规律，也满足了人类日益强大的欲望和追求。所以，质疑、不崇拜权威、打破规则，创新及超越帮助我们不断认识外在的自然世界。但是同时，我们还需要拥有对"恭敬"和"敬畏"之心的理解，因为这可以帮助我们认识自己的内在世界，安顿好自己的心。只要怀着恭敬之心，相信老师、相信家人、相信生活、对于周遭怀有敬畏之心，内敛与内省，就会获得内心强大的力量，有了确信的能力、诚信的作为，人生的痛苦和挑战都能够面对、接受并安然处之了。

四、人的高度是由双手决定的

笛卡尔说："人无异于一根芦草，只是这是一根会思想的芦草。"这句话给了人类本质的评价并使得人类承担了宇宙的责任。人之所以能和动物种群区分开来，在于人有思想。但这仅仅是人与其他物种区别的本质，而对于人类自身来说，在这个世界里，人之所以有优秀与一般之不同，在于优秀者更有实现构想的能力，而不是更有思想，人之所以优秀正在于他的行动。现实和理想没有距离，因为这个距离被行动拉近。

当春的细雨沥沥时，西湖的安宁将华南理工大学衬托得犹如淡淡的水墨画呈现在我们的眼前，金银岛上的南阳杉对望湖畔，婆婆的垂柳把细叶撒向湖面，挺直的棕榈用双手迎接细雨，这一切都被笼罩在雨中，一切色泽都淡淡化开来。

当夏的阳光灿灿时，高大的凤凰树撑开巨伞把湖滨路和2号楼遮掩得斑斑驳驳，东湖粼粼的波光，平添了一份高贵，夹杂着玉兰的幽香，篮球架下的身影，知道韵味与健美的结合应该是在夏天的湖滨路上。

当秋的凉风曳曳时，建筑红楼的浑厚渐渐浓重起来，倚楼而出的是大师的笔,几千年的脉络,今人的展示,历史与现代的桥梁该由这支笔来构建。

冬到百步梯时,已是12号楼的新貌;当第一道日光投射时,一万年太久。晨起的步履与时光同步;晚修的灯火与星星对流,你可以听到的正是华南理工大学的脉搏。

1460天的交集,

让未来任何暗淡的日子,

都变得无与伦比的华美;

此刻力的源泉,

融化了心的柔美,

注定嵌于你的行踪,

一如初逢时的年轻,

走在传奇路上。

谢谢!

(原载:春暖花开公众号,2016年6月28日)

比"洪荒之力"更强大的力叫"铁榔头力"

里约奥运会,中国女排决赛,这是一场创造奇迹之战!

还记得,中国对荷兰女排半决赛,四局比分分别是27:25、23:25、29:27、25:23,这组数据可以说明一切,已经无法用文字、语言来描述:对抗与胶着、决决与起伏、荡气回肠与极限爆破,很多人一定如我般是按着自己的心,流着泪看完比赛的,甚至在很多时候,觉得获胜无望而内心安慰中国女排姑娘,"即使这场输了,你们还是我内心的偶像!"

可是中国女排总是有一种力量给人巨大的惊喜与震撼,这是一种在逆境中崛起的力量,这是一种在极限中突破极限的力量,这是一种在绝望中唤醒希望的力量,这是一种遇强更强、不惧强者的力量,这是一种擦干眼泪笑对挑战的力量,这是一种永不放弃、永不言败的力量……

几天前的傅园慧之"洪荒之力"给了我们极大的欢喜,甚至理性如我也瞬间成为她的粉丝,从而对"洪荒之力"有了特殊的情感。这力是人类在古代看到自己难以企及,又无法解释之力量时所赋予的定义,从一个侧面体现了人类对于宇宙奥秘、自然之力的敬畏,同时也使现代的我们感受到"洪荒之力"的强大。

"洪荒"是盘古"开天辟地"之时,即便在今天,大自然对于人类的认知能力而言,依然是"神秘"与"混沌",依然需要人类借"洪荒之力",敬畏自然并理解自然。十万八千年,人类能够融入这神秘与混沌,需要的是认识自身之力,就如盘古开天地一般,必先有自己之觉醒,这觉醒将混沌分为天地,将自己融入天地。

因此,自我觉醒之力强甚于"洪荒之力"。这觉醒之力,在我看来可以称之为"铁榔头力"。正是一代一代中国女排内在的"铁榔头力",她们延续30多年的不懈怠，无论是波峰还是波谷，始终全力以赴，以勇者之气概、盎然之战意、钢铁般意志，在厮杀中压倒对手，在惊心动魄中绽放英雄本色。

有人曾经问，女排精神是什么？郎平说，女排精神不是赢得冠军，而是有时候明知不会赢，也竭尽全力。在与荷兰对决之后，郎平接受采访时说："'你死我活的顶'就是中国女排的选择，没有其他的选择！"

看女排对巴西，这是一场荡气回肠的逆战之战，她们每每在关键时刻的呐喊，临危之时的爆发，时时唤起内心熟悉的感觉：女排精神、女排魂。

看女排对荷兰，这是一场绝地反击的复仇之战，她们每每在绝望时刻的坚定，胶着之时的决决，时时触动内心熟悉的感觉：女排精神、女排魂。

看女排对塞尔维亚，这是一场创造神奇之战，她们每每在遇强之时的淡定，鏖战之中的无畏，时时激发内心熟悉的感觉：女排精神、女排魂。与荷兰一战之后，远在旧金山的明姐发来当地的华文报纸关于女排报道的一份截图，上面写道："从小组第四，到涉险淘汰巴西，再到顽强拿下荷兰，看中国女排比赛，就像看人生，会被折磨、质疑、困难践踏得体无完肤，但只要撑着站起了，就能把惊慌和恐惧留给对手。"

是的，这就是中国女排带给我们30多年的感召之力，她们与自己较劲，也尽全力相信自己和激励自己；她们化蛹成蝶，自我蜕变而获得尊重；她们每一个人都是主角，但每一个人又都是配角，组合成一个"钢铁长城"！

泰戈尔说过："我存在，乃是所谓生命的一个永久的奇迹。"此刻，我只想对中国女排说："你存在，乃是所谓生命的一个永久的奇迹！"泰戈尔还说："爱情是因为相信，所以看见。"此刻，我只想对中国女排说："因为相信你们，所以看见奇迹！"

（原载：春暖花开公众号，2016年8月21日）

人需要的
只是战胜自己（二）

戈壁就是巨大的宇宙，它所承载的东西，你是永远挖掘不完的……

我很荣幸出席北大国发院戈12启动仪式。特别感谢曲向东老师设立了戈壁挑战赛，我是因为戈壁挑战赛才发现原来每个人的极限都是可以打破的，而且可以不断地打破。下面我就来谈谈我自己的一些感受。

我觉得对于每个人来讲，只有一件事情最需要你自己做，这件事情就是你要战胜自己。无论做企业、做老师或者做学生，我们会有很多很多的挑战。可是你会发现其实这些挑战都是你自己去设定的，假设你不把它设定为挑战，它其实跟你没有太大的关系。

那么，我们怎么去感受这一点，或者说去理解这一点？我真正得到这个答案是在戈壁上。因为当你走进戈壁的时候，你会发现很多东西跟你想象的不一样，哪怕你准备得非常好，可是当你真的走上那个赛道，走到戈壁当中，你就会发现你怎么准备都不够。这与考试的时候发现之前怎么读书都不够，道理几乎是一样的。所以，你会需要在现场自己解决问题，而这个时候你会发现真正要面对的其实是自己的极限，而且要突破它，你做得到的。

所以，从这个意义上来讲，我一直认为人的成长有三件事情，做到了你就是成长了。

第一，你要有梦想。

这跟我们戈壁挑战赛的第一个词是一样的，就是有梦想。

第二，一定要有伙伴。

因为我觉得戈壁挑战赛的核心是你跟团队之间的合作，你一个人是无法在戈壁里成功完成比赛的。我相信走过戈9、戈10或者戈11的，都会明白团队或者伙伴在你完成戈壁赛当中的重要性。

第三，你真的要动起来。

就是你要行动，如果不行动，你没有办法成长。所以，很多时候我们看到一个人的成长，或者一个企业的成长，源于有目标，他有团队，他有行动。

下面，回顾一下我自己的感受，要讲为什么我特别建议各位去参加戈壁挑战赛。

第一，勇敢尝试未曾尝试过的事情。

因为我是一个不太能走路的人，我从戈5就答应学生们要去戈壁，却一直等到戈10，我才站在赛道上。可是当我站在戈10的赛道上之后，体会到真要下决心去做之后的那个感受，真的会很感谢戈壁挑战赛。

穿插一段小故事。

有一天一个人说必须来找我。我说为什么？他说，就是因为听了我的话把企业给做没了。这件事给我打击很大，我在咨询上面还没失败过。我说："我不认识你，你怎么听过我说的话？"他说："你有微博，我在微博上听了你的话，我照做就死掉了。"我说："那不是我的。"他说："就是你，上面的文章都是你的。"我说："你把你的问题再说一遍，我现场给你回答。"后来他问问题，我解答。他说："看来真的不是你，如果听了你的，那么我的企业肯定不会死掉。"我说："我免费帮你，一定要让你的企业活过来。"这件事之后我上微博问那个微博账号的博主："你是陈春花本人吗？"他说："我不是，我是你的铁杆粉丝。"我说："你干吗要做这件事情？"他说："我太喜欢你了，你又不上微博，然后你的思想需要让很多人知道，我就帮你搞出去了。"他微博的名字就叫"陈春花教授"。我说："你搞出去可以，但是你不要回答问题。"他说："我基本上理解了你的思想，可以帮你。"我只能要求他赶紧关掉微博账号。到现在，我还没有开设面向公众的微博账号，是因为我要安心地帮一个企业做转型。我把这件事情告诉各位的意思是，你不去跟别人沟通，别人会"帮"你沟通。这就是这个时代。正因如此，微信出现后我就开始使用。

开微信公众号我觉得是一件很可怕的事，因为要保持一定密度的发文，保持一定密度跟现实的互动，还要保持一定的有效的沟通。可是在这个过程当中，从开设那天截止到今天，刚好是575天，我已经写了549篇文章。这就是非常可怕的一件事情。在之前我一定认为自己做不到，可是今天我发现，实际上也做得到。

我后面也有小团队，负责帮我排版，然后推送。我一个学生每天早上6：40分准时上线，7：00送出去，我说为什么那么早送，不能晚一点吗？他说他发现，就是那个时间大家一定会打开看。

第二件事情，你的能量，超乎你想象。

我之前是以新加坡国立大学教授的身份参加戈壁挑战赛的，因为华南理工大学没有参与这个赛事。我在参加之前，不认为自己能走，我以前最多能跑100米，过了100米就不行了。然后我找医生，医生说我不行，肺部有一些小小的先天问题，这对于跑步是个问题。他说你不能跑，大概跑一两百米就好了。真的决定上戈10赛道的时候我发现可以练，从100米到1000米，10公里到20公里。但是每次拉练都出状况，第一次中暑，第二次掉脚指头盖，第三次拉伤，反正没有一次成功。脚指头盖掉了的好处就是长出新的来，显得比较年轻。

上赛道之前，所有人都认为我走不下来，所以配6个同学陪我，我其实是被这6个人保护着的。还有，廖队医很伟大，我每天看到队医都满心欢喜，他每天专程在大帐等我，一定帮我拉伸完之后才休息。在大家的帮助下，人的能量有时候真的超乎自己的想象。

我第一天花了将近9个小时才走进大帐，然后累得受不了。可是到第二天的时候，我就跟自己讲，你不要成为别人的负担，要当一个好的队员，不要让那6个同学总是觉得你很艰难。

我就做了一件自己从来不做的事情。

我发现每个人都喝羊肉汤，可是我不吃羊肉。第一天很苦很苦，我发现他们都喝羊肉汤，喝完之后像满血复活一样，所以我就咬牙喝，结果发现很好喝。我在戈壁赛时发现两个东西很好吃，一个是西红柿，一个是羊肉汤。于是我第二天喝两碗，第三天喝三碗。后来我发现第二天就快了一个小时，后来跟着我的6个同学无法跟上我了。

当你真的融入环境，有伙伴、有内在力量的时候，真的不敢相信那个能量是多么大，所以戈壁上的那句话叫"你的能量，超乎你想象"，真的是这样。我掌握了这个节奏，知道多少公里补什么，多少公里做什么，越走越轻松，最后这样走下来了。

所以，我想告诉大家，四天120公里，是79个人的团队，让我成功完赛。所以，我对我们国发院的戈12有一个期待，就是你们一定要再创一个人数的高峰，我觉得这是非常有意义的事情。因为我相信唤醒更多的人，也是戈壁挑战赛最重要的一个目的。

在戈10的队伍准备去点将台之前，大家请我讲话，我说我这个人就喜欢写文章，你们愿不愿意走完戈壁之后把它写下来，写下来之后会发现这一场戈壁赛就是你一生的回忆，而且将来唯一能记住它的是文字，而不是你自己的经验和感受。我说你们就试一下，大家一起来写，你们当给我交作业。

结果一周后，我们花七天的时间就写了一本15万字的书，这就是你们今天手上会拿到的《让心安然：大漠百里风过无痕》这本书。我也感谢华章公司帮我出版。我告诉他们，我们要出这本书，而且要求两个月必须印出来，因为9月份是新加坡国立大学校庆110周年、商学院50周年，将送到新加坡作为校庆的纪念册，所以给出版社的时间只有两个月，华章公司确实做到了。

所以，我想告诉大家，很多事情只要我们愿意去做，你的能量一定可以超出你的想象。既然走起来了，那就跑起来。戈10之后我给自己定下了另外一个目标：跑马拉松。这个目标也让我收获非常大。

我人生的首马，就是雅典马拉松。我之所以选雅典，是因为这里是马拉松的发源地，这是一个创造传奇的地方，同样也是激发人类本能的地方。我觉得当所有的条件，所有的环境都非常苛刻的时候，本能才可以解决一切的问题。

所以，我们必须通过本能的训练来激发你内在的力量，我向这个地方致敬。这是所有马拉松当中最难跑的，因为有30多公里完全是上坡路，还好我有一帮很好的伙伴。那次我非常好地完赛，关门时间七个半小时，我七小时之前就跑完了。这实际上是我自己从未想过的，我没有想过一个人去跑全马，但是发现做得到，前提是要有团队，然后带着你的梦想走，就可以了。

我想告诉大家的就是，很多东西是可以做到的。像新希望六和去养猪，就一定要给中国消费者最好的猪肉，最安全的猪肉，我们花了巨大的投资做养猪场。我要见小猪，就要把自己净化两次才能见到它。你发现真正的食品安全不是我们想象的那样容易做到，但是你必须做。我们努力做的时候，社会回馈给你的东西超乎你的想象。

最重要的是我一直喜欢当老师，所以在新国大当老师，在华南理工大学当老师，今年是我从教30周年。我一直感觉幸运的是，我可以当老师，无论我做任何事情，我唯一保留的一个身份就是老师。在这样一个过程当中，其实会发现，我们每个人都有机会去创造一些很有意思的事情。就比如说，华章协助我在线授课，同时十万人听，两天的宣传，200个微信圈，10万人组合起来，然后把一堂课给上完了。假如按照我之前的上课方式，我肯定不试，但今天任何事都应该去试。

在任何情况下，一定要真正懂得所有的努力都是为理想在奋斗。那么，你会

非常快乐,而且你会发现人内在的潜能一旦被激发出来,可以突破很多界限。

所以,我一直喜欢在雅典的时候感受到的真正的快乐。这就是最初启迪人类的智慧树,可能所有的建筑,所有人都不在了,可是那颗种子,那种生命力是在的。真正的力量是你内在的生命力,这个内在的生命力完全要我们自己去感受,完全要我们自己去遇见。所以,我很喜欢戈12"遇见"这个主题,我觉得戈壁赛最核心的部分,就是你会遇见更好的自己。

假如你不去,你真的不知道你有多好。我从来不知道我会在跑步上有这样的感受,我甚至不能感受很多我没有想过的东西,在这里可以感受到。因为生命本身有四个最重要的特征,它很宽广,它非常多样,可是它又很柔韧,更重要的是它很包容。这四个最重要的生命特征恰恰在你走到戈壁里面的时候,一定能感受得到。

所以,我们是不是能够感受它的魅力?我虽然是学理工的,但我特别喜欢唐诗宋词带来的意境。很多令人共鸣的唐诗是描写边塞的,很多能代表中国人气质的词也是描写边塞的。王翰的《凉州词》让你可以感受到戈壁的魅力。而今天如果你真的要去,你就可以拥有这样的感受,就是你体会一个从未有过的"自我",这就是为什么我讲"在戈壁遇见最好的自己"。这种体会你真的没有办法想象得到,因为你必须得走进去。

我分享两个故事。我并不喝咖啡,但是很喜欢"一颗咖啡豆"的故事。爸爸问女儿,给你一个胡萝卜、一个鸡蛋、一颗咖啡豆,分别煮20分钟,你觉得谁最强大。其实真正强大的是那颗跟水融在一起的咖啡,因为当它被煮了20分钟,变成咖啡之后,飘出的是香。胡萝卜由硬变软,鸡蛋由软变硬。但唯独咖啡变成一个新的物种,它焕发出一种全新的价值,这种价值使得水和咖啡豆本身都具有更强大的力量和影响力。这就是为什么我告诉你,走过戈壁之后会遇到更好的你,跟环境互动之后,你变成另外一个你。

第二个故事是"阿育王寺,爱上玄奘"。我自己也是因为戈壁,真正爱上玄奘。我之前对玄奘、《西游记》都没有太深的感受。但是当我查大学历史的时候,知道玄奘求学的那烂陀寺,是人类最早的大学。为什么我从戈5一直要去而没有去,但是戈10去了?就是因为上戈10之前看了玄奘的故事,我说我一定要去阿育王寺,感受那种对信念、坚持、求学、初心、承诺的执着。

人生最重要的是经历与经过。

也许在我看来整个戈壁挑战赛这三个关键词包含不了它全部的内涵。你走进去之后,会给它在三个关键词上加很多的关键词,而那些增加的关键词就是你跟戈壁之间产生的共鸣。从阿育王寺出发，沿着玄奘法师的脚步，你就会发现一切都可以战胜，一切都是经历，一切都是选择，一切都是感悟。

有人问我人生有没有目的，我说没有。那人生有没有目标？我说也没有。为什么？我不认为人生有目的，有目标，因为当你一个目的达成的时候会设第二个目的，当你一个目标达成的时候会设第二个目标。人生最重要的是什么？就是朝前走，就是不断地朝前走，你能拓展多宽，你的人生就会是多宽。所以，人生最重要的是价值创造，不是达到目的，也不是追求目标。

那么，价值从何创造？应该是经历与经过，所以生活的宽广性、多样性、包容性和韧性，完全是你自己的行走与体验。当你有这样的行走跟体验的时候，你的人生就会无限宽广，没有任何的边界能阻挡你。人生最重要的是经历与经过，于是我们都有了一个名字叫"戈友"。我把戈10的装备都仔细保存下来，戈11的也留下来。为什么？因为"戈友"的这个名字是在证明，你不会被枯燥无味的生活掩没，因为你有自己的内心，你有那段经历和经过，你对所有的单调、枯燥已经经历过了。你会发现有更纯净的地方，你走过。你会看大漠、孤烟，然后你会告诉自己说，人生没有问题，因为你也经历过。这一段经历和经过一定会让你所有的生活不会被枯燥掩没，因为你确实已经拥有了你自己。

我真的喜欢，不是你走完了戈壁，而是你战胜了你自己。戈11时，我给新加坡国立大学的同学写了一首诗，标题"我喜欢你战胜了自己"：我喜欢你战胜了自己/满眶是泪水/夺眶而出的却是喜悦。所以，我也因此会觉得非常幸福，因为这个幸福就是你战胜了你自己。

在今天，在戈12启动的时候，我觉得这真的是一种相遇，我很高兴在这个时间点跟国发院相遇，我也很高兴在这个时间点跟大家相遇，因为每一次的相遇都是为了遇见更好的你我。

我也会认为，当一次又一次独自行走的时候，你可能才突然意识到某一种深度与厚度；当一次一次独自行走的时候，你突然发现苦思不得解的东西突然间像禅定一样，忽然"领悟"了。

我看到戈11传递旗帜的时候一样很感动，虽然我并没有跟大家站在一起，但是我相信这种收获是一样的。所以，对于一个人来说，很简单，你只需要战胜自己，于戈壁大漠而言如此，于浮躁世事而言也是如此！

所以，戈12，让我们一起去遇见更好的自己吧。反正我决定来了，谢谢！

（原载：春暖花开公众号，2016年9月16日）

你为什么
从鹰变成鸡

　　一个人在高山之巅的鹰巢里，抓到了一只幼鹰，他把幼鹰带回家，养在鸡笼里。这只幼鹰和鸡一起啄食、嬉闹和休息。它以为自己是一只鸡。

　　这只鹰渐渐长大，羽翼丰满了，主人想把它训练成猎鹰，可是由于终日和鸡混在一起，它已经变得和鸡完全一样，根本没有飞的愿望了。

　　主人试了各种办法，都毫无效果，最后把它带到山顶上，一把将它扔了出去。这只鹰像块石头似的，直掉下去，慌乱之中它拼命地扑打翅膀，就这样，它终于飞了起来！

　　结论是：磨炼召唤成功的力量，鹰成为鹰。

　　在六和公司的网上看到这篇短文，觉得很有意思，喜欢这个结局，可是也不妨试想一些其他的结局，也许可以获得多个角度的启发。

　　一个人在高山之巅的鹰巢里，抓到了一只幼鹰，他把幼鹰带回家，养在鸡笼里。这只幼鹰和鸡一起啄食、嬉闹和休息。它以为自己是一只鸡。

　　这只鹰渐渐长大，羽翼丰满了，主人想把它训练成猎鹰，可是由于终日和鸡混在一起，它已经变得和鸡完全一样，根本没有飞的愿望了。

　　主人试了各种办法，都毫无效果，最后主人觉得失望了，决定放弃对这只鹰的企望，由着它整天与鸡混在一起，当做多养了一只鸡而已，结果鹰成了一只名副其实的鸡！

　　结论是：主人自己放弃了自己最初的理想，鹰成为鸡。

　　一个人在高山之巅的鹰巢里，抓到了一只幼鹰，他把幼鹰带回家，养在鸡笼里。这只幼鹰和鸡一起啄食、嬉闹和休息。它以为自己是一只鸡。

　　这只鹰渐渐长大，羽翼丰满了，主人想把它训练成猎鹰，可是由于终日和鸡混在一起，它已经变得和鸡完全一样，根本没有飞的愿望了。

主人试了各种办法，都毫无效果，最后把它带到山顶上，一把将它扔了出去。这只鹰像块石头似的，直掉下去，它终于没有飞起来！

结论是：鹰自己放弃了，鹰已经不存在。

也许可以更宽泛地理解这则故事，一个人的成长会受到环境的影响，你处在什么环境，你就会烙上什么样的环境印记，可是你仍然可以超越环境，只要你心中的理想不变，只要你不对环境屈从和低头，只要你能够经受得住考验。但是，这只是其中一个层面。第二个层面是，当我们设定目标的时候，应该尽可能地考虑环境的因素，在利用环境的同时，必须有能力改变环境带来的负面影响，而且无论环境和条件多么的不利，也不能够轻易放弃，因为当你放弃了你的目标的时候，你就再也不可能实现这个目标。不能被环境左右，可以利用环境，以实现目标。

如果主人开始就按照鹰的方式来饲养这只小鹰，结果自然是不同的。因此，一个目标的实现，恐怕需要三个条件：环境、方法、自我认知。不理解环境、不设计环境，就会让目标变成奢望；不寻找合适的方法、不给出解决方案，就会让目标成为空谈；不了解自己，不知道自己的能力和使命，就会让目标变成可笑的梦而最终失去目标。

其实生活中，我们并不缺少目标，缺少的是实现目标的各种方法的训练，缺少的是对于目标深刻的理解，缺少的是对于目标的有效的沟通，更缺少的是对自己全面而理性的认知。就像这只鹰，以为自己是一只鸡，以为自己无法振动翅膀，以为这一生的空间都在大地上，而不知道它真正的空间是在天空中。鹰选择了鸡，则成为鸡；鹰选择了鹰，则成为鹰，全看你自己怎么选择。

（原载：春暖花开公众号，2016年10月21日）

学会接受
是变好的开始

我会常常安排学生们看一个人的演讲,这个人叫作尼克·沃尔奇克。尼克出生时就没有四肢,只在身体左下方长出了一只只有两个脚趾头的小脚(后来他称之为"小鸡脚",并感谢上帝给了他这只脚),当尼克长大以后上学时,他经常在学校中被别人嘲笑。

绝望的尼克甚至试图滚下椅子,让自己摔断脖子而死。他的母亲建议他,如果有人再盯着他看,那么他应该主动和人家搭话,以友好的姿态来面对这个世界。而尼克善良的个性也很快让他赢得了人们的喜爱。尼克回忆说:"当人们看到我说话时,他们就忘掉了我没有双臂和双腿的事实,而将我当成了另一个普通人看待。当我六七岁时,一次我对着镜子盯着自己的眼睛说:'没有人可以改变我的眼睛。'"

他开始了令人不可想象的艰苦的训练,不仅学会日常生活的一切,还学会了各项运动和学习的技能。尼克在水中"游泳"时,常常会令目击者目瞪口呆,尤其当尼克潜往游泳池的池底后,人们都担心他再也无法浮上来,他总是想尽一切办法来克服困难。一次,尼克在学校中听到一个曾是孤儿的成功者发表演讲,他意识到那些和痛苦不幸抗争的人也能给其他人带来希望,于是他决定学习演讲。从17岁开始,尼克在学校和一些教会发起的集会上发表演讲,讲述自己的痛苦和拒向命运屈服的经历,并以此来激发人们向上和快乐的力量。

特别感动我的是他在一所学校所做的演讲,他在整个演讲过程中,一直充满激情和快乐,他把自己身体的缺陷变成了体验快乐和实现快乐的场所,他为孩子们表演如何接听电话,如何发球,如何倒立、走路。他的每一个动作都超乎人们想象,在我们看来不可能的事情,在他那里都成为可能。我总是忘不了他的微笑，非常的安定、快乐、自然而然，如果你仅仅是看到他的微笑，你不会想到这是一个完全没有四肢的人，你一定会觉得他是世界上最幸运的人，而他也的确就是这样认为的。

这段视频的最后部分，令人动容。演讲结束后，尼克无法和孩子们握手，他选择了一个非常特别的方式，就是让自己"站"在门口和孩子们拥抱，一个一个拥抱，因为他喜欢被人拥抱。孩子们排队等候着和他拥抱，无论男孩还是女孩都哭了，而看着视频的我也泪流满面。

至今为止，尼克已在12个国家发表了1600场演讲，目前还有至少2500场演讲预约。当尼克受邀前往美国演讲后，他选择留在了美国，在南加利福尼亚购买了一座房子，还创办了一个名叫"没有四肢的人生"的非营利组织。尼克说："这个世界总是爱用老套而世俗的观点来定义别人，可事实往往并不是人们想象的那样。请记住，如果这个世界认为你不够好，别相信，就当它是一个谎言。"

我们还没有遭遇到这样大的困境，尼克的境遇让我们充分地理解和确信，只要愿意，困境一定会帮助我们成长，这是顺境无法达成的效果。逆境所带来的挑战，常常会激发起更大的勇气和力量；逆境所带来的压力，也常常会让人更深刻地认识自己，并打破自己固有的局限性。用胜义谛菩提心来说，就是学会放心，学会"空"，接受所面对的一切，放掉自己固有的认识，这是我对"空性"的理解。

一个企业家与我谈论他与长大的儿子之间看法不同的困惑。这位家长是一个对自己要求极其严格的人，虽然在商业领域取得了非凡的成就，拥有蛮多的财富，但是依然信守节俭并身体力行。更重要的是，他认为节俭是一个人最重要的美德。

有一次儿子向他要求和朋友去国外旅游，他也认为的确应该让儿子出去走走，开阔视野并独立解决问题，便非常高兴地同意了。当儿子把旅游路线告诉他，同时也把费用告诉他的时候，他简直不敢相信自己的耳朵，因为儿子选择了一条豪华路线，价格是普通路线的三倍。他无论如何不能够相信，这是他的儿子做出的选择，因为他一直认为自己身体力行、以身作则，在儿子小的时候就应该开始受到感染了，而且他笃定认为儿子有学到节俭的美德。看到儿子的报价单，他非常难过，这是让他觉得最"不顺"的事情。

我试着开解他，先是把自己关于相对富裕家庭孩子的消费观念和他分享。我告诉他，父母努力的结果让这些孩子并没有太多关于成本的概念，相反对于什么是好的品质，什么是好的品牌非常清楚，因此在他们看来选择最好的，是一个通常的价值判断,并相信父母一定认同。网络与信息,让这些孩子形成了与父母不同的观念,在他们看来与众不同、显现自我是非常重要的,独立表达观点、独立做出判断是他们的行为选择。因此父母想借助以身作则、身体力行来为孩子做出榜样并以此培养孩子们的价值观和行为习惯,是一个完全不切合实际的选择。学会接受,并和孩子平等对话,达成共识,才会转变目前所处的"不顺"的状况。这位朋友搞懂了事情背后的逻辑,情绪平定了下来。过了几天他给我电话,说和儿子沟通得很好,一切问题都解决了。

我在生活中也会有担心、紧张的状况,通过这次不丹的学习,我知道要有勇气去面对,试着改变,多为别人着想,这是世俗谛菩提心,多练发心,可以帮助我们去解决日常生活中遇到的难题,前面这个朋友所遇到的困境,就是一个好的例证。

去不丹之前,我一直以知识的方法去理解和认识佛;去不丹之后,我开始以观念和思维的方式来认识和理解佛。对很多仪式和戒律的要求,虽还无法理解,但要接受,浅显的知识让我知道,仪式包括一切有形可见的礼仪,与仪式对应的是"神话",神话是把其中的道理说出来,仪式则是把神话演出来。仪式可以助人回归到原点,活出新的生命。所以仪式对于宗教而言是不可或缺的,仪式最关键是诚心。虽然因为无法了解到更恰当的仪式,担心自己做得不足够,可是想到诚心足够,也许可以让自己心安下来。更重要的是,我知道:自此开始有了一个新思维方式,也有了充满快乐的人生观念。

(原载:春暖花开公众号,2017年4月28日)

成功只属于
不断行动的人

如果我告诉你，人人都可以成功，但现实是有人没有成功，原因是什么？其中一个关键就是缺少行动，行动是决定成功的因素。在与年轻人朝夕相处的过程中，在长期教学的过程中，确实有一种非常非常痛的感触，就是很多学生不太喜欢行动，而比较喜欢去设想和梦想，甚至幻想，我以前开过玩笑说现在的年轻人比较多在白天做梦，然后晚上睡不着觉。但是，成功的关键决定要素是你的行动。也就是说，不行动，你一定不会成功。

有愿望、希望成功的人是非常多的，可是最终的结果是成功的人并不多，所以除了拥有成功的意愿之外，接下来就是能够为实现成功的意愿，愿意身体力行去行动，只有真实的行动，最终才会取得成功。

有一年年初，我和一个朋友聊天，他告诉我他终于想通了中国企业在管理上存在的根本性问题是什么，我们长聊了两天，我为他几年来思考所得出的结论振奋，很认同他的一些结论和研究的思路。当听说他准备把这些想法写出来集结成书的时候，我很为他高兴，也兴奋地期待着，可是两年过去了，我还是没有等到他的书出版。与他相同看法的新书在今年推出后，我打电话去问他，他告诉我他还在思考，甚至很得意自己能够在两年前判断出两年后的市场状态，可是我知道在他得意的语气背后是无奈的神情，因为本来这是他的成功，可是没有人知道（除了我），我问他原因，他说他总是没有时间去写。

在对管理实践做研究的时候，我对一件事情感到不可思议，我发现在企业内部不断得到提升的人并不是最聪明的，也不是最有能力的，而是最不计较付出行动的人。我曾经观察过两个新入职的年轻人：小章是名牌大学的优秀毕业生，专业对口，学习成绩优异，同时还具有很好的管理才干；小李毕业于一所普通的高校，在任何一方面看起来都比小章要逊色一些，所以在入职训练之后，明显是小章得到重用，而小李不怎么被看重。过了半年，我发现小李总是第一个到达公司，总是抢着做事情，每一次交代他的事情，他总是答应并很快去做，甚至很多大家不愿意做的事情，他也毫无怨言地去做。虽然小章还是表现出比小李强的能力，但是大家开始关注小李而忽略小章，再过一段时间小李开始被提升。

我自然相信能力非常重要，但是行动更为重要。对于拥有知识的年轻人，在这一点上我更是担心。我常常听到很多人告诉我，他们有这样那样的想法，但是苦于没有机会实现，也有很多人不断强调，不是他不愿意做，而是没有条件做。我想起以前看到的一个故事：很多人想应聘一家著名杂志社编辑的职位，大部分应聘者都想办法证明自己的学识和专业训练，但是有一个人，跑到杂志社申请实习，不要任何补贴，不提任何条件，因为这个人什么活都干，而且干得很好，所以半年后杂志社主动问他是否愿意到杂志社工作，这个人得到了自己想要的职位。

其实，所有机会都是在行动中获得的。我在一次飞行中看播放的录像，一个片段是介绍飞人乔丹的纪录片，很多细节我不记得了，但是我深深地记得一个内容：在中学选拔篮球队员的时候，乔丹因为不够高，所以被编排在二队，教练要在一队训练完之后才能给二队训练，乔丹主动提出给一队服务，所以每天乔丹都比每个二队队员多出两个小时的训练，多年之后我们知道乔丹成为飞人。

因为常常到企业去做调研，所以常常听到企业的主管抱怨缺少人才。我是在大学从事教学工作的，也非常清楚地知道，大学每一年有大量的毕业生找不到工作。前几天我去招聘会上调研，一个早上竟然有7万人来找工作，看着人头涌动的广场，内心非常震惊。一方面企业找不到合适的人，一方面大量的人找不到工作，原因是什么？我为此咨询过很多人力资源管理的经理人，他们告诉我：资历很好的人很多，但都缺乏一个非常重要的因素，就是行动的能力。下面是一个在网络上流行的故事。

A在合资公司做白领，觉得自己满腔抱负没有得到上级的赏识，经常想：如果有一天能见到老总，有机会展示一下自己的才干就好了！

A的同事B，也有同样的想法，他更进一步，去打听老总上下班的时间，算好他大概会在何时进电梯，他也在这个时候去坐电梯，希望能遇到老总，有机会可以打个招呼。

他们的同事C更进一步。他详细了解了老总的奋斗历程，弄清老总毕业的学校、人际风格、关心的问题，精心设计了几句简单却有分量的开场白，在算好的时间去乘坐电梯，跟老总打过几次招呼后，终于有一天跟老总长谈了一次，不久就争取到更好的职位。成功者创造机会，机会只给准备好的人，只给不断付出行动的人。

每份工作，不论是在什么样的行业、什么职业、什么岗位，都需要脚踏实地的人。企业在选择人的时候，都会先考虑以下这些问题之后才会决定是否录用，这些问题是："他愿不愿意做？""他会不会坚持到底把事情做完？""他能不能独当一面，自己设法解决困难？""他是不是光会说不会做的人？"所以，行动才是最根本的能力。

如果细心观察成功人士和平庸之辈的区别，你会发现，他们分别属于两种类型：成功的人主动去做事情，平庸的人却常常是被动去做事情，如果不借助外力的推动，他们甚至想不到要做事情，每一天得过且过。人们很容易发现：成功的人就是不断做事的人，他真的去做，直到完成为止；平庸的人就是不做事的人，他会找借口拖延，直到最后他证明这件事情"不应该做"为止。

所以成功的原理就是不断地行动。

（原载：春暖花开公众号，2017年5月19日）

走上戈壁赛道，
只为认识自己

我跟北大国发院的戈壁挑战赛蛮有缘分的，第一次在国发院亮相，就是在戈12的启动仪式上。今天我们又要出征了，不管有没有做好准备，我们都要上赛道。这是我第三次参加戈壁挑战赛，到戈壁挑战赛上最大的一个收获，应该是能够认识自己。今天我就从这个角度来跟大家分享一下我的想法。

一、巨变时代强调个人对未来的设计和把握

为什么今天认识自己是一件如此重要的事情，我觉得很大的原因是我们进入了一个巨变的时代。这个巨变时代的核心是什么呢？就是你怎么样面对未来去做你个人的设计，面对未来去做你自己的把握。我想这可能是一个人最根本的准备。

各位也知道我的研究一直是组织管理，这一系列的研究都在回答组织如何面对未来。可是有一个角度不是组织可以帮你的，只能自己帮自己，那就是你自己如何做准备。如果自己要做准备，一定要先了解自我认知的一些障碍。

我觉得每个人没有做好准备的很大原因不是你的能力不足，不是你的潜力不够，而是你的自我认知有障碍。

第一个障碍：自我

第一个障碍是"太过自我"，这样在面对别人或者面对外部世界的时候，就没有办法把自己的位置摆正，进而没有办法真正面对自己，"太过自我"的认知就会对你产生影响。只要上赛道你就会知道，一旦不能把你那个"我"拿掉，你

可能真的就走不过去。走过去的人，一定是忘了"我"，突破了自己的极限。走不过去的人，很大的原因是太过在意"我"的感受，这是一个认知的障碍。

第二个障碍：事实

第二个障碍是什么？是我们太过相信自己的认知。我们每个人都在依照自己信仰的真理生活着。我们所信仰的，我们认为就是真理。很多时候我们对自己的经验、知识，以及所储备的东西都太过相信。但是我今天也很想告诉各位，我们必须接受一个事实，就是你信仰的真理和真理之间确实是有差距的，这是一个认知上的根本性差距。而这恰恰是妨碍我们做自我认知的又一个原因。

第三个障碍：经验

第三个障碍是经验。即使第三次上赛道，我也告诉自己说，你面对的一定是新情况。就像说人不可能同时踏进同一条河流那样，因为一切都在变。那么变化带来的结果是什么？就是你自己一定要跟着变。但是事实上我们可能不是这样的，事物在变，我们的经验没有变。当事物在改变，而你的经验不变的时候，你的经验会成为绊脚石。

这三个最重要的、影响你认知的因素就带来一个结果，这个结果非常可怕：你本来的潜力那么大，可是因为这些因素（你的习惯，你的态度，你的信念，你自己对自己的期望），你对自我的认知出现偏差。所以很多时候，我们真正的困难，不是因为我们没有能力。其实在潜力上，我不认为大家差异会太大，可是人与人之间为什么最终的结果会变得如此不同？很大的原因就是中间经过的这些因素，而它们恰恰是我们自己造成的。你就会发现，你最大的潜力经过了一个"你"，最后变成了一个很小的结果。

所以有人问我，一个人的潜力跟结果到底是什么关系？我从来不敢直接回答正相关。我不能回答的原因就是因为那中间放了一个"你"，我能回答的只是：你决定你的结果，不是我对你的判断。我不能回答你的潜力会不会让你有结果。

有人说，我们最大的悲剧不是任何毁灭性的灾难，而是从未意识到自身巨大的潜力和信仰。

我觉得这个才是我们每个人都要特别关注的部分。如果我们不能够理解到我们的潜力，不能够理解到我们自己真正信仰的东西，即使外部风调雨顺，即使给你最好的基础，即使给你最好的机会，最终跟你都没什么关系。有很多人说"我

命不好""我运气不好""我的机会不足"……但是这都没关系。事实上当你自己有强大的能力来对待自己的时候,当你对很多东西的认知融入环境里的时候,你就会发现,所有的外部条件并不影响到你的个人成长。

二、如何改变

那么我们要怎么改变呢?你们可能知道答案,这个答案就是,走上戈壁赛道。

我们有很多角度来检验自己,比如说你来朗润园学习。可是戈壁挑战赛的赛道确实是一个很特殊的,能认识你自己的一个场景,如果你真的想知道自我认知的角度有多大,如果你真的想知道你的潜力跟结果之间中间那个"我"带来的阻碍到底有多大,我倒是觉得像亚沙的同学一样,只要你上了这个赛道,真的是会给你很大帮助的。

三、人生只是一个向往

我非常喜欢刚才弋12A队做的这个小情景剧,它把整个戈壁赛道上最重要的几个点都呈现了出来。我们的起点是在阿育王寺,而这个地方恰恰是玄奘起步的地方。可是你知道玄奘为什么要从这个地方起步吗?真的是因为一件很小的事情。玄奘在洛阳的佛寺中长大,一个偶然的机会,他在一个异邦的高僧身上体悟到印度佛学的智慧,感受到佛学发源地的魅力,便萌生了西行的想法。玄奘因这样的人生向往,成就了他传奇的一生。

所以上了这个赛道,这就是你人生的一个向往。我特别鼓励所有能够去赛道的人都去一下,所以我很高兴戈12有61位戈友上赛道。我希望有更多的人去上这个赛道,这是你人生的一个向往,你有了这样一个向往,就会发现人生真的是会不太一样的。

四、生命自我支撑点

当走到这个赛道的时候,你就会不断地去找一个东西,这个东西就是你怎么让自己能够支撑下来,我称之为"生命的支撑点"。我们很多时候都会认为,人生的这个支撑点有可能需要借助外部的力量，但是当你去走戈壁的时候就会发现，人生的支撑点在很大程度上需要安于内心。我对玄奘特别敬仰的地方是，他既把外部作为一个支撑点，又能够在内心放一个支撑点，我觉得能平衡内外，内外都来做自身支撑的人真的是有大智慧的人。

我们有些时候会说，我不愿意跟你们比，我不愿意跟你们拼，我只做好自己就好了，大家记住这仅仅是找了你内在的支撑点。可是无论儒家的文化，还是我们今天看玄奘，你都会发现实际上是希望"内圣外王"，也就是说你在内在有支撑点，还要你在外部能够真正取胜，去面对竞争，去战胜一切。

当内外都可以做生命支撑点的时候，这个人是有巨大能量和智慧的。你到戈壁的时候会感受到这样的韧性，这样的坚强，因为你内在外在的支撑点都找得到，你会把你的心安好。

五、单纯就好

继续往前走，你就会发现好像没有那么难，为什么？你只要走就好。去戈壁最大的帮助，我发现是做任何一件事情只要单纯就行，跟你的能力，跟你所有东西都没关系。你不要有杂念，也不要去想能不能走得到，你就一步一步地走，肯定能走到终点。当你这样单纯地去做事情的时候就会发现，结果是自然而成的。

我们只要学会这样不断地走，一步一步、慢慢地不断走，什么都不要想的时候，你会发现非常美好。我觉得走戈壁的确很辛苦，有些时候会有脚泡，有人会扭伤，甚至有人可能会中暑，或者呼吸困难，各种各样你想象不到的难受。可是当你单纯地走，你会发现这所有的东西都不存在。那种单纯的快乐，只在戈壁赛道能感受得到，你在别的地方很难感受到。所以我非常希望大家去理解这种单纯快乐对每个人的帮助，你只要把它单纯化，就会发现世界上一切事情都是可以做得到的，没有想象的那么难。

六、自然本能

我们需要真真正正地去感受那种叫作"自然本能"的东西，很多时候你其实是用自然本能在做事，你甚至有可能都不知道该不该抬脚、怎么抬脚了，你只是机械地抬。可是这种自然的本能，反而是人巨大力量真正的来源。

有人问我说一个人的力量到底有多大,你去想一想一个母亲当她的孩子遇到巨大生命威胁的时候,她甚至可以把一部汽车推起来,这就叫自然的本能。这种力量超越你所有力量,如果真的走上戈壁,你会体现你的自然本能,你的自然极限到底在哪里,这种自然的本能会帮助你不断地去恢复内在的力量,而这种力量让你真正感受到:你可能真的可以做成你想做的事情。

七、满街都是圣人

走到戈壁,你就会看到非常多的从未看到的情况,满街都是圣人。真的是这样,在这样一个大环境下,你会发现人都非常的善良、非常的单纯,人们都展现出人性最光辉的一面。

阳明心学说只要有良知,可能满街是圣人。但是如果来到戈壁,来到赛道,你就会发现每一个人对你的微笑都是非常单纯的,每个人看到你的时候都说加油,每个人见到你的时候都问需要帮助吗?每个人见到你的时候都告诉你前边不远,你走过去就战胜了你自己。你会发现在那个时间,人性最纯的部分会被激发出来,被呈现出来。那样一个荒芜的大漠你会看到满目慈善的光辉。

我想这是一个能够让你特别感知善的地方。而这个时候你就会发现人与人之间的关系真的是非常单纯,所以我们很希望能保有这样的善心,保有这样的纯净,保有这样的内在的人性的光辉。当这些在你心中不断积累的时候,我相信你是一个非常善良的人。

所以那一刻你会发现你没有什么困难克服不了,因为你身边所有的人都会帮你,那一刻你一定会知道你能战胜一切从未战胜过的困难,因为那一刻你相信身边一定会有注视你的眼睛,等待伸出支撑你的双手,给你臂膀,甚至给你所有的呵护。这些恰恰就是在这个地方能够感受得到的。我总是想问,为什么这么大场景下的善不可以出现在熙熙攘攘的街市当中?我想这是对每个人更巨大的一个挑战,因为那个地方少了利益的纷争。如果我们每个人都能保持这样的善意,即使回到熙攘的街市,我也认为你比别人更纯净,你也会获取更多的支持。

八、一步一慈悲

我非常希望大家能像星云大师为《玄奘》这部电视剧写的这句话。

"愿大家都能时常思忆玄奘法师那因一念之慈悲,改变自己人生与世界的'重要的一步',皆能法喜盈满。"——星云大师

我也认为当我们跨出第一步,走向赛道的时候,我们内心也会法喜皆满。

九、信念力

如果可以,我相信我们会得到一个巨大的力量,叫信念的力量。

很多走戈壁的人会在一个地方看到这个画面,叫作"绝望的快乐"或者"绝望的痛苦",这个地方是风车镇。我在戈10的时候犯了一个错误,我走到这个地方迷路了,然后一直走一直走,直到后来有人通过对讲机问我走到哪里去了,我就告诉他我在哪里。他说:"还好你没有走太远,大概多了3点多公里"。3点多公里在戈壁上就是挺可怕的事情。

当时,只有我的一个同学陪着我,他说:"陈老师糟糕了,我们走错了。"我说没关系了,走错了也得走回去,没地方可以去了。也许我们走远了一点,但也许这是最不累的走法。我们俩就这么告诉自己,就这么走这么走。最后只想用一个东西来证明,就是要走得比对的人快。结果那是我跑得最快的一天,恰恰就是因为走错了3点多公里,然后以一个更快的速度更早到达大帐。其实当你有信念相信自己,很多奇迹就会发生。

十、超乎想象

你在戈壁当中,会不断地去感受,感受你内在的力量带给你的一切,它能帮你,让你看到戈壁上所有的场景。所以我认为一切真的超乎想象,我不知道超乎想象的概念用什么东西去描述,也许所有上过戈壁的人更能够告诉初次上戈壁的人,你的能量真的超乎你的想象。

可是不管怎么告诉你,我都认为只有亲身走上赛道,你才能体会到所得超乎自己的想象。所以我并不知道戈12会给我带来什么,也并不知道我跟国发院的戈友们一起上赛道的时候我会有什么样的体验。但是我还是满心期待,满心欢喜。我知道自己这一次并不是准备得非常好,可是我总是在想如果与大家在一起,我们可以创造奇迹。

这就像我们每次看到夜空下的帐篷,觉得戈壁最美。那一大片营地的帐篷给

你很奇特的感觉，你会发现人可以在毫无城市的地方自己建一个城，而且是瞬间建起来。我想这就是戈壁的力量，它的力量是真的非常奇特，这种情景是你没有办法去想象，去设计的，你必须去现场体验。体验之后，你会发现你得到的一切真的是超乎你的想象。

我相信从亚沙回来的同学已经有这种感受。我非常期待大家有一个非常美好的戈壁挑战赛，所以我决定做一件很想做的事情，为国发院写一首戈壁挑战赛的队歌。金勇同学鼓励我说，春花老师，你写我就给你谱曲。于是就有了下面这首歌。

这条路
词：陈春花　　曲：张金勇

这条路
横亘砂石穹宇
放眼满是苍茫荒芜
穿越往昔今朝
凝聚智慧梦想
这条路
拥抱极限力量
胸中满是激情豪迈
携手你我同行
凝聚友爱真心
勇者踏步要为自我证明
智者踏步要为生长证明
汗水酸痛已融入机体
困顿孤独却抛离身外
星起尘落嵌朗润情怀
西去东归弘天地大道
这条路
就是玄奘之路
坦荡无畏
你我一起走过

十一、这条路，我们携手走过

其实这就是你跟我能够走过去的一条路，我想这条路可以给各位非常独特的帮助。这个帮助，在我心中，应该是认识你自己。如果你通过这条路认识了自己，就可以成为勇者，可以成为智者，可以拥有一个西去东归的弘扬大道理的力量。我们就可以用朗润的情怀，用双脚去证明我们可以推动社会的进步。

更重要的是我们可以通过这条路，看到真正的那一个自己。所以非常希望我能够与大家一起踏上这条路。这条路就给予你我非常多的帮助。

我期待着戈12，给自己一个巨大的帮助，让我们重新出发，重新认识自己。

（原载：春暖花开公众号，2017年5月20日）

学会接受

大多数人都是在知识的范畴中展开对世界和对人生的认识，因此我们被训练用逻辑来了解和判断身边的事物，在接触世界时，逻辑成为人们思考的主要规则，符合逻辑几乎成了最重要的评判标准。那么什么是逻辑呢？传统的逻辑主要讨论三种内容：概念、判断、推论。

"概念"是指我们平常所使用的名词，如月亮、花、树木等，任何可以想象得出来的名词，都称为概念。人们为了相互交流的一致性，为每一个概念赋予了"意义"。由此可见，概念并不是事物本身的表达，而是人们为了交流而赋予的意义。由此可知，每个人对概念的理解，都会有一些个人的经验所形成的特殊的认识。

记得自己刚刚考上大学，从东北偏远小镇来到广州，看到"自来水"时的惊讶。虽然早在中学的课本里知道"自来水"这个概念，但是因为完全没有见过，无法想象"自来水"是什么样子，所以当"自来水"真实地出现在我面前的时候，竟然超出了我的想象，我激动地跑回宿舍写了一封长长的信给中学班主任，只为告诉她"自来水"是什么样子。不同的人，因为经验的不同，对于概念的理解会有着千差万别的不同，依靠"概念"的确无法理解真实的存在。

两个以上的概念结合在一起，会形成"判断"。任何一个完整的想法或者句子，都是一个判断。判断又称为命题，表示当人把主张表达出来，变成客观命题，可以让他人看到、听到，甚至可以研究真伪。我们先撇开概念是否能够表达真实不谈，但就判断本身做出思考，也会发现，所谓客观的命题也并不是一个真实的命题，而是个人自己的主张，并借助判断强加给他人。

比如说，天气很冷。这是一个判断，来自提出这个命题的人自己的判断，也许他会借助天气测量的工具，用-10℃来证明，但是他无法了解到，对于一个生活在南极的人来说，这是一个热的天气。因此判断本身也受制于人们的经验和局限,并不是我们所认可的那样,这是一个客观的评价。更何况加上概念本身的局限性,判断与真实之间的差异可想而知。

推论就是从既有的判断推衍出新的判断。在逻辑上称为推论,在日常生活中称为推理,包括直接推论、三段论法、两难推理。在学习哲学的课程中,推论是大家最喜欢的课程,因为在这里,每一个人都有机会运用推论,把别人的判断推翻,每一个人都充分运用自己的聪明,甚至可以说狡猾来战胜别人。

有一个著名的例子,古希腊哲学家毕达哥拉斯,他是辩士学派的代表人物,专门教别人如何辩论。有一次他看到一个年轻人,资质非常优秀,就要这个年轻人跟他学习辩论。这个年轻人家境清寒,毕达哥拉斯特准许他学成之后再交学费,他与这个年轻人约定说:"你毕业后去和别人打官司,如果打赢了就代表你学成了,那个时候就要付学费给我;如果打输了就代表没有学成,也就不需要付学费了。"

这个学生毕业后,打赢了很多官司,但就是不交学费。毕达哥拉斯对这个学生说:"我现在要去告你,如果法官判决你胜诉,那么按照我们的合约,你应该付我学费;相反的,如果法官判我胜诉,那么按照法官的判决,你也应该付我学费。因此,无论法官判你胜诉或者我胜诉,你都该付我学费。"这个学生听了以后回答说:"如果法官判我输,那么按照我们的合约,我不需要付你学费;相反的,如果法官判我赢,那么按照法官的判决,我也不需要付你学费。因此,无论法官判我输或者赢,我都不需要付你学费。"事实上这是一种诡辩。

这个例子很好理解,如果我们基于"自我"的立场来判断事物,是无法真正找到事物的本质的,就如毕达哥拉斯与这个学生,"输与赢",按照他们的推论,能够真实存在吗?

无论是概念、判断、推论,都无法真正表达客观事实,这也是人类认识世界的局限性所在。我们依然可以运用科学的方法来认识世界和人生,只是必须知道只有这一个方法是不足够的,从某种意义上来说,科学的方法是人类自己认识到自己的局限性而采用的方法,科学本身也正在不断地回归到自然的根本中。除了科学之外,人们学会借助另外一种途径来认识世界和认识人生,这个方法就是对于"空性"的理解与把握,也就是离开概念来把握。

对"空性"的理解的确需要克服很大的困难,因为我们已经习惯了用语言和概念来认识世界,概念的设立帮助人们交流,并通过判断与推论认知"自我"。所以我们还是习惯于用概念来认识世界和人生,用"自我"来判断周边的人与事物。离开了这些概念和经验，我们会不安，会惶恐，会感觉自己被周围的生活抛弃，甚为担心自己是否符合这个社会的潮流，是否能够在与大家达成共识中获得安全。这一切使得我们越发在意外部的变化和评价；越发增进自己的知识、概念、逻辑和判断；越发依赖经验和自己的能力。这些已经成为生活的习惯，也成为我们保护自己的经验。

现实好像在和我们开玩笑，当知识和经验足够丰富时，更大的不安会涌现，这更大的不安不再来自于能力和经验，不再来自于知识和逻辑，而是来源于自己的内心，以及无法认清自己、认清世界的迷惑。曾经苦苦追求的目标终于达成，带来的并不是快乐，而是空虚；曾经认为极其重要的东西终可拥有，带来的并不是满足，而是负担。这样的感觉越发呈现在我们的生活中。就如一个普通的母亲，一直盼望着孩子长大，而当孩子真的长大，离开的那一天到来之时，母亲没有感受到喜悦，而是空虚与难过。

一次和姐姐聊天，祝贺她的孩子开始工作了，但是姐姐并没有我想象的快乐，她说因为孩子工作了，周末也不回家，姐姐觉得家里很空，孩子不会再陪她逛街，假期也不能够和她一起去旅游，她觉得很不习惯，甚至会有些许失落。这就是孩子长大之后母亲的感受：失落与孤单。

此时发现，我们之前所追求的东西，所积累的能力和知识，所取得的成绩或者成功，还是无法让我们对未来有美好的把握。一切外在努力的确无法解决我们"自己"的问题，回归本心是该选择的出路，让"自我"变成"性"，变成"空"。学会放下，学会包容，学会接受，不安就会减少，失落就会减少。

脑海中再一次响起仁波切的声音："一切真实是梦幻，没有固定的。万法如梦如幻，一切都是假象，这个观念要有，而内心要有无所不在的观念"。这个时候再看奥修的《没有水，没有月亮》，终于理解了千代所顿悟的"空在手中"，不需要执着于概念本身，也不需要太过在意自己的经验和知识，每一个概念并不代表事物本身，终止心对思考和研究的无尽渴求，让心不再依赖无尽的思维、分析和判断，不再用自己的理解来做正误的判断，学会放开自己，唤醒对空性的理解，就如爱马仕的老板那样，面对仿冒品，不但没有生气，反而更加得意，还买来仿冒品来学习和研究。"空"是什么，空不仅仅是包容，空更是坦然"接受"。

（原载：春暖花开公众号，2017年6月23日）

丰满的人生
需要一个好的自我设计

　　自我设计，是人的本质特征——主体性的自觉表现，是人对自己进行的自由创造。对于个人来说，自我设计既是自然的，又是必然的。固然人从一出生就不断为周围环境所塑，但人并不是生来就是一张白纸，任由环境在上面留下它的烙印。人在幼小的时候就已经获得了自我塑造的能力，使人不仅能在各种事实、各种可能性之间进行取舍，而且还能对自己的未来有所憧憬。自我设计就从中产生。

　　对自我意识已有高度发展的青年来说，自我设计不仅是自然，而且已经成为必然。可以说，自我设计是每个人必须面临的基本任务，每个人都要通过对自己的设计，来表明自己对必须回答的一系列人生课题和人的基本命运的总体态度。青年正是通过自觉的自我设计，标志自己走向成熟的。

　　人生是短暂的。作为个人，如果放弃自己的愿望和理想，任凭他人安排，那么，自己的生命意义就永远操纵在他人手中，既放弃做人的基本权力，又不承担人生责任，成为一个在历史上来无影、去无踪的匆匆过客。

　　自我设计的基点，是人的自我信赖，是忠实于自己。一个人只有在相信自己的情况下，才会产生主宰自己的意愿，才能在生活中发展出主动性；只有当他忠实于自己的时候，他才会凭着自己的良心、良知，诚实不欺地安排自己的一生。

　　自我设计的目的，是规划出一个理想的"我"，作为自己努力奋斗的目标。这个理想的"我"，包括对自己的职业、性格的设计，对人生、世界的态度。

　　人生的内容千姿百态，它使人的生命活动复杂而丰富。要使自己的生命活动丰富，但又不失之于错乱而没有特色，人的生命活动还应当在丰富之中具有一个主旋律，这就是贯穿于个人自我设计全部内容之中的价值取向。

一个人所看重、追求的是物质享受还是精神丰富；是功名成就还是真理与正义；是孜孜以求个人私利还是肩负人类的命运……这一切，都凝聚在他选择的价值目标上。自我设计所含的诸方面的内容（职业和性格的设计、人生态度的选择等），其基本精神也凝聚在价值目标上。人在面临由坦塔罗斯、普罗米修斯、西西弗斯和俄狄浦斯所表征的不可避免的基本命运时，他将采取的态度，也要由他所追求的价值目标来定向。因此，价值取向乃是个人自我设计的灵魂。

人类个体千差万别，这种差异的构成，有赖于每个人的独特性。自我设计就是个人自觉地去寻求自己的生活姿态，就是个人有意识地去确定自己的特点。自我设计，是我们不可剥夺的个人权利，是每个人的人生职责和使命！

特别需要明白的是每个人都是独特的，又依据着某种共性聚集成类。自我设计是属于个人的，然而它的成果不仅属于个人，也属于整个人类。自我设计虽是每个人的权利，然而每个人同时也负有享受这种权利的义务。一种自我设计就是一种自我选择。这种自我选择对于社会而言，正如萨特所认为的，每个人在选择自己的同时也选择了社会。无论个人做什么样的自我设计，人类生活中的某些基本原则必须受到尊重，人类的共同价值也必须得到珍视。也就是说，个人设计要有利于形成健康而符合人性的社会氛围和个人生活。自我设计的多样性，应当在"为了人"这个原则下展开。

生活蕴藏着丰富的意义，它有待我们自己去发现。生活里有成功、胜利与喜悦，也有挫折、失败和痛苦；丰满的人生是全面接受生活的人生，不拒绝成功与享受，不畏惧失败与挫折；欣喜于自己的探索果实，坦然地接受自己的错误，敢于经历真实的完整的人生。像浮士德那样，"凡是赋予人类的一切，我要在我内心自我体验，用这种精神掌握高深的至理，把不幸与幸堆积在我心里，将我的小我扩充为人类的大我"。

（原载：春暖花开公众号，2017年6月30日）

保有理想
是我们一生都要谨记的事

很多青年人进入职场之后，很快就忘记了自己的梦想。在刚刚进入社会工作的时候，他们会有很高的热情和理想，会很努力地适应环境，努力地表现，认真地付出，并渴望在事业上获得成功。但是过了一段时间，一部分人开始安于现状，满足于完成基本的工作，甚至很多人认为工作不过如此，对得起这份工资就可以了。

为什么走入社会开始工作一段时间之后，曾经有过的激情会淡下来，之后更淡，最后在遇到挑战和变化的时候开始着急？其实根本原因是他们把自己的梦想给放掉了，给忘了，所以永远怀有梦想真的才是你让生活变得有价值的条件之一。

崇高的理想会给人不懈的动力，这种动力是你取之不尽、用之不竭的。但是对于理想的理解，学生们还是非常混乱。记得我曾经训练学校代表队参加"广东省大专院校辩论大赛"，华南理工大学代表队抽到的辩论题目是"理想比立志更重要"。

我与其他几位老师先听同学们分析和准备，同学们在谈论"理想是什么""立志是什么"的问题上开始纠结，辩手们在研讨的过程中展开激烈的辩论。我发现不管如何准备材料、如何组织辩题的观点和立论的依据，同学们并没有完全理解"理想"和"立志"的真实含义，自然也就无法找到好的辩论的立意和视角。引发我更深担忧的并不是辩论取得成绩本身，而是学生们如果无法很好地理解这个命题，那他们未来成长的依据就会缺失。

记得同学们当时就在探讨下面这个话题的时候出现疑义：周恩来总理在读书的时候说"为中华之崛起而读书"，站在支持"立志"这一方的同学说"为中华崛起"是周总理立下的志向，这说明"立志"比"理想"重要；而支持"理想"这一方就说"为中华崛起"就是一个理想，所以"理想"比"立志"重要。结果双方辩得不可开交，没有谁能够说服谁。

其实他们的理解都错了，这里面犯了一个根本性的错误，就是把"立志"与"理想"完全对立。为中华崛起的确是理想，但是理想与立志是没有矛盾的。大家想想，立志的人很多，立志读书的人很多，但是像周总理这样为中华民族作出巨大贡献的人并不多，原因是什么？就是因为他有一个崇高的理想"为中华崛起"，所以当讨论"立志"跟"理想"谁更重要的时候，我相信这很难有结论，因为两个同等重要。

但是还需要知道的是，"理想"才是人生的一个起点。如果以起点的概念来讲，"理想"一定是比"立志"重要的。而以行动为起点来讲，"立志"一定比"理想"重要。所以我对同学们说，这就是他们辩论的一个关键点，同学们之所以没有办法进行辩论，是因为他们并不知道：相对于起点而言，理想更重要；相对于行动而言，立志更重要。他们只是认为辩论就应该对立和争论，但是没有好好想想辩论是学习的一个机会，通过辩论我们可以整理清楚一些似是而非的东西，经过这样的辩论，学生们明确了：崇高的理想就是人生的起点。

所以你一定要有非常远大的理想。其实每个人都有理想，但是因为各种各样的原因，很多人会经历时间的变化而放弃或者遗失理想。想成功的人一定要保持理想，让理想一直存在，一定要把理想好好地保存在你的心里，只有这样你才有机会实现理想。

我对自己比较满意的地方就是，不管我走过哪些地方，不管我打算去做任何尝试，我心目当中一直有个理想，就是"要当一个最好的老师"，这是我的理想，也是我的梦想。虽然我曾经在从事教学工作期间做过很多事情，包括去国外读书，去一家集团公司做总裁，去企业做管理顾问，但是不管我做什么样的尝试，目的只有一个，就是让自己增加做教师的知识和阅历，以及理论与实践相结合，让自己更加深入地理解管理理论，以帮助自己成为更好的管理领域的教师。

所以20多年间在教师这个岗位上，不管我要面对什么样的困难、压力和阻力，甚至需要付出更多，我还是会好好地保留它，因为这是我的理想。对我自己而言，人生最重要的价值就是能够传授知识、教授方法、解决问题。

一定要把理想留在心目当中，当你有着崇高理想的时候，你的人生就有了起点，如果没有这个理想，或者任它变得很小，人生就没有了起点。也许你会说，"理想对我太大、太遥远了，我实现不了"。我们还是回到前面那一句话，只要你愿意，你就会实现理想，你最好还是好好地守住这个理想，把它留在你的内心当中。

（原载：春暖花开公众号，2017年1月14日）

成功只是多付出一点点

　　成功与失败之间其实没有太大差别。成功与失败之间唯一的差别就是成功比失败多那么一点东西，就多一点点，这一点点就是你的付出。

　　成功没有其他原因，成功就是比其他人多付出一点。一天中我最喜欢的时刻是晚上，当我写累了，往窗外望，竟然发现窗外所有的灯都熄灭了，安静地望着窗外，和自己的灯光辉映的只有星光，这个时候我就知道自己开始接近成功了。成功就这么简单，所以如果有一天，当你往窗外望，发现你自己的灯亮着，而别人的灯已经关了，你离成功也就不远了。

　　成功真的不是太难的东西，只要你愿意稍微探索多一点，你离成功就很近了。接受每个任务的时候，如果愿意比别人付出的多一些，那么你一定会成功。

　　孔子一生勤奋好学，到了晚年，他特别喜欢《易经》。《易经》是很难读懂的，学起来很吃力，可孔子不怕吃苦，反复诵读，一直到弄懂为止。孔子所处的时代，还没有发明纸张，书是用竹简或木简写成的，既笨又重，用皮条把许多竹简编穿在一起，便成为一册书。由于孔子刻苦学习，勤展书简，次数太多，竟使皮条断了三次。后来，人们便用"韦编三绝"这句成语来传诵孔子勤奋好学的精神。

　　战国时的苏秦，夜以继日地读书，实在太累了，就用锥子刺大腿来使头脑清醒；汉代的孙敬，为了防止读书时瞌睡，便用一根绳子把自己的头发系在房梁上，只要打瞌睡，头一垂下就会被扯醒。这就是历史上"刺股悬梁"的故事。

　　晋朝的车胤、孙康、匡衡，家里都很穷，连灯油都买不起。夏天的晚上，车胤用纱布做成一个小口袋，捉一些萤火虫装进去，借着萤火虫发出的光亮看书；孙康在严寒的冬夜坐在雪地里，利用白雪的反光苦读；匡衡在墙上凿了个小洞，"偷"邻居家的一点灯光读书。讲的就是"囊萤映雪"和"凿壁偷光"这两个故事。

　　东晋大书法家王羲之自幼苦练书法。他每次写完字，都到自家门前的池塘里洗毛笔，时间长了，一池清水变成一池墨水。后来人们就把这个池塘称为"墨

池"。王羲之通过勤学苦练,终于成为著名的书法家,被人们称为"书圣"。

英国画家雷诺兹对天才的理解:天才除了全身心地专注于自己的目标,进行忘我的工作以外,与常人别无两样。曾经记录过这样一段话:"当听到年轻人对天才羡慕不已、啧啧赞叹时,我常会问他这个问题,'天才勤奋工作吗?'这里我要特别强调两个词的差别,'应付差事'与'勤奋工作'。"这段话告诉我们,没有真正的天才,"天才"一定是"勤奋工作"的结果。有一个非常愚蠢的观点,天才是天生的。而且持有这种观点的人很多,甚至还认为有着超乎寻常天赋的人不需要勤奋和苦干,这是大错特错的,这种思想断送了很多可以大有作为的青年人。

有机会结识了一些岭南画派的画家后,我发现无论是以前的关山月、黎雄才,还是现在的林墉、梁志雄,这些岭南画派的代表人物,他们都是在超过60岁之后成为名家的。也就是说,在60岁之前,他们都是在默默地习作和练习,没有40多年的磨炼,我想就没有之后他们的成名。虽然我没有仔细地分析他们成长的历程,但是在和这些知名的画家接触的过程中,凭着对他们一点一点的认识,我发现一切天赋都是在勤奋之后放出异彩的。

当然我并不想吓唬大家,好像人需要到60多岁才有机会成功。这些画家的人生历程告诉我们,没有人是依靠天赋成功的,成功只有依靠勤劳和付出。我转到管理学领域时是1994年,为了了解和掌握这个学科,我整整花了10年的时间学习、阅读、观察企业、累积资料;为了能够缩小自己在这个专业领域与同行的差距,我要求自己每天都超时工作,尽量减少休息和睡眠;为了分析透彻一个企业几年的资料,能够了解一个企业战略的所有素材,我到了不吃不睡的地步,常常连轴转,没有任何娱乐的时间。这在一些人看来是非常难以忍受的生活。但是,如果你想在一个领域理解透彻,想获得成就,就不得不这样去做。

我热爱自己的工作和研究,也同样承认这样的工作很单调和乏味,但是,当能够领略学科其中精髓的时候,当能贡献自我的价值的时候,就有着鼓舞人心的精神上的极度满足,自己的能力也能够得到极大的发挥。正是因为心无旁骛、全身心地投入工作,才有更多的时间来做更有价值的事情,精神世界才是充实和欢愉的。

非常清楚地记得北京大学孟二冬教授的一句话:"板凳坐得十年冷,文章不写半句空。"也许你们会觉得这样的生活太过清苦,但是如果没有要坐十年冷板凳的精神,没有实事求是地估量工作中的困难,不知道成功来自于无数次的失败,需要付出长期的、耐心的劳动,恐怕很难取得大的成就。

当卡内基回答成功的秘密的时候，他这样说："任何职业中都有特殊的人达到巅峰，这些人不需要赞助商，然而，问题是他们如何使自己的业务有保证，每个行业的顶峰都会有大量机会。你的问题是如何到达那里。答案很简单，比你同行普通人多付出一点点努力来运营你的企业。如果你超出了普通人一点，你的成功就有保证了，成功的大小和你的能力大小以及你倾注的超出常人心血的程度成正比。经常有些人已经接近顶峰，但是，无以计数的人还是位于底部和接近底部的位置。如果你没能成功升级，错误不在起步阶段，而在于你自身。"

　　如果你愿意，你可以崇拜那些英雄，也可以用敬畏的眼光来注视你心目中的偶像，钦佩他们取得的巨大成就。但是，你要切记的是，并不是一颗多愁善感的心加上丰富的想象力就可以使你成为莎士比亚，正是勤奋写作和坚持不懈地探索，才成就了莎士比亚。正如莎士比亚自己所说："人们渴求的不应是天赋，而是坚强的意志。换句话说就是，人们不应一心只想着得到成功的助力，而要时刻保持勤奋劳作的毅力。"英国诗人琼森写下诗句：

　　虽然做诗人首先得有天赋，
　　天赋却不等于美丽的诗篇，
　　不用辛勤的汗水千锤百炼，
　　即使是缪斯也写不出名篇。

（原载：春暖花开公众号，2017年7月21日）

学会控制自己的
注意力

在一个人的发展过程中,全神贯注、集中意念可能是至关重要的一个环节。如果适当地集中精神意念,会产生难以置信的结果,尤其是对于那些尚未窥见门径的人。培养意念集中的能力是每个成功人士必备的特质,也是一个人所能获得的至高成就。

如果把全神贯注的能量比作放大镜,它可以聚焦太阳的光线。如果把放大镜晃来晃去,光柱不断移动,这时的放大镜没有任何能量。但是如果让它静止下来,让光线集中于一点,停一段时间,马上就可以看到奇妙的效应了。人的能量也是如此,如果太分散,不断地变换,能量无法集中,就不会有任何成就,但是通过全神贯注,把意念集中于一个目标,假以时日,任何事情都是可能的。

这一点在今天不容易做到,但是如果做不到这一点,探索更多的东西都是空话。今天的生活对于注意力来说会有几大问题困扰着,公认的困扰就是网络。年轻人对网络的依赖已经超出我的想象,几乎所有的生活都在网络上展开,我自己也承认离开网络的确无法工作和生活,但网络也可能会让你失去很多东西,至少失去探索更多东西的能力。网络最大的优点也是最大的缺点,就是获取信息的方便程度,当需要解决一个问题的时候,人们第一个直觉就是到网络上看看,正是这样的习惯使得学生们有可能丧失独立解决问题的能力。

所以网络时代的人才基本素质与网络时代前的要求不一样,在网络社会之前,人才基本素质的评价用五个字来说是"德、才、学、识、体",就是人才需要具备良好的品德、杰出的才干、厚实的学识、独到的见解以及强壮的体魄。这五个最基本的素质放在网络时代中已经不够,我借用管理者现代素质的要求来说明这个问题,对于在一个变化激烈的环境中的管理者,组织需要他所具备的基本素质,除了以往的传统要求之外，还要具备"团队、速度、韧性"这三项新的素质。

也就是说，如果不能与人合作，你不是一个现代的管理者；如果速度不够快，也不是一个现代管理者；而一个现代管理者更为重要的素质是要有韧性，因为今天的诱惑太多，没有韧性，不能够"在黑暗中发出微弱的光芒指引道路，就无法带领团队向前"，这是现代管理者的三项新的基本要素。我更强调的是最后一个素质"韧性"，因为没有韧性也就不用提及其他了，所以一定要控制自己的注意力来培养自己的韧性。

有一次，一个学生与我讲他要好好培养自己，锻炼自己，所以学校的活动都参加，各种社团都参加。可是我问他，哪一样事情是能够从头做到尾的，哪一样事情是坚持一直做的，因为我确信他没有那么多时间做这么多事情，他的回答与我的预料一样，这样的学生我相信最后什么也做不好。

还有个学生更可爱，在大学期间他把所有能够考的证书都考完了，律师证、资产评估师、剑桥商务英语、托福、注册会计师等等，他的优点是这些证书他都可以考试通过。他考了七个证之后遇到我，他说："陈老师我就要毕业了，你帮我推荐下。"可是当我看到他考了这么多证书的时候，我告诉他我没有办法推荐。三年的硕士课程中他考了这样多的证书，我担心他的专业知识学得不是非常踏实，因为给予的时间和精力不充分，我只能判断他是一个很会考试的人，但是当一个只会考试的人到现实生活中有没有用呢？

一个人需要清楚地认识这样一个道理：对于任何一个专业或者行业的认识，没有5~8年的累积，你是不会有真正深刻和独到的认识的。记得有一个很成功的职业经理人告诉我他的上司给他的一句忠告，那个时候是他刚好到这个公司的第八年，他取得了一定的成绩，一个很偶然的机会，他与总经理坐在一起，总经理问他工作了多少年，他回答说八年了，总经理很高兴地告诉他说："恭喜你，你终于入行了。"这个年轻人告诉我说，当时他觉得很失望也很懊恼，总经理这样小看他，八年工作时间才刚刚入行，可是也正是总经理这句话让他沉静下来潜心研究行业和市场，潜心理解产品和顾客。现在他明白总经理的忠告是对的，他现在才真的理解这句话的合理性。

很多年轻人喜欢跳槽和更换职业，甚至认为这是有能力的表现，其实这是极其错误的认识。对于一个能够成长的人来说，知识和实践的积累是极为重要的，并不是你拥有的证书或者丰富的履历，而是你实实在在对于一个领域的理解和积累。我是非常反对跳槽的，当然这也不能太绝对，可是如果一个人不能够沉在一个企业或者一个行业里一段时间,他是没有可能取得成功的。

  这几年很多同事和朋友都问我为什么可以写这样多东西,我知道原因,就是我已经在研究领域沉淀了超过25年的时间,也知道自己很需要继续沉淀下去,无论是研究,还是理解市场,都需要用时间来证明。我曾经这样描述过敦煌:莫高窟里的壁画,不管世人是否能够走到那里,壁画自身的感受一直在,也许它也在等待,等了一个又一个的世纪,等了几千年的云和月。然而,正是这种等待,敦煌成了敦煌,没有什么可以替代。

(原载:春暖花开公众号,2017年8月4日)

超越自己
才可以忍受孤独

交往作为人的一种基本活动而补偿着个体的不足。人的个体意味着有限的存在，只有通过交往这种个人与社会之间独特的代谢方式，建立起广泛的社会联系，取得前人和同时代人的经验，获得社会性情感，个人才能超越自己的有限存在。任何个人只有在与他人发生关系，并建立起健康的联系时，他才能确立自己并成为一个完整的人。

的确，人是社会的存在，人必然在自己的观念中形成群体意识。这种社会的群体意识无疑是对孤独的否认。但这仅是问题的一个方面。

事实上，就生命存在形式的个体性而论，正如我们看到的那样，每一个人的人格就其赖以存在的方式而言都是独立的。因此，个体都有自己不同于他人的观念、品性和追求。这种对各异的观念、品性和人格理想的追求便使得人与人尽管是处于一个非常密切的社会关系中，但他们的心灵壁垒没有必要也不可能被打破。

从这个意义上讲，每个人都是孤独的个体。以这样一个观念来审视历史和现实中的人生，我们可以发现一个极为普遍的现象：历史上的伟人往往是最为孤独的个体。

陈子昂是孤独的，这孤独在他诗作"前不见古人，后不见来者，念天地之悠悠，独怆然而涕下"中表现得淋漓尽致。康德是孤独的，这位孑然一身的哲学大师，终生只能对着"头上的星空"冥思苦索。卢梭也是孤独的，并因此而写就了著名的《一个孤独者的思想散步》。马克思、贝多芬、梵·高、尼采、海德格尔、萨特、爱因斯坦、鲁迅、傅雷……他们都是孤独的最强烈的体验者。我们又同时可以发现，这种孤独非但没有妨碍他们成为伟大的人，相反使他们的人格有了一种美的意蕴。所以他们的人格才显现出或是悲壮的美，或是深邃的美，或是优雅的美，或是充满力度的美。

尽管我们每一个人并不都能如此强烈体会到这种伟人的孤独，但我们的人生依然会有孤独的体验，因为孤独是生命的本质情感之一。只要我们有自己独特的思想价值观念，独特的认知、情感、意志，独特的人格理想的建构和追求，那么，我们当中的每一个自我就注定与众不同。要有这种与众不同，难免要忍受孤独，要超越自我。

只有在孤独中，我们才能在认知上深刻地反省，以达到自我使命和生命意义的认识，这无疑是一个艰难而痛苦的过程。高尔基在其著名的散文诗《人》中曾这样写道："他置身于荒凉的宇宙之中，独自站在那以不可企及的速度向无垠空间的深处疾驰而去的一块土地上，苦苦地琢磨着一个令人痛苦的问题：'我为什么存在？'"在人类理性的探究和实践中像"我为什么存在"这类问题，总使我们每个人在独处时为之冥思苦索。罗丹的著名雕塑《思想者》之所以双眉紧锁沉湎于痛苦而孤独的思索中，正是一种对人类自身使命中诸如对自我人格和存在的价值之类问题的深刻反省使然。也正是在这痛苦而孤独的思想中，《思想者》显示了其充满内涵的力度美。

孤独使我们在繁琐的世态中求得简练，在喧闹的尘埃中求得恬静，在世俗的环境中求得超然，甚至在不公平的遭际和突如其来的厄运中求得安慰和自悦。爱因斯坦曾经给一位因找不到工作，处境困难从而对生活悲观绝望的音乐家的信中这样写道："千万记住，所有那些性情高尚的人都是孤独的（而且必然如此），正因为如此，他们才能享受自身环境中那种一尘不染的纯洁。"显然，这种"一尘不染的纯洁"在爱因斯坦看来正是与孤独伴生的。

俗语说："耐得住寂寞是人生的一大绝技。"海伦·凯勒虽因双目失明、两耳失聪而使自己笼罩在冷雾般的寂寞孤单之中，她也曾经为之酸楚和绝望过，但超凡的人格意志和信念使她战胜了自己。当她在孤独中战胜自己时，她体验到了人生最美好的东西。她在自传中这样写道："寂寞孤独感浸透我的灵魂，但坚定的信念使我获得了快乐。我要把别人眼睛所看见的光明当作我的太阳，别人耳朵所听见的音乐当作我的交响乐，别人嘴角的微笑当作我的微笑。"这种超越不正是其壮美价值的展现吗？

孤独可以使我们抵制外界诱惑，孤独可以使我们正视自己，我们去体味孤独的同时，恰恰是在超越自我，实现人生的价值。也正因此，在文学艺术发展史上，我们可以发现，许多精美绝伦的艺术作品的诞生，都是孤独的灵魂所孕育的。曹雪芹在10年孤独的凄风苦雨中用心血写成了不朽杰作《红楼梦》。歌德用了60个春秋的寂寞沉思在文学史上竖立了《浮士德》这一丰碑。梵·高这位被称为世界上最孤独的人，他作画正如我们所理解的那样，完全是为了在画布上洒满他那炽热而骚动不安的灵魂。还有毕加索、海明威、萨特等。正是他们那孤独的灵魂和智慧，才带给人类许多美的杰作。

（原载：春暖花开公众号，2017年8月25日）

不为彼岸只为海：陈春花人生感悟

人的高度不是思想决定的，人的高度是双手决定的

曾经为创业的学生谢钢、欢生设计了一个项目，当时为这个项目设计理念的时候，我选择了"手比头高"这句话。接受《赢周刊》专访的时候，我曾经这样说过："一个人处在什么角色才能正确评估他的价值，包括我们这些人，我们做顾问要比直接做总裁做得好。"

有很多管理顾问直接到企业做总裁，把这段经历看作必需的尝试，但是不管谁做职业经理人，他必须把企业带到一个高度，而不是降到一个低度。所以有人问我为什么不去做总裁，也有企业出非常高的价钱来请我，相信比现在的收入都要高，但我没敢动，原因在于别人可能会比我做得更好。我应该把我能够做好的事情做好，而不是去"试试"能否做好总裁，因为你要负责任。如果有一天，我觉得准备好了，我会选择做总裁，因为我知道在自己的内心中坚持的一个理念是"手比头高"，只有真正做出绩效来，真的了解管理的内涵，做好准备才能够行动。

我担心今天的年轻人想的比能做的多。正如我一直强调的那样，其实手始终比头高。现实生活中，人们说的比做的好，想的比做的好，梦比现实好。我用这句话鞭策自己，也把它转给了我喜爱的学生们，也许是因此自己常常觉得有太多东西需要学习。生活中很多人之所以存有这样那样的困惑，是因为没有联结理想和现实的桥梁，大家简单地认为思想和行动之间是一个被动和主动的关系。就如很多经理人认为战略是老板的事情，他们没有机会选择公司的战略，但是这个理解是极其错误的，战略并不是思想，而是行动，每个经理人的行动都是战略的选择，也许战略目标是企业家的事情，但是战略本身一定是经理人的行动。

年轻人存有这些困惑，是因为大家认为个体是独立存在于这个世界上的。这一点并没有错误，但是当个体存在于这个世界上的时候，最重要的不是人的个体性，而是人的组织属性。在我讲授"组织行为学"这门课程的时候，我花了很多时间来讲解个体在组织中的作用和属性，我非常认真地、明确地告诉所有人：组织是为实现个人生存目标和组织目标而存在的，组织存在的关键是个人对组织的服务，即对组织的目标有所贡献的行为。

巴纳德认为："组织不过就是合作行为的集合""当两个或两个以上的个人进行合作，即系统地协调彼此间的行为，在我看来就形成了一个组织""世界上最简单的组织是两个人，甲和乙之间的商品交换"。组织能否发挥效用，取决于组织本身能否带动组织成员一致性的行为。大多数情况下，组织成员有着不同的目的和行为选择，如何让这些有着不同目的和行为选择的人集合在一起？其关键要素是什么？就是组织目标。组织因目标而存在，同时也因实现目标而获得组织成员的认同。

因此，如果需要解决这些困惑，那么需要先解决的一个问题是人的角色。你作为个体可以是一个充满理想的人，可以是一个热爱思考的人，也可以是一个不屈从于现实的人，但是当作为生存的选择时，你只能够承担职业所必须承担的角色，而这个角色决定了你必须是一个充满理想而又脚踏实地的人，必须是一个热爱思考而又身体力行的人，必须是一个面对现实解决问题的人。这样的要求也许在很多人看来太过苛刻，但是一旦成为职业人，你所承担的责任要求你需要如此行事、思考。

在过去的课程中，我曾经很认真地讲授一个专题课程：职业经理人的素养。在这个专题的课程中，我列举了经理人的七项素养。在课程里，经理人需要了解到，处于职业角色的时候，所需要做的就是行动：具有承诺的心态，对目标承诺，解决为什么做的问题；对措施的承诺，解决如何做的问题；对同事承诺，解决与谁做的问题。就是要做到对环境的敏感；愿意脚踏实地地工作，关注于结果，对于不确定问题的公开坦诚。就是要理解并灌输组织价值，以使成员具有行为选择的标准，知道什么应该做，什么不应该做；给工作赋予意义，以使成员愿意为之全力付出。

我很在意职业经理人的这七项素养，是想清楚地表达作为一个人来说，其职业的要求就是做一个实实在在的实践者。如果不能够有职业化的心态，不能够面对问题、解决问题，不能够配合企业的要求，不能够带领员工共创业绩的话，那么你的角色定位就会产生偏差，因此而产生的痛苦就可想而知了。

哲学上有一句名言：人无异于一根芦草，只是这是一根会思想的芦草。这句话给了人类本质的评价并使得人类承担了宇宙的责任,因为在这个星球上,人之所以能和其他物种区分开来,在于人有思想。但是这仅仅是人与其他物种区别的本质,对于人类自身来说,在这个世界里,人之所以有优秀与一般之分,在于优秀者更有实现构想的能力,而不是更有思想,人之优秀正是他的行动。

大部分人也在强调自己比别人优越的各种条件,但是究其根本一定是:一个优秀的人能够持续地完善自己的行为,以比别人更高的标准来行动。我们需要放弃对自己的过度欣赏,需要打开心胸,接受现实,理想之所以能够变成现实,是因为有连接理想和现实的行动。

现实主义和理想主义没有距离,因为这个距离让行动拉近。林肯是坚定的理想主义者,坚信美国是统一的国家,正是他的现实主义色彩,对李将军的现实主义态度,才使得南北战争取得胜利。邓小平也是理想主义者,正是他基于中国的现实创造并设计了经济特区的做法,使得理想得以实现。不要用理想主义的口号来掩盖自己对现实的无能,理想永远是理想,现实永远是现实,理想不要迁就现实,只有真正面对现实的人,才有机会成就理想,这本身就是战略的含义。

我常常在不同的场合要求大家把手举起来,我自己的一句座右铭是"手比头高"。你现在把手举起来,你会非常清晰地知道:手是比头高的。人的高度不是思想决定的,人的高度是双手决定的。

我得到这句话是由于一句广告词的启发:红塔集团有一句广告词叫"山高人为峰"——山再高,人站到顶的时候,那个高度是以人的高度来标明的,所以人类一定要征服珠穆朗玛峰,就是要标明人类的高度,这就是人们对所有攀上珠穆朗玛峰的人充满敬意的地方,这也是理解人类高度的一个最重要的标志——"山高人为峰"。同样的道理:你的行动才是你的高度,不是你的头脑,也不是你的知识。年轻人的确拥有很多知识,但是知识必须转化为行动,否则知识没有任何意义。对年轻人而言,只有拥有的知识能够转化为行动并获得结果的时候,你们才是真的证明了知识的价值。

(原载:春暖花开公众号,2017年9月1日)

第五部分

美

衡山缘

这几年来，有时间独处时会认真地想一个问题，却时时想不开。喜欢独处和与好友相对，有时为这种直接的对话而感动，然而也常常觉得这是自己卸去疲劳的最佳途径，想自己有点修禅的味道了。但是禅学于我实在是太遥远的事情，前年圣诞小月从美国回来，约定一起去朝拜衡山。入冬的衡山没有什么人至，冷风中只有大庙和古树相对，两个人在山道中踱步，她在与佛对话，我则与心交流。剑波安排我们与大庙的住持聊天，也许几十分钟里，对于他们是日经月久的体验，是佛像前上百次的尝试之后的遂心如意，我没有能力去领悟。下山准备去乘火车回广州，尚余时间便叫司机随便走走，竟然见到一个叫作"香山寺"的地方。很小的寺，却有着张张慈祥的面孔，每一位念经的人都在认真地诵经，她们都削发为尼，却心气神定，老少相持。

花开了，花开了，
人人心欢喜，
东西南北赏花忙，
踏破草鞋，
院中梅花香。

这是一首歌词，取自古代的一首诗：
尽日寻春不得春，
芒鞋踏破陇头云，
归来却过梅花下，
春在枝头已十分。

我们苦苦去追求的东西，可能就在身边，只是因为我们的愚钝，往往舍近求远。用佛的语言即"佛距此不远"。只是如果没有踏破草鞋的经历，不经历一番长途跋涉的艰辛，就无法发现自家梅花的芳香。

衡山的缘分就在下山的香山寺，你不需要刻意去寻找，只要好好地珍惜生活中的每一个际遇，每一种缘分，机会和幸福就在自己的身边。

（原载：春暖花开公众号，2015年3月8日）

鸣沙山，那千年不绝的鸣响

在柳园换汽车向敦煌进发的路上，心飞了起来，耳机中喜多郎的梦，是我所作，已不知梦断几载，泪枕几回。喜多郎的《丝绸之路》营造的气氛渐渐围了上来，闭目静听，渴望在音乐背景深处撞出火花，车仍在疾驶，心比车跑得还快，前面该是怎样一片天地、一个梦？

敦煌市到了，再去鸣沙山仍要租车，幸只有15分钟的路。傍晚七时左右到了鸣沙山，太阳仍是灿灿，几乎等于广州的正午。买了门票，通过一道铁栅栏，鸣沙山就立在眼前，我惊讶于世界的奇妙，为何一道铁门，竟隔出这样不同的两个天地，一边如常人小街，一边却是大沙漠。若不是亲见，还以为是画家选错了角度，徒加了一道栅栏。

惊异还来不及化开，人群已经前呼后拥散了开去，我也扛鞋在肩，光脚沿着沙脊慢慢地向上爬。想不出理由，想不出是谁的主意，更想不出何方神圣的功力，在这里设置了这一大片的沙山，沙很细腻，如海滩沙一般，"鸣沙山"的称谓据说是因为人趟动沙的时候，沙滑泻会有嗡嗡的鸣响，尝试着做了几次，毫无反应，料定是人多的缘故，只好由心里去想象好了。天出奇的蓝，无一丝云，像倒挂的平静的海，说不出的感叹。近晚九时许，太阳西下了，当只留一线斜照在沙脊上的时候，遂想起《楚辞》里的渔父，这份联想很不贴切，可确是如此。"沧浪之水清兮，可以濯我缨；沧浪之水浊兮，可以濯我足。"那种隐逸逍遥的冲和，竟尔转成后代遁世宁静的象征，这份感受很契合夕阳下沙漠上的我和我的凝视。

找一个无人的地方，坐在细沙上，静候新月的升起，任微风抚发，听一下琐琐屑屑细细碎碎的沙声。声在远处行人的脚下渗出，虽未成沙鸣，却也如细水流过，或隐或现地淌着。抬眼望去，沙脊外仍是婉转曲徊的沙脊，想不出沙山的那一边是否有不是沙的地方。坐在这里，"前无古人，后无来者，时人亦冷漠而疏远，何以西方茫茫，东方茫茫？寂寞是国，我是王，自嘲兼自慰……"分不清是余光中在想，还是我在想。

又想起金庸的武侠小说。暮天荒野上孤剑独行的身影，低垂的帽檐下紧压着冷芒流闪的眼睛，三尺龙泉上掩饰不住的杀气冷雾般森然透鞘而出，料知剑上沾满的多是天下无义丈夫的鲜血，该是怎样的侠骨！固然，可以把这种感情视为江湖间坦率朴野的任性，或是自命为光明磊落的侠气吧。只是在我，宁愿承认它仅仅是一种朴野放旷，一种任性娇纵，然而即便如此，这份野气在我们今天多典雅甚至多理性、多冷静的时代里已是难见的了，更何况是真正的侠者呢？

于是特别想念起屈原来，可知他枯瘠清癯的容颜上必有一对燃烧的眼睛，"可以托六尺之孤，可以寄百里之命，临大节而不可夺"。常想念屈原的这份侠气，常感叹众醉独醒的寂寞。同伴过来提醒，该下山了。天渐渐黑了下来，下山要比上山容易得多，可以一口气冲下去，也可以如顽童坐滑梯般往下滑。身旁一少年趴在沙上往下滚，笑声不时传来，一下子就冲了下去。很想学他一般，也五体投地滚筒般下落，但终收了这份童心，循规蹈矩般下行。长大真的不好，这一刻有更深的体会。

在如此纯净的天宇下，竟也放不开自己，走回人流中，战胜自己多少会划上几个问号。真的钦慕阿拉伯的劳伦斯了，同一只手，能陷城，也能写诗；能测量沙漠，也能探索灵魂；征服自己，且征服别人。而不必如我，生活在期待、想象和后悔中。在山脚下，同伴租了骆驼，我则想步行，站在局外望望驼峰与沙峰构成的景色。一队骆驼载着游人开始启程了，其实路很短，恐怕也就是十几分钟，明知道这只是一个扮相，但望过去，因鸣沙山做背景，加上骆驼走时掀起的沙雾，清脆的驼铃声，倒也真有点域外的风情了。

其实，只要愿意，生活本是一个富饶绚丽的乐园，关键在于你自己如何发掘，如何想象和如何创造。念及此，月亮泉边的那份失落渐渐淡化开来……

（原载：春暖花开公众号，2015年5月22日）

不为彼岸只为海：陈春花人生感悟

爱在流水落花间

喜欢静夜中湖的安逸，看到凉风中人们享受的样子，觉得生活真的很美好，匆忙的日子中偶有一日之闲或一晚之闲，描述不出的欢愉，让那种回味久久停留在心中，谢谢这个傍晚，流花落水的沉静……

水有着特别的魅力，她的灵性，她的坚韧，她的容量，想不出还有什么可以比拟。给我印象最深的水，分别属于三个不同的地域：九寨沟的湖海，敦煌的月亮泉，颐和园的荡漾。现在静下来想，其实是喜欢水的静态，而对海，始终有着一种莫名的恐惧，是否意味着自己是一个非常怕直接冲突的人呢？

九寨沟在三个不同的时间拜访过，三个不同时间的九寨的水，显映出三种不同的美。第一种，七八月间，九寨的水是一片青翠，纯蓝色的水面掩映在碧绿之中，有枯树浮在水中，那种沧桑的历史骤然呈现在你的眼前，你分不出是梦还是真，尤其是枯树支撑的绿芽，直刺你的眼帘，让你知道：生命永远都是一种历史的延续，当我们面向未来的时候，我们同时也背对着过去，能否如这新芽，在枯树中汲取成长的精髓，又紧紧贴近历史的脉络，这便是七八月九寨的神韵。第二种，九十月的九寨是金黄概念，层林尽染，如一个神赋的画笔，用七彩涂上生命，我只在九寨，才真正懂得秋的美，那份成熟，那份隽永，那份丰满，正是秋的韵味，因灿烂而成秋，因秋色而成灿烂。秋实不仅仅是时间的标杆，更重要的是果实的累积，这该是九十月九寨的感悟。第三种，到了十一月的九寨已经是银光素裹，当层层积雪压住满目的绿的时候，好一个"银池蜡像"，明白纯洁才是最耐久的特性，也许绿是生命的灵性，七彩是生命的羽毛，生命真正的内涵却如这白雪，轻轻飘来，轻轻化掉。徐志摩的康桥再别，亦如我对九寨的认知。这三个时间的九寨也许正是生命历程的一个缩影，在灿烂追求的过程中，放弃所有的欲望，回归本心，便形成了碧蓝的湖，承载千年的古树，让枯树因这水，而成了不朽……

可是今晚，流花的水也成了记忆中的瑰宝。那份柔美、自然、信任是自己一直渴望的。才惊觉，对湖水的爱是缘于这份安逸和信任。曾经在一次学生的讲座中被问到："爱是什么？"记得当时的回答是："爱是信任"。女儿小小的时候，用她的小手触摸到我，她才能够安然入睡；学生在有疑问的时候，因为可以依赖老师，能够释怀；当飞机回到广州，一踏入学校的大门，因熟悉气息而欢愉。这些感受应该就是爱了……

也许广州的流花湖在命名的时候与我的理解不同，也许会有更赋予诗意的内涵。我想落水流花可能不知道今晚对我的意义，不过流水有着生命的韵律，而落花更是生命的乐章，这是我心目中的流花湖的涵义。

（原载：春暖花开公众号，2015年5月29日）

天空之城：
石头城（Gordes）

认识石头城是源于一部喜爱的片子《美好的一年》（A Good Year），据说这部片子就是在石头城拍摄的。这部电影改编自彼得·梅尔的同名小说，这本小说也是梅尔"普罗旺斯系列"的一本，我认识普罗旺斯就是因为无意中看到了他的作品。其实这部片子也算是彼得的生活写照。曾任国际大广告公司（美国）高级主管的彼得，在厌倦商场的尔虞我诈之后，弃商从文，在普罗旺斯购置了一座葡萄园，开始了小说与剧本创作。他的"普罗旺斯系列"以清新的文风宣扬了一种恬淡的生活方式。

很久没有看这样漂亮的电影了，喜欢的男女主角，喜欢的背景音乐，喜欢的法国小镇的远景图，喜欢的葡萄园，以及那些快乐的农夫、优美的自然环境。当然，更加打动我的是真正回归生活本质的选择。

电影中，小镇层层叠叠的房屋堆聚起来，镜头渐渐拉远，一座盘山而建的小镇就矗立在了我的眼前。满眼满眼的银杏树逆光而摄，耀眼闪烁，树下是尽情骑着单车的人们；远处朦胧的绿色，近处清晰的酒香，内心真正渴望的生活，一切都在田园中。彼得·梅尔的书和这部电影，就是我对普罗旺斯纯纯的美的想象，石头城已经朦胧地在我的脑海里，因此问周律师，可否从修道院折返回石头城，让我可以穿行其中，可以清晰去看看顺着山势层叠而上的石屋。周律师很畅快地折返，让我可以来到石头小镇中。

车子行驶在镇子中时，发现它真是很小，很快就到了镇子的中心，中心在其最高点，还有一座士兵雕像耸立在小广场的中心。环绕着广场的是古老的教堂，一些房子向四周延伸开去，教堂、城堡、民居、盛开的鲜花和充满艺术气息的各色小店，处处透着让人放慢脚步的信号。我随意走进一家小店，看到用小小的玻璃瓶子装着薰衣草籽的冰箱贴,觉得很特别,买了一些送给大家。走出小店,再沿着石板路往另一个方向走去,看到错落的房屋,处处显出其年月的久远。小镇历史悠久,我们慢慢地走在小镇里观赏,四周静谧的氛围,有种时光停滞的感觉,坚固的花岗岩石搭建的房屋,更加重了凝滞感。我甚至在想,互联网时代会联到这里吗?看着小店里的人,安静平和的样子,也许世上纷繁变化,在这里,不过是烟云而已。

离开中心广场,周律师开车带我们去找一个最佳的角度,以使我们可以看石头城的全貌。周律师找到一个合适的位置,把车停好,带着我们走过马路,站在高处望去,石头城完整地呈现在我们眼前。石头城远看非常壮观,整个城市占据了一整座山头。屋宇因势而建,错落层叠,盘旋而上,最高处是教堂的尖顶,简洁恢宏,似与天接。在四周全是青山、田野的景象之中,一片岩石建成的房子坐落山间,那种感觉真的是很奇特。望着它们,知道了为什么叫作"天空之城"。

和大家照完相之后,我依然在看着这座城市,脑海中却闪现出宫崎骏的《天空之城》的画面和音乐来,我每次听到《天空之城》的音乐,总是有隐隐的痛,隐隐的决然。而此时,站在南法的石头城,这份联想,让我很惊讶。

小姑娘希达(SHEETA)是传说中"天空之城拉普达(Laputa)"王族的后裔,那曾是超越地上文明不知几千年的空中文明,但不知为何,希达的祖先离开"天空之城",抛弃发达的科技,在地面上过起隐居的生活。

故事由希达所坐的军队飞行船遭到空中海盗的袭击而开始。战斗中希达从万米高空的飞行船上跌落下来。故事另外一个主人公少年巴斯(PASU)是矿工机师的徒弟,有一天他发现天上有个亮晶晶的东西正在慢慢地下落,他飞奔过去,看到一个好可爱的女孩子,在一团蓝光的包围下从天上飘下来了。第二天,希达在巴斯的房间里醒来,发现房里有一张"天空之城拉普达"的照片。这是巴斯的父亲冒着生命的危险历尽艰险才拍到的真正的天空之城,但没有人相信他,于是巴斯的父亲在郁郁寡欢中去世了。巴斯发誓,一定要向他人证实,世上真的有天空之城存在!这是宫崎骏的《天空之城》。

喜欢宫崎骏,喜欢他对人性中最本质的表达。《空中之城》同样是宫崎骏试图对文明失落根因的追问,去探寻文明如何生存、发展的哲学命题。而这一切,都是通过拉普达这座虚构的"天空之城"的兴衰来表现的。而今,我站在一个真实的"天空之城",耳边却响起《天空之城》的歌声:

谁在遥远的夜空/等飞过的流星/看它照亮谁的路

谁走入了谁梦中/谁用灿烂的笑容/画天边的彩虹/谁的歌谁轻唱谁在听/温柔的心在跳动

彩虹之上的幻城/像爱情的憧憬

谁的梦谁沉醉谁在醒/谁笑谁心痛/谁站在城中等着你/谁在城外等我

看天空之城的焰火/照亮的是寂寞

彩虹之上的幻城/像爱情的憧憬

谁的梦谁沉醉谁在醒/谁笑谁心痛/谁站在城外等着我/谁在城中等你

雪芹在车旁等我，Amanda在路口等我，我知道自己需要从"天空之城"下来，回归到朋友们的身边，幸运的是我有他们在等我，不会让心失落。再回望石头城，那些安静的街道和层叠的房屋，内心里涌起一阵温热，就如《美好的一年》里葡萄园的农夫们，一直执着地保护着他们的家园和传统生活，也因此同样守护着人类的文明。

（原载：春暖花开公众号，2015年8月7日）

薰衣草圣地：
瓦伦索勒（Valensole）

在梅尔的笔下"普罗旺斯"已不再是一个单纯的地域名称，更代表了一种简单无忧、回归生活本意的方式，一种去留无意、过眼烟云的生活意境，这种意境也是由蓝紫色的薰衣草，以及薰衣草淡淡的幽香带来的。

普罗旺斯山区的薰衣草，可以呼应山城无拘无束的岁月，可以呼应田间丰富多彩的气息。这抹自由的色彩吸引了很多艺术家，包括我喜欢的塞尚、梵·高、莫奈、毕加索、夏卡尔等。他们均在普罗旺斯展开艺术生命的新阶段。这些艺术家虽然风格各异，表现形式也各异，但是有一点非常相似，那就是对人性的充分理解与尊重，对人内心深处的欲望的感应和呈现。我想这一定与大片的薰衣草、向日葵和金黄的麦浪有关。

哇！在车子的前方，终于看到大片大片的薰衣草了。周律师停好车，我屏住呼吸走向一望无际的薰衣草园，眼前的景色只能用"惊艳"来形容，我被惊到了。

怎么会有如此辽阔的薰衣草园？怎么会有如此连绵不绝的蓝紫色铺满整个原野，就这样明晃晃地，不留缝隙地铺陈在面前，甚至是大地般宽广。我已无法想到土的颜色，这里的土地就是蓝紫色的，就是深海般、天鹅绒般的绵软与无垠，就是这样如海浪般涌向遥远的空间，这美甚至让人窒息。

这绝对是我在未见到之前，根本无法想象的风景。难怪雪芹一再告诉我："老师，我一定要带您看大片大片薰衣草。"反复强调这句话时，我还未知其中的含义。现在，大片大片薰衣草就在眼前，迎风绽放，浓艳的色彩装饰翠绿的山谷，才恍然理解其背后的含义。人的确要身临其境，才可真正理解本意。

我们几个人走入花田，本并不习惯拍照的人，竟然很配合朋友们提出来的种种姿势的要求，在这片梦幻般的薰衣草园里，我也情愿自己是个小小的模特，不为我留在照片里，而为可以更贴近薰衣草，更融合在其中。

我第一次如此近距离地观赏薰衣草,这是一大株盛开的薰衣草,根部是嫩绿的,枝头上部是一长串紫色的小花。淡蓝紫色的小花,其实是在草茎顶端,一株株草散开了如孔雀开屏般铺满大地;一垄一垄的种植方式,加上普罗旺斯山谷的起伏,让薰衣草园有着更立体的画面感。更绝妙的是,就是人站在一片大花田里边,嗅到的香依然还是淡远温和,但是这淡淡的香,却又可以弥漫在十里之外的空间里。这份淡雅而深远,着实让我由衷地感到钦佩和满心的欢喜。信步从花间走过,衣角就留着淡淡的微香,羞涩得如初恋时的心情,据说薰衣草是因此而得名。

有人说,薰衣草的香是人生中的某种半梦半醒的状态,淡到了极处,又刻在心底。这也是我此刻的感受。

瓦伦索勒广阔的田野平原是薰衣草种植地大本营,也是薰衣草发源地,更是陆地上最大片薰衣草的种植地。虽然我不是刻意去选择时间来到这里,仅仅是因为刚好有两日空闲的时间,这是我和薰衣草的缘分。这个时间正是瓦伦索勒薰衣草开花的时候,此时开始是瓦伦索勒高地平原最美丽的季节。从十九世纪开始,瓦伦索勒就开始种植薰衣草,产量在世界上独一无二,时至今日它仍然供应着全世界对这种花卉需求量的四分之三以上。

"如果浪漫是紫色的,这里便是全世界最浪漫的地方。"看到这样的诗句,你就可以勾勒出我此时的幸福,一切都是那样的契合与完美,站在薰衣草园之中,那份满足让我感恩。

提起法国,人们总能将它和浪漫联想到一起。未来这之前,我会认为法国人的浪漫是因红酒和霓裳,但是来到瓦伦索勒,忽然明白,这纽带一定是薰衣草,这一片片随着山坡起伏的紫色鹅绒毯,如梦如幻、令人如痴如醉般诠释着"浪漫"。

的确,如果由薰衣草见证爱情,一定是终生难忘的。薰衣草花语:"等待爱情""只要用力呼吸,就能看见奇迹!"多美的花语,在瓦伦索勒之后,嗅到薰衣草的味道,就嗅到了爱的味道。

对于瓦伦索勒平原来说,不但有大片的薰衣草田,还有大片的麦田,这景致同样给我另一种惊艳。此时的麦田呈金黄色,饱满的麦穗,微风吹过时,波浪般起起伏伏,远远望去如金色的海洋。一种果实丰沛、生活丰盛的满足感由麦浪冲击心田,甚至可以听到浪花的声响,非常幸福与安稳。

车在田间公路穿行时,一片片金黄的麦田,一片片深紫的花田,渐次映入眼帘,延绵不绝的紫蓝色海洋、金黄色海洋,就这样冲进画面,那景象犹如是一个任性的孩童,毫不吝啬地用最灿烂饱满的颜色去涂抹大地。如果不是时空的限制,这任性可以从远古到未来。穿行其间,就是一场人与自然合一的盛宴,人生得见如此之景致,夫复何求?

更惊讶的是,车子行驶中途,竟然看到一个有着中文字的招牌,这是一家餐厅,餐馆取名"花草语景观餐厅",路边招牌上写着"手工水饺"。虽然我们已经吃过饭,但是还是充满惊喜地转到停车场去看个究竟。这家餐馆与Terraroma精油店处在同一个地方,走进去才发现餐馆就位于精油店顶楼,竟是绝佳的薰衣草花田观景台!

站在高处,远眺山谷被薰衣草覆盖的美妙,无法再去形容,我用尽镜头的尺度,还是无法拍下这一望无际,蓝紫色与金黄色相间的原野。我只好安静地站在观景台上,用心去摄取这一切之美。

天台上很多木制的椅凳,虽然不想再吃饭,还是和餐厅的服务员聊天。他是在巴黎学习的来自中国的大学生,也因为喜欢薰衣草,就在这个时间段来到这里打工,既可欣赏薰衣草的美景,还可赚到钱,他觉得很开心。为他的开心感动,大家决定买一个大西瓜。坐在观景台上,夹着薰衣草花香的果香,真的让人醉了。

也许我只有写下一首诗,才契合我此次来普罗旺斯,与薰衣草相约的喜悦:

我是为了梦而来,那梦是普罗旺斯。
薰衣草的海洋淹没了我所有的抵抗,
金黄麦浪一样淹没了我所有的抵抗;
曾有过的浪漫已不再是浪漫,浪漫只在这蓝紫的绵延,
在淡淡的花香。
紫的雍容,金的奢华;
香的冷艳,光的骄傲,
甚至骄傲与卑微都需要在瞬间转换,
而我只能选择卑微。
草的茂盛,麦的沉甸,
田的开阔,谷的起伏;
甚至丰盛与单纯都需要在瞬间转换,
而我只能选择单纯。
醉了,醉在高高低低的花田,
醉在远远近近的花香;

醉在反反复复的绵延，
醉了时间，也醉了心田。
这醉如绵长的葡萄酒，
最甜蜜的惆怅，仿佛藏身于舌尖，又深浸于心；
回味中甘甜充沛浩大，
甚至无法忍受一刻的抽离。
只有这蓝紫的色彩才可抚慰这醉，
用大片大片的温柔，
抚摸沉醉的冲动，
让一切如花香般淡然；
只有这绵延的盛大才可抚慰这醉，
用一望无际的包容，
抚慰沉醉的痴迷，
让一切如白云般纯粹。
而今，我终于拥有过这醉，
也拥有了真正的浪漫。

（原载：春暖花开公众号，2015年9月4日）

戈壁滩

车至甘肃境内，驶出兰州，沿兰新线向西走，那份孤独便油然而生了。也许是自然的撞击太猛烈太迅速，戈壁滩竟使自己觉得无从叙述，无从描写。很早就听闻新疆工作的人一踏上河西走廊便会黯然落泪，而只是作为游客的我，望窗外亦有泪涌的感觉。

这不是我想象的戈壁滩，同伴说亦不是他们想象中的，或许本来就不应该想象。展现在我们眼前的，是没有遮拦的天空和一丛丛黄色、褐色、黑色的小丘，沙石堆垒的戈壁最令我意外的是点缀其上的簇簇小草，草并不绿，或许这本就是它的颜色，我想不出它们赖何生存，只是从内心感激这不绿的小草变更了印象中的戈壁，反而少了些"残酷"的味道。仍是印象中的洪荒、苍茫，再加上一分很好的"秀"，现实和想象便截然划开了。

忽然有了许多少年的愁意，不知道为什么愁，也不知道为什么忽然有些不快乐。已经过了挥笔写诗的少年时代，已经过了只是愁却不知道为何愁的少年时代，忽然有许多登高怔忡的黯淡迷惘的情绪，向远处眺望，又不知应该如何宣泄那种情绪。这个时候的心境连自己也莫以名之，好像在想一些什么，却又说不出是在想什么，但在心中分明不是空洞的，也许是置身戈壁滩之中的那份渺小在作祟吧。

此刻开始怀疑，美也许会使人痛苦以外的痛苦。如《威尼斯之死》里南游的美学教授，晕死在白日的沙滩，本来是关于绝对美的追求，这种追求反映的是整个大日耳曼文化传统的精神，从温克曼以降，向地中海探索寻觅的姿势，如歌德之出入罗马，寻找精神的故乡，本来只是追击下的南嫡，却因为绝对完美的少年神祇，幻变为包容文化悲剧的《威尼斯之死》，或许地中海的高度文明不是思考性的，是直接对感官的触动。再望窗外，更深地明白：有这样一种美，它使你自卑。

（原载：春暖花开公众号，2015年9月25日）

青岛
烟雨意境佳

青岛在下雨,整个城市浸在朦胧中,烟雨蒙蒙地罩着雅致和清幽。青岛的雨有些热中带凉的快感,加之傍晚的余味,崂山的气息,石老人海的深邃,高大树叶的混杂,与广州的雨比竟多了些亲切和温馨。只可惜没有看到红伞,一把红伞该有怎样的浪漫故事衍生出来,所以很多时候会去买红伞回来放在车上,可是车上留下来的常常不是红伞,想不出什么原因,或许自己也很愿意把这种浪漫送出去。

青岛与广州不同的是懂得留有空白。看着幽静的青岛,想起中国画,细雨中的青岛很像一幅中国山水画,有烟雨、有空朦、有峻山、有碧水。中国画喜欢留白,而在中国画的基本格局上,留白是最根本的精髓,当适意地留有空白,整幅画的意境就显现出来,就像现在的青岛,没有太多的人,你会有安逸、享受的空间。也许人和人之间的关系,同是这样的道理,合理地保持距离,留有各自的空间,那样才会有美感、有持久、有意境。现代都市的人或者所谓的成功人士,找不出时间和空间,也就找不出人生的价值。

这一次有时间隔着玻璃窗看雨,对雨总有一种无法捉摸的感觉,离得太近会被淋湿,只有隔开距离才会发觉彼此的美,有时觉得像人与人的关系。我们常常想找寻知己,希望距离拉近,倘若距离可以让很多人、事永恒,又何必拉近距离呢?虽然雨不可捉摸,但还是向往雨的灵性,雨抛离了现实的美,是一种想象的美,当人们不能摆脱现实桎梏的时候,雨可以成为心灵的港湾,任倾泻、任飞驰、任奔放。世界上最简单的本该是人生,可是人们把它变得复杂,雨的美就在于它的简单,气、水的结合,把一道道的清新送给大地。

雨从广州一直下到青岛。下个不停的雨,可以让人有理由开始怀旧。在水光如河的街道上,突然又看见了从前,那个站在大雨中、爱看伞的女孩,今日的雨虽依旧，街道依旧，仍是彼时的清湿和空旷，而我，早已不再是原来的模样。白天去看青岛的时装节，去年的这个时候自己是青岛首届时装节的主讲嘉宾之一，因主持当晚的直播节目"品牌与时尚"而成为"名人"。一年后的今天，以旁观者的身份来看，觉得更有味道，看着比去年做得更好的展示，心里很舒服。满目是全新的展示，全新的时装，全新的演绎，全新的概念。想不出来人们为什么这么喜欢追求新的东西。我们每天都在忙着看新的东西，做新的选题，发现新的时装趋势或者人生目标，看最新流行的时装，最新流行的电影，最新的书，哪怕是《我的野蛮女友》，因为实在是太流行了，也要硬着头皮去看。我们要学习，所以要看新的东西；要成功，所以要不断创新一切以求越来越新，看似美好，只是时间越来越少，是否应该留些时间，去发现以往的好处？其实看看时装的流行，你也会知道旧的东西正是新灵感的源泉，那些如诗般远去的情感和记忆，就封存在我们的心底，只是旧的美被新的光芒盖住了，只有深夜淅淅雨水，才洗出它依稀动人模样，今夜因为青岛的雨有了这种感觉。

  青岛真的很美，晚上写累了，就从弄海园的窗望出去，远处的海，近处的灯。总是觉得青岛应该是相爱的人居住的地方，有闲情、有恬静，在微风中的漫不经心，红色的屋顶，碧蓝的海水，漂亮高大的男男女女，醇醇的青岛啤酒，给人很享受的感觉。

（原载：春暖花开公众号，2015年10月9日）

葡萄沟

清晨四时多,终于到了吐鲁番,两天两夜外加大半夜的行程,多少有些腰酸脚胀。出得站来,望小站外夜空中的小弯新月,挂在瓦蓝蓝的天上,不知为何却想到了伊斯兰教中常有的图案——月如钩。

车站很小,虽是一大清早,但已有小贩摆出茶点,甚至有一盆盆的清水出售给游客洗脸。我们急于进到市中心,却料不到火车站离吐鲁番市竟然有49公里之遥,这倒是大出我的意料,认真想来,该是有铁路经过,才有了吐鲁番站,而不是有城市才有铁路。匆匆去长途汽车站搭乘班车,人很多,幸得同伴能干,找到座位,车速很快,气温已经在40℃左右,行在柏油路上,车轮胎粘上很多沥青,一遇到会车,稍微偏离大路,便听到石子敲车轮挡板的声音,很是有趣。

从火车换坐汽车,那份感受已经相当不同,一切都紧紧地贴在你的眼帘之下,真有挥手可得的味道。同伴提醒,车正在向海拔-154米的盆地驶去,细细品味,的确有向下行驶的感觉,内心不觉一阵兴奋。坐在车上,耳边听同车人谈论葡萄沟、艾丁湖,心里却在盘算着最高海拔与最低海拔的落差,算来算去,却又觉得感觉不那么强烈,而最强烈的则要算窗外一望无际的戈壁滩和热辣辣的太阳。眼前的戈壁滩又不同于甘肃境内的河西走廊,这里除了沙石之外,没半点绿色,远远望过去似乎天边有一条整齐的边线一直跟着视线,心想那大概就是吐鲁番盆地的盆边了吧。

或许是见过了戈壁,虽这一边无秀色,却也不如几天前那么冲动和低调。真正的原因是,葡萄沟在望,想象着满目的葡萄架,满树的葡萄,心都醉了,完全忘却自己正置身于酷热的戈壁之中。同一个人,同一个景色,只是因为当时的感受不同,就有了完全不同的色彩。我只能是"以物喜,以己悲",多半是主观的、印象派的。

看到绿,知道吐鲁番到了。对于新疆,最早知道的名字便是吐鲁番了,因那时常听关牧村的歌《吐鲁番的葡萄熟了》。真正踏上这个小城，果不虚传，满街都是葡萄架，大马路也不例外，看着汽车在架有葡萄的马路上行驶，那份新鲜和清凉比起广州的冰西瓜恐怕有过之而无不及。阳光仍是耀眼的白，像锡，可是投射到葡萄架上，却也有了色彩的深浓浅淡，虽在匆匆赶路，自己的心却也在不时地偷闲，驻足于这葡萄架下的街路。

对了，就是这灿白、这绿，闭着眼睛也能感到的：在梦里、在满绿的长风里、在云里，这样乱扑扑地压了下来。

友人建议租自行车去葡萄沟，大家就一起去租车，一人一辆，以小时计费。异地租自行车，我已经是第二次了，虽觉得辛苦，现在想想却很有情调。吐鲁番市到葡萄沟约半个小时的自行车车程，骑在路上，真的是进到了葡萄沟，路边望不尽的葡萄架，汽车上、毛驴车上、行人手中提的全是葡萄。一辆拖车载满了葡萄停在我们的身边，虽言语不同，维吾尔族人的热情好客却充分显示出来，他们选择一大串葡萄送给我们，本想以西瓜回送，连自己都觉得多余，便欣然收下，一颗颗送到嘴里，许多甜美的质感便一起落进了心里……

和着风，绿色的浪花在翻滚，把一沟的青翠都翻到人的心上来了。爱这样的季节，愿人的生命也是这样，没有太多绚丽的春花，没有太多漂浮的冬雪，没有喧哗，没有旋转着的五彩，只有一片安静纯粹的绿色，只有成熟生命的深沉与严肃，只有梦，像一架葡萄那样热切殷实的梦。

（原载：春暖花开公众号，2015年11月13日）

西北明珠
——乌鲁木齐

"乌鲁木齐"为蒙古语，意为优美的牧场，可是走在街上，却没有半点牧场的感觉，只会觉得你正在一个现代化的城市里。

古老师的同学在新疆工作了几十年，他要了一部车陪我们逛街、看市容，他与司机一路上作介绍，那份自豪溢于言表，也深深感染了我们。五星级的酒店，设计别致的商场，曾是亚洲排名第五的人民大会堂，宽阔平整的大马路，水上公园，繁华的商业中心……容身于人流之中，简直无法想象城市之外是茫茫的戈壁，难怪新疆的朋友这么自豪了。

与广州相比，乌鲁木齐少了些装饰，少了些高楼，少了些汽车。可是，它好像又多了些什么，一直令我捕捉不到。

车停在路边休息，坐在水果摊吃哈密瓜，摊主选择了几个品种介绍给我们，望着他如数家珍一样地点着瓜果，才猛然明白，比起广州来，这里更多了一点从容、安逸和宽容。

乌鲁木齐最令人感动的地方，就是每一个人散发的那份满足和从容。或许他们从来没有离开过这片土地，或许他们也知道山外有山，楼外有楼，只是这一切并不影响到他们的自足，并不影响他们厮守这片土地而洋洋自得。

好多人都说：人生不过是一场黄粱梦。可我总是不服气，总觉得生命本身应该有一种意义，我们绝不是白白来一场的。有些事物是一直在重复着和绵延着的，就像茫茫戈壁中的这片绿洲，人们日复一日地工作着，用自己的双手捧出瓜果一样香甜的生活，化作姑娘五彩的衣裙，小伙鲜艳的摩托，老人崭新的小帽，儿童花一样的笑脸，谁又能说这些都仅仅只是一场黄粱梦而已呢？

江其华曾在信中说：我不知道什么叫作成功，我只知道做任何一件事，别人都对我点头称赞，走在路上，都有微笑相对就已经足矣。这或许应了林语堂的哲学，也的确正是我自己所想。

确信，只要努力，总会有一些什么留下来，虽不能很清楚地知道那会是什么，却深信，一切的努力都绝不会是白费的。

云高气爽，好一片温柔的景象！知道在我们离开后，这阳光下的城市也会永远留在我心里，永远都不会忘记。那么，一生中即便是只有这一个城市，我都没有什么好遗憾的了，更何况千里万里之外还有一个广州在等我。

（原载：春暖花开公众号，2015年11月20日）

通天神树

李白的诗词中最爱《蜀道难》，那些瑰丽、气势如虹的文字，给人无限的想象："蚕丛及鱼凫，开国何茫然。尔来四万八千岁，不与秦塞通人烟。西当太白有鸟道，可以横绝峨眉巅。地崩山摧壮士死，然后天梯石栈相钩连。上有六龙回日之高标，下有冲波逆折之回川。黄鹤之飞尚不得过，猿猱欲度愁攀援。青泥何盘盘，百步九折萦岩峦。扪参历井仰胁息，以手抚膺坐长叹……"

通威的朋友带我们去看三星堆，李白诗词中古蜀国的美妙呈现在世人的面前。看古蜀国盛大的祭祀场面，看一具具给人以惊奇快感的青铜兽面像，但最叹为观止的是青铜通天神树。在古代蜀人绚丽多彩的精神世界里，人神交往这一主题观念，始终占据着显著的位置，三星堆的青铜雕像群展现的祭祀场面贯注了人神交往的象征意义，青铜通天神树更是人神交往观念的精彩体现。

在古书里，神树通常都被描述得极其神奇，是日月出没的场所和沟通宇宙的象征，东方的扶桑、中央的建木、西方的若木，便是古代传说中的三棵著名神树。扶桑，又称扶木，《山海经·海外东经》说："汤谷上有扶桑，十日所浴，在黑齿北。居水中，有大木，九日居下枝，一日居上枝。"《山海经·大荒东经》说："汤谷上有扶木，一日方至，一日方出，皆载于乌。"由此可知扶桑是古代传说中生长在东方的一棵极高的太阳神树，是每天早晨太阳神鸟准备飞翔的地方。《山海经·海内经》这样描述若木，"南海之外，黑水青水之间，有木名曰若木，若水出焉。"《水经注》中称若木是"生昆仑山西附西极"的一棵神树，《文选·月赋》注引古本《山海经》的则称若木为"日之所入处"。由此可知古代传说中若木生长的地点是在遥远的西方，是西极的一棵太阳神树，为日入之处，是太阳下山的地方。也就是说，每天太阳从东方扶桑神树上升起，到了晚上太阳便落在西方的若木神树上。再者是建木，《山海经·海内经》说："南海之内，黑水青水之间，有九丘，以水洛之……有木，青叶，紫茎，玄华，黄实，名曰建木,百仞无枝,上有九欘,下有九拘,其实如麻,其叶如芒。大皋爰国,黄帝所为。"《山海经·海内南经》则说它:"其状如牛,引之有皮,若缨、黄蛇。其叶如罗,其实如栾,其木若蓲,其名曰建木。"可知传说中的建木是一棵盘根错节极其茂盛的通天神树,它直上九天,叶茂果繁,所说的大皋就是伏羲。建木这棵通天神树的作用在《淮南子·地形训》中有一段很好的说明:"建木在都广,众帝所自上下,日中无景,呼而无响,盖天地之中也。"也就是说建木是众神上下天庭的场所,也就是一座神奇的天梯。

三星堆的青铜通天神树,它那高大茂盛直冲云霄的形状,以及栖息在树枝上栩栩如生的神鸟,圆形圈足上有山丘一样隆起的底座,三面分跪着的小铜人,显见三星堆青铜通天神树是一棵具有复合特征的通天神树,它不仅是神话传说中的扶桑与若木的象征,而且也是天地之中建木的生动写照。在古蜀国盛大的祭祀场面中,这棵青铜通天神树很可能摆在中央最显著的位置,作为沟通人与神往来的重要媒介,正因为有了这棵青铜通天神树,古蜀人便拥有了一种精神追求和信仰崇拜的象征,在以后漫长的岁月里,在崇山峻岭之中构建富足的生活。古蜀人希望有一座登天之梯,能和众神往来,而众神所居住的天堂应该是一个长生不老的美妙世界。想到张天师,想到岷山之域,想到道学,想到闻一多先生的"直立如建表,故曰'建木',表所以测日影,故曰'日中无影'"。

奇怪的是自己对于三星堆青铜通天神树的感觉,与其将之理解为一棵神树,不如理解为一种标准。以往看古代神话,大多数神仙都是可以腾云驾雾,虚无缥渺,来无影去无踪的,总是感觉太过任意,太过悠闲,太过虚无。站在三星堆青铜通天神树面前,感觉踏实了很多,远古神话中昆仑也是一座可以登天的天梯,还有灵山也是众神往来神人之间的天梯,喜欢这份真实,登天亦必循阶而登,所以才有了天梯的神奇想象。

浪漫的气质一直是中国人的特质,只是我们常常把这种特质放在未来遥远的世界里,庄子所追求的境界是大多数中国人的向往,可是我们看到的道学及大家,都在深山峻岭之中,云端悬崖之上,没有一个生活在现实之中。常常在想,为什么中国的道学、佛学都是放在天然浑一的深山寺庙、道观之中,等待人们千里万里、跋山涉水地朝拜,而西方的宗教总是把教堂建在街市之上,融于日常的生活之中,人神的交往于一次礼拜,一首唱词之中便窥见了上帝的音容,那才是一种现实与理想的结合。我们的天梯又在哪里呢?

亨利·劳伦斯说:"一旦这两种气质——浪漫气质和现实气质——充分地融

合在一起后,现实气质就会寻找实现称心如意、切实可行之目标的直接途径,而浪漫气质则引导人们走上另外一条新路,并指出走这条路所具有的光辉灿烂的前景。浪漫气质还使人深信,即使在生命的暗夜,自己也仍能找到乐观的理由——那些没有处于生命暗夜的人看不到这种生命暗夜中蕴藏着的乐观理由——也即昭示成功的那一缕曙光。"我们不乏浪漫气质,也不乏现实气质,我们缺乏的是浪漫气质与现实气质的充分的融合。在我们生活的认知中,浪漫属于老子与庄子,浪漫属于李白和苏轼,浪漫属于峨眉和岷江;而属于我们的只有残酷的现实。

德国剧作家莱辛写道:"如果全能的主一个手中拿着'真理',另一个手中拿着'寻找真理',主叫我二者择其一。我将这样回答他,'啊,我全能的主,把真理留给你自己吧!让我自己去探索真理,这对我会更好一些。'"三星堆青铜通天神树也在昭示今人,通天的神树,是扶桑、若木、建木之大成,日之东出,日之西落,每一日的复始,都是通往天堂的一个阶梯,只有循梯而上,理想与现实才能浑然一体。

(原载:春暖花开公众号,2015年11月27日)

花落、茶香（上）

　　第一次在新加坡闲赋，朝晖说我：只为别人消瘦，这一次决定给自己放假。跑到市场买花回来插，想增添一些春节的气氛，新加坡的春节味道太淡，可能因为这里需要过的节日太多，大家都麻木了，可是我很喜欢春节的地方是可以买花，特别是在广州逛花市，熙熙攘攘的浓烈，人人都兴高采烈，一幅真的"暖春图"。曾在本老师帮我买了一大束红木兰，一束金黄的雏菊，两支银柳，回来插在花瓶里，春节的味道就这样带了回来。

　　爱花缘于在东北大草甸看到的灿烂，一望无际的草甸缀满紫色、蓝色、黄色、红色的小花，小的时候常常坐在草丛中看花，那时候不知道插花是什么，只知道一大束野花是一大片绚丽。长大了看《红楼梦》，看到林黛玉葬花的诗："尔今死去侬收葬，未卜侬身何日丧？侬今葬花人笑痴，他年葬侬知是谁？试看春残花渐落，便是红颜老死时。一朝春尽红颜老，花落人亡两不知！"我不太懂为什么林黛玉如此的黯然伤神，再长大就明白了，她说的只是自己的感受，由落花想到人的忧伤。

　　后来才弄懂，人对落花的感受与对人的感受是一样的。女儿小的时候问花会哭吗？我们只是当她纯真，现在才明白，那纯真才是人的真情感，人能够对花草树木有情感，有同情，能够感应花草的欢喜和悲伤，对外界的事物有体验，正是人的一种觉悟。花的谢落其实与一个人的成功失败没有什么两样，人如果不能回到自我，做回人基本责任的追求，使自己符合自然的规律，那么也只能像花一样无声无息地凋零了。可惜的是，我们麻木了、功利了，没有人去关注基本的生态，人人都在强调自我的价值，这是否像林黛玉所说："花落人亡两不知"呢？

　　想到茶。想到日本茶道大师千利休。最令我感动的是关于他的两个故事。

　　千利休到晚年的时候，当时掌握大权的将军秀吉特地来请教饮茶的艺术，千利休这样回答：

先把水烧开

再加进茶叶

然后用适当的方式喝茶

那就是你所需要知道的一切

除此之外，茶一无所有

在千利休看来，茶的最高境界就是一种简单的动作，一种单纯的生活，一种适当的方式。每次看到茶师一遍又一遍、一丝不苟地重复每一个沏茶的动作的时候，总是很感动。那不仅仅是茶道，也是茶的本质。

（原载：春暖花开公众号，2015年12月18日）

花落，茶香（下）

第二个故事是千利休教导他的儿子。

传说千利休的儿子正在扫庭院小径，千利休坐在一旁看，当儿子觉得已经扫完时，他说"还不够清洁"。儿子便跑去又做了一遍，做完的时候，千利休还说"不够清洁"。这样一而再，再而三地做了很多次，过了一段时间，儿子说："父亲，现在没有什么可以做了。石阶已经洗了三次，石灯笼和树上也洒过水了，苔藓和地衣都披上了一层新的青绿，我没有在地上留下一根树枝和一片叶子。"千利休却站起来走入园子里，用手摇动一棵树，园子里霎时间落下了许许多多金黄色和深红色的树叶，这些树叶使园子显得更干净宁静，并且充满了美与自然。

总是会想到这两个关于千利休的故事，人的最高境界其实是与自然的和谐统一。用禅意来说，悟道者与一般人的不同也就在此，过一样的生活，对环境的感觉已经完全不同，他们随时取得与环境的和谐，不论是在大漠，还是在都市都能创造泰然自若的境界。

禅给我的帮助，是沉静、清洁、超越、单纯、自然的格局。记得1994年搬回学校西一210宿舍时，朝晖和我用木板条、白纸、床板和玻璃，竟然加工出一个"一房一厅"的格局。"厅"铺了一张地板胶，所有的客人都需要席地而坐，看过这间小屋的人都惊叹，简单的东西也有它神奇的效果。虽然现在居住的条件已经大大超越从前，可是仍然非常怀念西一的这间小屋。

关于"茶道"，日本人有"不是茶"的说法。茶道的最高境界不是茶，应该是渺茫的自由，简单的执着，心灵的悟境和与自然一体的境界。

花与茶都是悟性的载体，其实万物何不如此。佛经里说莲花有四德："香、静、柔、可爱"。人性的四德也不过如此：香，深奥悠远；静，出泥而不染；柔，胜过刚；可爱，则是宁静、清雅、尊贵、和谐的品质。《阿含经》中说：

"莲花生在水中，长在水中，伸出水上，而不着于水。"才明白老师告知于我的"不执着"。想到这里，心里就震动起来，连眼角都有了水意，相信自己虽生于水，总有一天也能像莲花一样不着于水。

　　风吹过，有些淡淡的兰花香。红木兰是10年前我在广州兰圃初识，当时一枝要20元钱，好贵，好贵，但是自己太爱，还是咬牙买了回来。10年后在新加坡买一大把，10支只是8元新币，感觉还是一样的喜爱。在所有的花中，我还是独爱百合和兰花，或许是因为百合和兰花独有的气质令我感动。喜欢百合的清雅，兰花的典致，所以每到春节，总会很开心，因为可以把大盆大盆的兰花搬回家中，赏心悦目。看它盛开欢心愉悦，看它凋谢，也有一种难言之美。有一次，看家中墨兰香瓣一片片落下，以一种优雅的姿势飘落，安静地伏在桌上，竟然泪流满面。那飘飘零零的花瓣，给人一种凄美的错觉，仿佛有灵性在呼唤，散花之时"化作春泥更护花"的深情，不免惆怅，自己快快拾起每片，取出一个大大的白碗，存一勺清水任花瓣散于水面，放在案头，知道这份惆怅是无法割舍的美……

　　喜欢自己的名字与花有缘，我始终觉得爱花不是后天培养的，它是一种先天的直觉，这种直觉来自善良的品格与温柔的性情，也来自对物质生活的淡泊。其实心里一直存有一朵花，有美，有香，有纯，有平静，有种种动人的质地，会使我们有更洁净的心灵来面对人生。

（原载：春暖花开公众号，2015年12月25日）

天山
给我的真印象

梦中的天山，就摆在眼前，真的置身于此，设想中的激动却了无了踪影。

坐在天池边上，同伴在与兜客的马夫讲价，自己则望着远处的雪山出神。雪封的山，原像一个耐人猜测的谜语，被一层白色的神秘包裹着，它无言语，它无声息，它不愿露出一点底蕴，只是静静地坐在那里，毫不理会我这个不知趣的访客，更不理会讨价还价的声音，它更像一个沉睡的巨人，做着千年的长梦，任由外面的世界有着风霜雨雪的变化。这样的场景的确无法让你产生任何冲动。

胡思乱想的时候，同伴已经租好了马。到天山牧场需要骑马而行，结果每人租了一匹马外加一个马夫，开始了上山的旅程。

人言天山是自然大空调。此话不假，虽是盛夏，感觉仍是颇有凉意，幸得行前乔莊送的牛仔背心。故一袭牛仔背心，一条牛仔裤，跃然马上，抓紧缰绳，只是头上少了顶牛仔帽，换作披肩长发，算不上信马由缰，只能说是信马，因缰在马夫手上，马夫只有十二岁，把自己完全交给他，实在是心有余悸，只是一向随遇而安，便也想象着身后是一个高大英俊的马夫在策马，平静下来的心便系到清脆的马蹄声中，叩响着飞上了天山……

马在小跑着上山，三匹马并策，走得很慢，觉得很颠，马夫告诉我只有快跑起来，才会感觉舒服。可是仍不够大胆放马去跑，尽量悬身罢了。看看朋友，大有同感，相对一笑，马已在天山的中带。一路上望着身前身后，大家一会儿说："这里像天山"。一会儿说："这里不像天山"。细细想来，其实天山的样子早在脑中，置身于此，只是为证实这份真实？还是为说明到此一游？抑或是寻找感觉外的东西？好像都不是。真切地说，只是为了充实人生的旅程，留些成长的痕迹，少些遗憾吧！

塔林似的云杉，平整的草地，英姿勃发的骏马，温驯恬静的牛犊，星星点点的毡包，三三两两的牧人，坐在一个地势较高的地方等同伴的时候，映入眼的这一幅天山景，深深地扣住了自己。此时才忽然发现，到天山的念头是一生中仅有的一次，仅有的一件，又岂止是一些零碎的事与物而已呢？一直觉得，世间的一切都早有安排，只是，时机没到时你就不能领会，而到了能领会的那一刹那，就是你的缘分了。

马及马夫在身后等待，自己却仍只是对着远处发呆，这么多年的天山梦，终于在今夏实现，该是今夏与天山的缘分。

很想多拍些照片，然而最深的一笔早已刻在心中，又岂是镜头可以窥见？所有的一切都变成了一种成长的痕迹，抚之怅然，但却无处追寻，只能在一段一段过去的时光里，品味着一段一段不同的沧桑。可笑的是，明明知道所有的时刻终将过去，却执意想把握永恒，眼角的热度爬上了心头……

也许，在好多年后，我唯一能记得的，就是坐在天山的某一处，在云杉的荫影下，眼角的温热所给我的感觉了。

马夫催着下山，因为天已经阴了下来，看似要下雨。到山下雨已经滴滴答答下了起来，坐车沿着盘山公路慢行，天山已在身后，细细碎碎的雨声撒在车窗上、云雨中，除了偶尔刹车的声音，一切看似空茫宁静而安详，恐怕这才是天山给我的真印象。

（原载：春暖花开公众号，2016年1月8日）

没有桃花的桃花园

去南海的路上有一个叫作南国桃园的地方。喜欢那里的原因不是她的风景，反而是她的名字，"枫丹白鹭""桃源玉宇"，有时美是一种想象，不需要太真切的东西。觉得生活的美是在朦胧中成就的，如果你可以让自己与现实拉开一点距离，把自己放在一种意境中，放在一种理想中，一切便也不同起来。因为，想象是可以把持的美，现实却是不能期望的美。我们因为生活在现实中，所以会非常强调现实的作用。每每到企业中，人们无法形成良好的工作习惯的时候会说，这是中国文化的问题；无法做到产品的精益求精的时候，也告诉我这是中国人的现实；行业内的恶性竞争，人们会告诉我这是中国国情。于是就有了无可奈何的态度，安于现状的心境，无为而治的追求以及同流合污的理由。难道真的就无所作为了吗？林肯的美国之路，支撑他的是对于现实的藐视；邓小平的中国改革是理想对现实的征服。也许你无法改变这个世界，可是你可以让自己活在理想中，而不是现实中。

在"南国桃园"中并没有看到桃花，夜晚到的时候反而看到细细柔柔的雨花，觉得很舒服，雨的灵性通晓了我的心，细细碎碎的雨声好像是在细语，叩敲着心扉。树叶散发出来的青翠与雨交融，在车灯的映照下，呈现出一派温馨的感觉，山径、灯光、加上轻轻的雨语，浓夏的夜话嵌映出，久久不能散去。

自己属于偏爱孤独的人，大部分的时间只是在心灵上与自己对话。在北师大学哲学的时候，偏爱爱尔维修，但却没有学到他的真谛。后来狂爱上休谟，认为生命是在怀疑中寻找真谛，好在房龙的"哲学的童话"让自己觉醒，"世界是什么？""人的本质又是什么？"。那是一生的过程，又怎能在自闭的对话中找到答案呢？

苏格拉底说过："未经思考的人生是没有价值的人生。"左拉则说："愚昧从来没有给人带来幸福；幸福的根源在于知识。"苏格拉底常常拿爱尔菲神庙的神喻"认识你自己"作为告诫世人的箴言。"认识你自己",作为神喻,是向人说的。其具体的含义即是:在全能的神的面前,认识人的无知!这个哲学的最高命题,我们至少可以这样理解:人类也许还是非常无知的。培根说:"一个人如果从肯定开始,必以疑问告终。如果他准备从疑问开始,则会以肯定结束。"

17世纪法国伟大的数学家、物理学家、哲学家笛卡儿,提出"普遍怀疑"作为他的哲学的重要原则。他为了寻找建立他的哲学基础,要对以往所坚信的一切东西都普遍怀疑。他不仅仅怀疑我们感觉到的所有物体的存在,而且怀疑我们的感觉器官的存在,怀疑我们的肉体的存在。他设想,我们每天所见的天空、云彩、大地、万物,是不是全属于虚假,只是一个巨大的魔鬼布置下专门迷惑人的东西呢?也许你会认为他是个疯子,可是正是他的体验,提出了"我思故我在"的著名原理,建立起自己的数学体系和哲学体系。欣赏和认同蒙田的观点:每一个人最根本的职业就是生活。我们的职业既然就是生活,那么我们就应该知道人生是无法用外在的东西来理解,它必须用你自己的行动,用一个一个的脚印去一行一行地书写,人生的意义实在是一种实践的学问,好似一个陌生的人说的那样:人生其实只是在书写自己的履历的过程。

该确信,认真地刻写每一个痕迹,才是人生的真谛。所以读大学的时候就应该认真上课,认真读书,认真写作业,认真考试。工作的时候就应该认真对待每一个岗位。为人儿女,为人夫妻,为人父母,为人朋友都应该认真做好每一个角色。这不是伟大与平凡的问题,这是人生意义的问题。生活的每一段就如一个个跳跃的音符,只有好好地谱写在生命的五线谱上,才可奏出美妙的乐章。贝多芬的旋律是一生的心血,我的又何尝能偷闲!

没有桃花的桃园,应该是你我的"世外桃源"。

(原载:春暖花开公众号,2016年8月16日)

巴黎桥、圣母院

从奥尔赛博物馆码头登船，漫游水上，时值深秋，凉风吹拂，当和风与历史联结的时候，两者交汇之地是桥，那一座座连接塞纳河左岸和右岸的老桥和新桥。真没有想到有这么多桥，有了桥，塞纳河的水顿时就有了生气，没有置身其中，从没有想过桥是否可以代表生命，但是看巴黎塞纳河的桥你会相信它的语言、它的动感、它的雄伟、它的婀娜。

巴黎的桥最惊骇的图像在于连接左右岸两端处的雕塑，白色大理石托起的风情万种的女神雕像，就这样映入眼帘，令人眼花缭乱。坐在船上，仰视每一座桥的雍容、轩昂、悠闲，不仅仅是视觉，连生命都觉得是一种享受，看到岸边流连的人流，桥上休闲的人群，高大英俊的男人，优雅婆娑的美女。你惊讶巴黎的魅力，而这魅力确源自巴黎桥的风情：桥头、岸边、河道、浮雕，有历史、有景致、有格调，更有生命的沉淀。巴黎的桥，不是简单地连接左右岸的交通枢纽，它将厚重的巴黎历史承载，与塞纳河一起见证着巴黎的变迁和发展。

还没有从桥的感动中抽离出来，竟然看到了巴黎圣母院。不知为什么，对巴黎圣母院总是怀有一种近乎虔诚的憧憬，我情愿一次又一次到它面前流连，情愿把它的每一寸脉络留住。还记得那个发生在巴黎圣母院中哀婉凄绝、令人喟然长叹的故事。中世纪时，在一个盛大的宗教节日里，巴黎副主教克洛德·富洛娄看上了能歌善舞的吉卜赛女郎埃斯梅拉达，就派圣母院中长相十分丑陋并且又聋又哑的敲钟人卡西莫多去抢她回来，正巧卫队长美孚斯经过——英雄救下了美人，还逮捕了卡西莫多。卡西莫多被绑在广场上受人鞭打示众，天气酷热，他口渴难耐，这时又是好心的姑娘埃斯梅拉达提来了一罐清水。后来，狡猾的克洛德刺杀了姑娘的心上人美孚斯并嫁祸于姑娘。蒙冤的姑娘被判处绞刑，临刑前一刻卡西莫多突然闯进刑场，救下埃斯梅拉达，把她抱进圣母院，并像守护女神一般护卫着她。巴黎的群众为救姑娘来到圣母院，可怜的卡西莫多因为耳聋什么也听不清楚，他惊恐万分，便紧闭教堂大门，还登上高楼向人群猛掷石块，并推倒了救援的木梯。这时克洛德趁机劫走了姑娘，又终因恼羞成怒把她送上了绞刑架……姑娘死去了，丑陋而善良的敲钟人卡西莫多也静静地躺在他的女神身旁，幸福安宁地随之而去……

这是雨果的语言，世人的感慨。雨果以巴黎圣母院为背景，为世人塑造了格雷佛广场上美丽热情又心地善良纯洁的吉卜赛女郎埃斯梅拉达；外貌丑陋，但心灵纯洁，敢同邪恶斗争的圣母院敲钟人卡西莫多；看似道貌岸然，博学而又禁欲，却被淫欲唤醒，卑鄙无耻，面目狰狞的野兽克洛德·富洛娄副主教。雨果通过这些独具魅力的艺术形象，留住了世人的记忆，也留住了圣母院在我心中的痕迹。

除了雨果，巴黎圣母院的盛名更在于它是欧洲建筑史上一个划时代的标志。在这之前，欧洲及世界各地所建的都是罗马式教堂，建筑造型几乎千篇一律，粗笨臃肿，低矮压抑，幽暗沉闷。巴黎圣母院则完全打破了前人的藩篱，创造了一种崭新的哥特式的教堂结构。这座古老的哥特式教堂至今已有八百多年的历史了。建造该教堂的计划始于路易七世，那时法国的经济飞速发展，所以他便想建一座大教堂。教堂占地5500平方米，大大改变了城市形象。当时为了建造该教堂，周围很多地方遭到破坏，为了往工地上运送建材，还专门修了一条街——圣母新街（Larue Neuve-Notre-Dame）。最先建造的是教堂后面的祭坛，廊柱全部朝外，但最初设计该教堂的天才建筑师却一直不为人所知。12世纪70年代，又一个建筑师接手了该项工程，他让廊柱改朝教堂大殿，原来的两扇门窗也改为三扇。在大殿完工前，又换了第三个建筑师，他增建了台基，一直延伸到王室长廊。教堂前的广场也是在他的领导下建成的。1210—1220年，大殿的正面进行砌筑时，又来了第四位建筑师，他修改了原来的设计图（使用柱子），自己构思了一套和查尔斯特大教堂很相近的解决方案。

13世纪和14世纪初，这个方案又发生了重大改变，改为哥特式，使教堂内能进光线。大殿顶上的窗户在1225—1230年间又重新加大。著名的大师让·德·柴尔（Jeande Chelles）对耳堂的正面进行了改建，另外，巴黎圣母院的北面也是他完成的。为了建小教堂，在1250—1258年间又加宽了地基。之后，皮埃尔·德·蒙特依（Jean de Montreuil），著名的建筑师，建过圣·夏贝尔教堂，在1265年开了祭坛的第一批小教堂。随后，皮埃尔（Pierrede Chelles）、让·哈维（Jean Ravy），尤其是他的侄子让·勒布戴（Jeanle Bouteiller）为圣母院的建设作出了伟大贡献。他于1351年最终完成了这项耗时188年的巨大工程，使巴黎圣母院成为法国艺术史上的建筑顶峰之一。让·勒布戴把她看作他自己的大教堂，几乎整个民族都参加了巴黎圣母院的建设：有石匠、木匠、铁匠、雕刻工及玻璃工等。

始建于1163年，在1345年才全部建成，历时近两百年才基本落成的圣母院亲眼目睹的，却是9个世纪来法国历史的发展场面。我最感动的是在近两百年的历史里，一代代人在前人的基础上不断地完善这个工程，使得圣母院成为绝世精品。也许圣母院的工程正是法国的人文精神的缩影：完美、浪漫、典雅、庄重。什么叫作前赴后继，什么叫作完美主义，什么叫作精益求精，什么叫作理想超越现实，在巴黎圣母院你都可以感受到。

想起朋友告诉我法国人装修的习惯来，法国人是非常讲究居住环境的，他们在这上面花费的时间和金钱很多。他们在房子的装饰上很追求个性，而且，大多数的人都是自己动手而不是请装修公司来做。有的法国人甚至会买好了地皮，自己设计好图纸，然后一家人用假期自己动手把家一点一点地建起来。很多法国人总是骄傲地指着自己的家告诉客人们，这个家是他们自己一块石头一块石头地垒起来的。这也许就是法国人浪漫情怀的一种表现吧，更多的应该是他们对于理想的执着。

我并不了解法国人，也不能够深刻地理解法兰西文化的沉淀，当人们被圣母院宏大的气势所震撼的时候，应该也是心灵的共鸣。我不能够确信"上帝"真的存在，在我的文化与教育中，我没有能力去思考这个问题。或许埃斯梅拉达、卡西莫多能够确信，但是有一点，"美"以及对于人性美之追求的理想是不容置疑的。

有人说：现代世界，已经没有人相信上帝的存在了。人们还去礼拜，是出于另一种需要。任何人都是孤独的，没有人和他在一起。内心的悲喜，需要倾诉，这才是"上帝"在他们心底生根的原本。真的就是这样吗？如果人内心的悲喜，需要对"上帝"倾诉而确信"上帝"的存在，人性本原的东西又到哪里去追寻呢？想起萨特，这个最具法国情调的哲学大师。萨特一生以自由和正义为准则，敢爱敢恨，思考与行动并行不悖。萨特从来没有接受过"自我"以外的其他外来标准，包括法国荣誉团勋位和诺贝尔文学奖之类代表官方或主流社会价值的荣誉。"在某种意义上，萨特的身上流淌着法国文人斗士的传统血液。萨特和他的存在主义堪为这种伟大传统的有力殿军，也是以人为本的主体性哲学最后的贵族。"我始终难以忘怀萨特在半个多世纪前宣告过"存在主义是一种人道主义"，难以忘怀存在主义直指人心的力量。难以忘怀法国另一位著名的思想家、科学家和宗教圣徒似的人物帕斯卡尔的生平和思想，在很多年以前，我就被他"人是一根脆弱的芦草"的文字深深地感动过。这便是法兰西的情感：对世界混

乱无序，荒谬偶然的感受必须与一种希冀和期待并存，人的心灵必须有所依从、有所敬畏。

我们的生活某种程度上是注定的。可能暂时，也可能很长时间我们会脱离既定的轨道，但最后，大家还是要回到自己的生活里——很多时候是破碎的生活里。如果你只是沉淀在现实的生活里，那么你就无法在内心倾听自己，就像卡西莫多的故事开始就被注定一样。我们让自己听不到自己的声音，我们只能在教堂里倾听自己内心的声音。可萨特告诉我们："存在先于本质"，你自己有能力做出你内在的选择。

罗素先生在《自传》前言中反省道："三种单纯却又极强的激情支配了我的一生：对爱情的渴望，对知识的追求，对人类苦难感到无法忍受的怜悯之情。"这三种内在的生命激情同样也是萨特的人生动力，这动力又体现在巴黎桥、圣母院的每一块石头上，因此折射出法兰西的魅力。一个时代的人格印记规定了思想的品格和高度，如果一味地迁就现实，你就无法确定这个高度，无法彰显生命的承诺，令人遗憾的是，这种人格和激情于今已寥寥无几了。

（原载：春暖花开公众号，2016年11月25日）

西塘

到嘉善的时候,恒星的朋友建议我到西塘看看,一个不经意的决定,让我凝固在江南的水墨里。

长达几千米的雨廊,一色的黑瓦盖顶,沿河而建,连为一体,绵延不断;古建筑重重叠叠,小船儿悠悠荡荡,处处绿波荡漾,家家临水映人;一座座江南小桥是一枚又一枚的闪亮珍珠,串在古镇的脖子上;小镇留下的古建筑作为一个群体,大都深藏在不起眼的角落里,淹没在青砖小瓦之中,江南不张扬的性格,尽显其中;形形色色的茶馆,几乎都透着与世隔绝的清雅;也许正是这样素面的江南才是真实的,无须修饰……

我们顺着古河道走,河道两旁都是古色古香的民居,廊棚长长。置身于其中,不管衣着如何,总觉得会是长衫飘飘,一派风雅之状,思古之幽情油然而生。西塘镇很小,方圆才两平方公里,相传春秋时伍子胥为修筑水利所凿伍子塘之水直抵境内市河,故也有"胥塘"之称。

唐宋时这里就有大姓人家建宅居住,聚成村庄,至元明已是颇具规模的市镇了。岁月流转,物异人移,西塘穿越历朝历代的时光,在而今高楼林立的城市间,犹如一方古玉遗世,更显得剔透玲珑,空灵隽永。西塘水网交错,河道纵横。小街傍河,人家依水,青瓦白墙,木栅花窗,构成一幅幅江南水乡特有的经典画面,清润秀美,灵动温翠。

不记得在哪里看到这样的文字来形容西塘的小桥:河水将市镇分割成碎片,桥又将碎片连缀起来。小小的古镇竟有几十座桥,而每一座桥就是一本古老的书。

卧龙桥就是一部小说了,桥建于清代,初为木桥,雨后水急桥滑,有行人不慎落水溺死。桥边一位竹篾匠见状大为悲痛,遂投寺为僧,誓以铁链穿肩,募集修桥银两,奔走十余年修成这座全镇最高的石拱桥。

环秀桥则如一首优雅的古诗,建于明代。高高的桥身犹如一道白色的长练卧

于水上,半圆的桥孔与水中的倒影合二为一,合成一个碧玉圆环。"船从碧玉环中过,人步彩虹带上行""上下影接波底月,往来人渡水中天",走在桥上,人便融入诗情画意中了。

还有因宋代福源宫道人立桥望仙而得名的望仙桥,明代建桥时有鸟飞来呈祥瑞之兆而得名的来凤桥……

我们坐定下,依河而望,长长的廊棚沿着长长的河岸蜿蜒向前,轻舟如梭,柔橹如梦,酒家问是否需要畅饮,可哪用清酒,一池清水已经醉在心头:一河清流如酒,满目皆醉。选择称之为"孔乙己"的店家坐下,茴香豆清香绕指。周遭静静的,小镇静静的。眼前的小镇成了一幅黑白水墨画,白灰的水、灰白的墙、浅黑的树、深黑的瓦……远远近近浓浓淡淡深深浅浅,这份安静使人内心皈依单纯的色彩,单纯的空间,单纯的生活。

何以踏上这小镇的土地,我的心就有了一种如归的亲近?安静地坐在午后的西塘,我知道这是自己内心向往的生活状态,不需要繁华,不需要奢侈,只需要清纯的河水,只需要一缕箫音,在微微的风中思绪淡尽就可以了……

(原载:春暖花开公众号,2016年12月9日)

得之于己

中国的哲学思想，要谈论需要阅读很多的书籍。因为哲学这个名词不是中国土生土长的，而是随着日本对西方文化的吸收从而流入中国的舶来品。因此，中国古代没有专门一本书是谈"哲学"的。但是，这种西方所谓的"哲学"，即对事物的运行规律和引起这规律的形而上的本体的研究，却体现在中国古代的很多书中。就像中国古代不谈什么"逻辑学"，但逻辑已自然而然地融入了每个人的言行之中一样。

举个例子来说，"前不见古人，后不见来者。念天地之悠悠，独怆然而涕下。"这是大家都熟悉的唐代诗人陈子昂的诗句，你说这其中有没有"哲学"？有没有"逻辑"？有，当然有！它表达了一种什么样的哲学思想呢？人世沧桑，岁月更迁，就像《周易》所表述的事物迁流不息、永远变易的思想一样。它所表达的——由前到后，由古到今，由天地到人物，由触景到生情——正是逻辑。

因此，要仔细地研究中国古代的哲学思想，必须博览群书，如果不能如此，想求一得，最基本的要求也要研究各个时代的代表作。我不能够做出专业的判断，下面这些书籍是很多专业人士给我的书单：《四书》《五经》《老子》《庄子》，以及随佛教的传入而带来的一些典籍——《楞严经》《金刚经》《法华经》《华严经》，还有各个时代代表人物的著作——佛教传入之前的诸子百家的作品，汉代的司马迁、班固、董仲舒等人的作品，佛教传入后的唐宋八大家，明代李贽、王夫之，清代顾炎武、曾国藩，道家张伯瑞，翻译家禅宗六祖慧能大师，明代四大高僧等人的作品，都应该好好地研究。由此说来，要研究中国的哲学思想，的确不易。

虽然我也花了一些时间阅读这些书籍，曾有一段时间，每一天都泡在北师大的图书馆里，甚至到了"废寝忘食"的地步，但是发现自己依然不能够了解到中国哲学的精髓。当自己研读《易经》的时候，似乎有了一些感觉，这些感觉帮助我开始理解中国哲学所关注的命题。

研究中国的哲学思想，尤其是土生土长的儒、道等诸子百家思想，首先要研究《易经》，尤其是孔子作的《系辞》及他对《易经》的注解之文。因为《易经》的哲学思想正是通过孔子的泛释而发扬光大的，也正是孔子的这几篇论文，导致了以后的思想发展。可以说，《易经》包括孔子的注解，是中国土生土长哲学思想的源头，也是中国哲学思想的主干。

那么，《易经》表达了一种什么样的思想呢？《易经》表达的是形而上的本体和形而下的运行规律，而且偏重于后者。这形而上的本体可说是"不易"，形而下的运行规律可说是"简易"。规律虽是"简易"，而现象却是"变易"，即永远在流动，在改变。

先说这"不易"的本体。它是一种形而上的东西，它能引发各种功能，而它本身却是不被这些功能所转变的。打个比喻，它像一面镜子，它能随所面对的不同物体而显现不同的影子，而作为镜子本身却是不被这些影像改变的，即它是"不易"的。

就我们人来说，它能导致我们的七情六欲，我们的所有行动和思想，可说是它的功能，它的"影像"。因此，我们的语言也可说是它的功能，而对这一本体却很难表达清楚，正如禅家所讲的"离心意识"。所以，儒、道、释都提倡静坐，在静坐中进入一种"状态"，而这个"状态"就是对本体有所"体认"，也就是所谓的"神秘体验"。那么，这个本体是不是我们身体的结构所导致的一种状态呢？这也是导致唯物主义者对唯心主义者的批判所在。

本体是古代所说的"本性"，那么，用什么办法来"体认"它呢？只有"静坐"，反求内心的方法，这就包括儒、道、释的一些方法，因为能力所限，无法述及。孔子曰："不在其位，不谋其政。"的确这样，有些东西不是靠人的思维和想象所能验证的，只有亲身到了那个地步，才能真正体会到它是什么滋味，所谓"如人饮水，冷暖自知"。唯有人自身的不断求证，不断反求自身，或许可以理解本性所求到底是什么。

为什么形而下的运行规律称之为"简易"呢？随着时间的推移，任何事物都在变化，人类历史的车轮不断翻滚，但当你阅读一些历史书时，是否觉得历史在重演？这种重演没有"1=1"完全吻合的意思，只是在某种相似的情况下，发生的结果也大都相似，可以说，有着某种规律。究其原因，皆因"人"是历史的主体，虽然时代不同，但人没有什么大的改变，尤其是人的性情没有什么大的改变。

这种"情"是指人的各种欲望，佛学将它归纳为"贪、痴"，的确，如果将人类的历史用这些来审视一番的话，都是一些人为达到某种目的，满足某种欲望而已，只是所用的手段略有差异，也有甚者完全相同。这或许是"简易"的规律吧！

"情"，也即人们的欲望，它给人们带来幸福和烦恼。幸福是追求得到以后的短暂满足，而烦恼则是追求不到的苦闷和追求得到后又怕失去的忧郁。作为追求，永无止境；作为人的欲望，不可能得到满足，因为一种被满足了，另一种欲望又出现了。孔子说："饱暖思淫欲。"倘若为满足人们的欲望而无止境地努力，则永远不会安宁，或安宁只是短暂的。那么，怎么办呢？

儒家要求人们把欲望控制在一定范围之内，道家要求不要管欲望，"退一步海阔天空"。释家则要求认清欲望的面目，从而达到"止于所当止，发于所当发"，而它们采取的基本措施都是"清规""戒律"。儒家将"仁义礼智信"作为做人的标准，道、释两家都有"不杀生、不偷盗、不邪淫，不饮酒，不妄语"的五戒。这两种规定的含义区别不大，儒家从正面讲，道、释从反面讲。这五条戒律不仅能给自己带来身心的健康，还能处理好各种社会关系，从而使自己也生活在一个安全、舒适的环境中。因此，儒家提出"大同"思想以及人的最高标准——君子，他"温良恭俭让""忠孝仁义"。这都是从"仁义礼智信"的基础上建立的。

人生活在社会上，就像一张张网，人是网上的节点，网上的线是各种社会关系。因此处理好各种关系非常重要。毕竟作为一种交往，有所施就有所报。儒家说"忠孝仁义"，只要能把握好，"忠孝仁义"是一个很好的准则。只是这"度"的把握比较难，孔子说"智者过之，愚者不及"，而"过犹不及"。

但是我发现，在古人的认识里面，他们一再强调"不易"和"简易"，为什么？因为社会是不断地变化的，怎样把握住它，从而能处乱不惊，并能很好地做一些事情呢？这就是古人的方法和目的。

古人提倡四书五经，"经"是什么？是规则、规律，是事物运行的大原则。"四书"讲什么？讲怎样把握和体认"经"。这恰恰是我们今人所忽视的东西。我们在技术的帮助下，更多地在注重变化和表象，但是没有人能有足够的定力来寻求内心的"本性"，也没有人能够在纷繁复杂变化的环境里寻找到规律，人们不断地调整自己的价值观以适合环境的变化，表面上看好像没有什么错误，但是一旦离开了"本性"的追求，就会出现盲目和非理性。

如果让我简单地概括我学习中国哲学的心得，可以说中国哲学的一个特点是首先"得之于己",这也是中国哲学的出发点和着眼点。这个"得"就是对"性"的"体认",从而达到"天人合一";与对"情"的"合理控制",从而达到"发而皆中节"。正是这一点,使古人的生活能够充实、快乐,"无为而无不为"。

(原载:春暖花开公众号,2016年12月23日)

今生之后有来世

婉姨约我们一起去吴哥窟，陈让也推荐这个路线，趁着五一假期和家人启程了。飞机落地的时候，才想起来相机遗落在广州白云机场，打电话去机场询问知道可以回程路过时去寻找。菲菲说这样更好，可以把风景印在脑海里——的确如此。不过还有一个小的相机，问题不大。

因为目标就是吴哥窟，所以其他地方我们并没有作太多的停留，直接朝目的地出发。到了附近的酒店已是傍晚，朋友提醒如果要看吴哥窟最美的风景，就去看日出。

为了看到吴哥窟的日出，我们早上6点不到就出门了，坐的是当下流行的一种交通工具——嘟嘟车。从酒店开去景区十多分钟，沿途高大的树木，密集挺拔，苍翠深沉，安静地耸立在大路的两旁。知道那是有阅历的生命，见过历史，见过烽火，也见过辉煌、朝代变迁，但是树挺立而不动，渐渐开始让我感受到一些凝重的氛围。

到达入口的时候，天边略有一些亮色，但是太阳还没有出来。走在190多米宽的护城河边，呼吸着太阳将要出来的新鲜，脚下却是凹凸不平的500年的石路，眼前是五座塔楼探出围墙的剪影，渐亮的天空和河面呼应，把过去和现在连接，时空其实就存在于自己的认识里。

终于走到池边，很多人都在选择适合的位置。我并没有太多的概念，也不知道将要看到的是什么景象，只是选择一个人少的地方安静等待。太阳慢慢地升了起来，不是在天空中，而是在塔前这一池的湖水中，景色、阳光和灰色塔影一起叠映在水中，加上莲，以及清晨的朦胧，恍然理解，为什么要看吴哥窟的日出了。

看到光、水、色彩和塔顶相互融合在一起，留在你眼前的景致，会让你以往很多的感受都只能如水流，不着痕迹地滑过并遗忘。人言浮生半日，胜过悠长的等待，我更觉得就是这个宁静的早晨，与日出交融的瞬间，胜过浮生半日。

太阳已经完全升起来，人群开始散去。家人和我坐在安静的水边，在那里小憩片刻。我们坐在朝阳挥洒的水边，看着不远处贩卖商品的小贩，惊讶于她们头顶着大筐的东西，却身形轻盈，脸上是安然的微笑，跟在她们身边的小女孩，也是同样可以头顶重物身轻如燕，而脸上呈现出的是虽然稚嫩但是非常自信的微笑。也许这些沉重的物品压着他们的生活，但是轻盈的步履和自信的微笑所展示的却是接受挑战、享受生活的心态。望着这样的人群，我心底无端生出赞赏和钦佩来，头顶的物品带来的一定是收获和美好。

而接着去的塔普伦寺给人的冲击更大。在那里，在时间有魔力的手里，自然的热带雨林和人造的建筑融为一体。不时可以看到盘错粗壮的树干、树根和石塔、石门、走廊纠缠在一起形成了奇异的景象。最奇特的是树中一张佛像微笑的脸庞，它的身体已经完全被树木遮盖住了，而那永恒的微笑却依然透过时光、树干传递给我们。和女儿不断地看着一个又一个微笑的脸庞，四周安静而祥和，就算是强烈的阳光，在一片微笑的融合中，也非常的柔和，带来的竟然是光亮和清爽。也许这是微笑的力量，可以穿透日光、人心和时空。

等车离开塔普伦寺的时候，一家人坐在候车亭，墙上挂满了图片和说明，告诉游人，恢复这片历史的种种努力，在阅读和等候的时间里，我恍然明白了微笑脸庞的深意。

在佛教的认知里，总是问前来请求开示的人们一个简单的问题：你相信今生之后还有来世吗？在看到这片微笑脸庞之前，我常常对这种现象感到好奇，因为我不明白，这个哲学命题真实的含义是什么，我只是简单地理解为那是命运和因果以及轮回的意义。甚至我也不明白所有回答这个命题的人，是否相信这个哲学命题。而这个时刻，我明白了，这个命题的真实含义应该是要求每一个人，要从内心深处去感觉到有来世。因为，如果人们相信今生之后还有来世，他们的整个生命将全然改观，对于个人的责任和道德也将了然于胸，他们也必然会约束今世的行为，不会只为今生而活，这些穿越时空的微笑，就是最好的佐证。

想到这一点，内心升起无限的感动，每一个人知道一定会有来世的时候，今生就一定要有价值能够延续下去。其实，我们大多数人都是依循既有的模式活着：年轻时候，我们都在接受教育；然后，找个工作，结婚生子；我们买个房子，在事业上力争上游，梦想有个乡间别墅或第二部车子。假日我们和朋友出游，然后，我们准备退休。有些人所面临的最大烦恼，居然是下次去哪里度假，或节日的时候要邀请哪些客人一起吃饭。我们的生活单调、琐碎、重复、浪费在一些无关轻重的小事上，因为我们似乎不懂得还能怎样过日子。

我们的生活节奏太快，快到几乎无法思考和安静，没有人有时间去拷问"今生之后是否有来世"。为了拥有更多的财物，我们拼命追求享受，最后沦为它们的奴隶，只为掩饰我们对变化的恐惧。我们将时间和精力消磨殆尽，只为了维持物质形态的追求，唯一的人生目标，就成了要把每一件事维持得安全可靠。一有变化，我们就寻找最快速的解药，一些表面功夫或一时之计，我们的生命就如此虚度，甚至只有到了生命的最后一个时刻才开始珍惜生命的价值。

我们应该在每一个时刻都观察生命的意义和价值，我们应该承认这个哲学命题"今生之后会有来世"！此时此地，我们就可以开始寻找生命的意义了，当我们付出努力为人们做些事情的时候，当我们尊重自然和生命的时候，当我们带来和平与协调的时候，当我们不过度消耗物质和自己生命的时候，当我们可以认知宇宙自然力量的时候，我们可以全心全意、心平气和地把每一秒当成改变和准备永恒的契机。

车来了，我很开心地望着渐渐远去的微笑的头像，塔普伦寺，甚至整个吴哥遗迹都在热带雨林的怀抱、在大自然的怀抱、在漫长岁月的怀抱渐渐消融。虽然人的生命无法和这些头像相比，但是认定了来世今生的人们，雕刻了这些微笑的脸庞，就这样一代一代地延续了生命，和自然、石头一样拥有了恒久的价值。

（原载：春暖花开公众号，2017年1月6日）

高原圣湖，羊卓雍错

阿旺是我们的司机，索朗是我们的导游，就这样我们开始了西藏深处的行程。他们建议我们先去看羊卓雍错湖。来西藏之前没有做功课，所以并不知道羊卓雍错湖是什么样的景色。沿路看到许多国外的游人骑着自行车，觉得非常羡慕。天气有些阴沉，时而下起小雨，时而又露出阳光，这样的天气反而帮助我看到了西藏的彩虹，清晰的、像天桥一样悬挂在天际，比起家乡的彩虹来更加巨大、夺目、有气势。而更有气势的是路两边的高山峻岭，褐色、绿色、红色、黄色、白色，还有更多的颜色，我找不出更多的色彩来形容，可以看见裸露的金属的色泽，可以感受到金矿一般的魅力，朋友笑着说，可以背回家就好了。

当车开始沿着雅鲁藏布江行驶的时候，我们不再留恋高山了。雅鲁藏布江的南面耸立着世界上最高、最年轻的喜马拉雅山，北面为冈底斯山和念青唐古拉山脉，南北之间为藏南谷地，藏语称之为"罗卡"，意为"南方"，谷地呈东西走向的宽阔低缓地带，雅鲁藏布江就静静地躺在这一谷地里。雅鲁藏布江统称达卓喀布，藏语意为从好马的嘴里流出来的水。我很小的时候，从歌词里认识雅鲁藏布江，总认为那是一条奔腾的大江，可是现在与我们结伴而行的江水，并没有那样的气势，反而是安静的，宽谷中的水就像一条银色缎带，铺展在烟云缥缈的雪山脚下，弯弯曲曲，把无数的山野、草原连接在一起。这雪山、缎带、草原都铺展开来，点缀在草原上的牦牛和羊群添加了活力，那一刻我并没有感觉到自己是在高原。

车开始盘旋向上了，想象不到的湖水显露了出来，刚好光线也适时地从薄云中穿出，一块蜿蜒、宁静、碧绿的湖面嵌在绿茸茸的草毡上，和着柔柔的阳光呈现在我们的眼前。也许是因为没有准备，也许是太过静美，一瞬间所有的呼吸都似乎停滞，不敢有所动作，不敢说话，除了惊喜还是惊喜，这就是羊卓雍错湖了。

羊卓雍错被称为圣湖，据说主要原因是她能帮人们寻找达赖喇嘛的转世灵童。主持仪式的人会从湖中看出显影，指示灵童所在的更加具体的方位。羊卓雍错也是一位姑娘，姑娘为了心爱的人，情愿化作湖中白色水鸟，从此，水鸟总是在羊卓雍错上飞翔。羊卓雍错还是羊卓措达钦姆即金刚障碍之主，既是龙女的化身，又是女护法神的驻息地，难怪我无法呼吸，这样的神力深深地沁入人的内心。

没有想到羊卓雍错是这样的神态，水极粹美，是翡翠还是水晶，我已经无法分辨。阳光变换的时候，湖面更是焕发出梦幻般的色泽，若有若无，忽远忽近，凝视着，幻化出的是掠过碧水的姑娘的翅膀，在水和水之间划出一条华丽的轨迹，生命的美丽，原在于有爱可以为之赴命。

我多想见到这只水鸟，告诉它这一刻我对于美丽的理解，达赖圆寂后的嘱托，金刚障碍之主的护法，唯有爱让一切延续。

原以为爱是一件极其容易的事情，每一个人都在追求，都会向往；原以为爱是一件极其不容易的事情，每一个人都渴望得到并不能得到。现在知道这样的理解都是错的，爱并不是追求、向往、渴望，爱是生命承诺，有前世，有今生，有来生。

就这样，我认识了羊卓雍错，也认识了人生旅程的意义。

（原载：春暖花开公众号，2017年1月13日）

相思

一个人去了珠海,只为逃离人群,逃离自己无法抑制的思念,静静地要求自己,静静地思考问题。海湾的美也许能够安慰自己,可是当早晨一个人开车回广州的时候,途中的音乐又让自己流泪,自己无法接受恩师离去的事实。

时常总是郑重其事地把左掌右掌看了又看,或者,从一条曲曲折折的生命线,估计路途上的一切。此时此刻当摊开自己掌心的时候,凝望着每个线条,可以怎样感受,竟然无从说起,正如自己对学生所讲的那样:"既然看命需要看掌纹,应该就意味着命运在自己的手上。"可是我今天确信,命运又怎能违抗,我无法挽留恩师的脚步。

一切随缘,奇怪的是,人生又总是在苦苦地追求一些东西,"我怎么就没有想过,其实人原来本就可以有权不知不识而大剌剌地活下"。张晓风说"知识"二字实在是太沉重了,我们就真的能知能识吗?

记得多年前把自己的心交付给一个人的时候,觉得风雨于我已经不重要了,因为有一方共同承担风雨的肩膀,那份庄重与依靠,让自己觉得生活是一首甜美的歌。忽然有一天,我们把所有了解的生活的知识全忘了,我们遗失登山的指南,我们甚至遗忘了我们自己,忘了一切,一如当年登黄山时,在天都峰大雾中看不到彼此,看不到周遭,甚至看不清自己。只是山不会因你看不清它而消失,它们以它们特有的毅力为所有登山的人呈上自己的意义,而我们自己却迷失了自己的意义……恩师对我而言就如这山。

要求自己安静下来工作,只是有一个更强烈的愿望,想给老师一封信,确信那是心与心的交流。还是喜欢白色的纸,黑色的墨,潦草的字迹和淡淡的思念。窗外有雨声,是我喜欢的背景音乐。从书房出来,坐在厅里,雨声夹着音乐,再夹着想象,相信自己会慢慢地平静下来,毕竟命运我无法知晓,但是知道怎样顺从,又怎能去渴望从前的依靠和安逸。

无论如何，能够去细细体味另一个人，这份惆怅也是一件好事。

中午出去吃饭，朋友点菜的时候发现竟然有个相思菜，一下子被这个菜名打动，便点了上来。相思菜是一种很细、很细，有着小芽的碧绿的菜，联想到相思树、相思豆，果真名副其实。相思真的是一种细细的、长长的触感，无法浓烈地去表达，无法热烈地去描述，只是一丝丝划过，每个纹路都是心的颤动，每个颤动又都是刻骨的痕迹……

有心痛的感觉，很痛，不为别的，只为自己不能了解自己。在尝试努力做事，努力忘却，只是心呢？所有的停顿成了心不能归的帆船，任海浪、任漂泊、任流连、任无助……当明白你无法再有机会表达的时候，所有的承诺、期许都没有了意义。可是，人却总是在失去之后才弄懂。

暴雨要来，尽可能让自己平静。想起茶，因为老师喜欢，我试着去品味，其实我不能喝茶，但很爱茶的味道。有见过茶农炒茶，知道上好的茶用5斤茶叶才可炒出1斤，而上好的5斤茶又需要在一定的露水下，阳光下，地势上长成。有一次到福州，被韶明约到鼓山顶品茶，坐在松树之下，听山风，闻茶香。与学生作了对子送给主人：出凡笼纳灵气心存平常，听天籁品香茗意游云外。在失去老师的这段日子里，自己真的很有归隐之心，有好山、有好友、有好茶，人生当足矣，更何况我还有一段刻骨铭心的相思呢？可是老师会喜欢么？

很想再去鼓山，当年达摩来中国的时候，据说从这里进入内地，福州有些古迹很有禅的味道，水中的金山寺、鼓山的达摩面壁。然而，禅又岂是在水中、山上，禅该是在心中、意里。

（原载：春暖花开公众号，2017年2月17日）

公爵夫人庄园（Chateau De La Duchesse）·酌饮的光

公爵夫人庄园是一座两层楼的房子，非常单纯的结构，红瓦屋顶上有四个壁炉的烟囱，乳黄色的石头墙，灰色的门窗，前门铺设鹅卵石，再延伸出去是切割整齐的草坪，沿着草坪上去就是山丘旁的葡萄园、高大的树木及茂密的灌木林了。后院是大片的葡萄园，一直延伸到多尔多涅河畔，再往远处看，起伏的丘陵，覆盖着整齐的葡萄园，如油画一般。

释心说，她每天早上开窗那一刻的喜悦，无法用语言描述，我也有同感。这座房子设计最为珍贵的地方是，每一个窗户望出去，都可以看到一棵大树。这些树我说不出名字，其高大的样子，或许也和这房子一样，有着百年的历史。每天早上，推开窗户，大树与阳光一同冲了过来，树的味道、绿的味道、阳光的味道、草的味道、空气的味道一并闯入眼中、鼻中、心肺中，那一瞬间的清朗与愉悦，真的是找不到语言来形容。

我不知道公爵夫人在设计这个酒庄时的创意，但是每一天推开窗时，我都感叹这座房子，借大树山丘，浑然天成的美。一棵茂盛的大树，被创造性地融入房子，人在室内朝外望去，树的挺拔与茂盛，四季的变化与生长，也就反衬着房子的多姿与变幻。雪芹告诉我，秋天与冬天，会是完全另外一番景致，建议我一定要在另外两个季节再来小住。望着窗外的大树，我绝对相信她的介绍。

我也和释心一样，每一天早上，满是喜悦打开窗户，那一份惊喜总是让期待不落空，这感觉真的是太棒了，完全唤起了儿时的记忆，让人一下子焕发出童真。雪芹在壁炉旁收藏了很多熊熊玩偶，这些熊孩子们都有着自己的名字与个性，四宝是它们的领袖，每天第一道阳光照进来的时候，第一个迎接阳光的该是四宝，它用萌萌的灵性，淡然地收纳着一切，这灵性与淡然，不也是雪芹与酒庄带给我们的一份纯净的礼物吗？

我已经很久没有关于这样纯净早晨的记忆了，已经很久没有这种心肺清新之感了。在喧嚣的都市生活中，浑浊与繁杂已经蒙蔽了人的知觉，生活被置于混沌之中，除了焦躁之外，恐怕还会失去对于美的共鸣。想到这里，我更加能够理解，释心如此喜欢早晨推窗的感受。

枫萨克的7月，正是阳光灿烂的时节，也是葡萄生长的季节，每一处都透着生机、每一刻都透着明亮。明亮亮的光，透过大树形成光影斑驳，洒在门前的鹅卵石上，似乎有点海的气息，这感觉也蛮有意思，因为在遥远的年代，这里的确是海之域，而今的鹅卵石与土的组合，成了梅洛（Merlot）与赤霞珠（Cabernet Sauvignon）最好的生息之地。

庄园前的灌木林里，会有小鹿到访，一个不经意的上午，它就这样跑到我们的面前，惊鸿一瞥地对望了一下，又飞快地回到灌木林中，这也是小鹿的生息之地。庄园四周有很多果树，苹果、鸭梨、无花果、栗子、松露以及正逢时的红色小果，类似于家乡的李子，顺手摘下来，香甜可口，这也是它们的生息之地。自然总是最慷慨的，总是最恰到好处的，总是一个给予者，问题是我们是否真的能够接受与维护呢？

这座房子最令人动心之处，就是与自然的完全融合，每一个空间都是开阔的，到处都可见窗外的自然与光。

房子的一侧是酒窖，这一片小屋完全保有100年前的样子，屋顶的瓦，有些已经损坏，墙面与梁木透着风尘，几个旧时酿酒的大混凝土酿酒罐，透着时间的痕迹，光一样穿透这里，让时间有流淌的痕迹。一楼过廊的墙面，也是由大块的原石砌成，未经切割琢磨，粗糙的石头让整个空间质朴而天然，加上通透的门窗，让阳光可以肆意地穿行整个室内。

这里有时会让你有错觉，以为自己是在室外，如果不是室内外温度的差异的话，你一定会有这种错觉。刚一走进房间的时候，我还惊讶为什么没有窗帘，现在完全明白，没有窗帘是一件多美好的事情，整个房子就是自然的一部分，没有隔阂。

早餐坐在一楼的餐厅里，窗外依然是大树与明亮的光，打开音响放出那英的《春暖花开》，餐桌上的白玫瑰也一样透着光，那一瞬间，光的温柔融入旋律之中，想起罗曼·罗兰说的话："只有太阳的光是不够的，我们还需要心灵的光亮，托尔斯泰的现实主义体现在他每个人物的身上，因为他是用同样的眼光来看待他们，他在每个人身上都找到了可爱之处，并能使我们感到我们与他们的友爱的联系，由于他的爱，他一下子就达到了人生根蒂。"此时的我们，也因这光，找到了生活的真谛，单纯之美。

枫萨克的盛夏，光极为明亮，每日到晚上九点多，正是夕阳西下的时候。总在这个时辰，我们出去走走，的确是最好的散步时间，国强带着相机，我们拿着手机，这里，无论从哪一个方向望去，都可以入镜，不需要有什么高超的摄影技术，任由你怎么拍摄，画面都是极美。

走出院子，步上去小镇的路，从远处回看公爵夫人庄园，余晖之下，又有着另外一种味道。夕阳穿过云层的色泽五彩缤纷，也许是空气纯净的缘故，投向房子和葡萄园的光，好像涂金般，绮丽无比，任何彩笔都很难绘出那在夕阳下空气中变幻莫测的炫目之光。随着夕阳西下，藏青色、淡蓝色、青紫色、金黄色、暗红色以及灰黑色，加上葡园的深绿色，以及远处云层的灰灰轮廓，一幅变幻的画面，就在眼前呈现着，真的是让人目不暇接，心旷神怡。

当夕阳完全落下，一轮明月挂上天空，我们也刚好走回庄园，而月的位置，恰在庄园前山丘的上空。明月极静，光也静静地泻在庄园前的葡萄树上，薄薄的青色覆盖在细嫩的葡萄珠上，叶子和果实仿佛在清泉中洗过一样。山丘、灌木、葡萄园以及酒庄，如笼着轻纱的梦，站在一旁望着这一切，那份宁静感，甚至让人觉得不真实。

安静的月，有些热度的空气，透着夜色的葡萄园，亮着灯的庄园，原始气息的大树，就算加上四个人的呼吸，一切也都还是那样的和谐。月光是直照过来的，山丘上的灌木、山丘下的葡萄园，大树稀疏的倩影，让月光落下参差的斑驳；酒庄射出的灯影，反衬出月的皎洁，光与影相互和谐的旋律，应了古句"疏影横斜水清浅，暗香浮动月黄昏"。

每个晚上，我们就是这样，伴着落日，去嗅果园散出的香气；携着温热，去听花草秀出的温柔；拥着月光，去品时光投射的纯净；百年的老藤焕发生机的力量，透过青嫩的葡珠，扑面而来；稚弱的小苗攀着枝条，透过张扬的叶子，更加生机勃勃。而这一切，在灼热的阳光下，积聚能量，待紫红色的降临，生成琼浆玉液。

弗雷德里克达尔在品尝一款美酒时，曾激动地说道"这是可以酌饮的光"。说实在，在此之前的我无法理解这句话所形容的感受，可是当下，在公爵夫人庄园，看着余晖铺撒，泛着金光的葡萄树，脑海中浮现出的，就是这酌饮的光。

（原载：春暖花开公众号，2017年3月10日）

大道无为

第二次拜见青城山,第二次为青城折服。

追怀大禹导江治水开拓岷山山脉以来,向南青城山远接衡山湘水,向北青城遥连陕甘峻岭,向西青城贯通康藏高原,耸望由青城可见川东的夔门巫峡,这苍翠浩茫、纵横八百的青城领域,还承载着道学博大精深的胸怀。

拾级而上,迎面是"春水盈池壬鉴琼田留客览,秋波荡漾清风皓月调船头"的月城湖,没有明月,不知为何竟感受到"一潭月影参花影,四面山光接水光"的空明,恰好看到一舟、一人、一亭在湖中,确有山色湖光归一体的味道。

登临上清宫,在忙着为伙伴照相的空隙中,让自己安静下。《道德经》说"一生二,二生三,三生万物;地法天、天法道,道法自然",是不是知其几、观其穷、湛然澄净为天道地道人道之宗呢?俯视脚下群峦,清明澄翠,真的就可以在寻访青城时悟见"大道"吗?

《庄子》故事中蜗牛左右两角上的触、蛮二国,即古代的巴、蜀,怎奈年代遥远,眼前所见的只是耸立如山墙的青城峰而已!但是可以去拜老子、杜甫、陆游、张大千。杜甫"锦江春色来天地,玉垒浮云变古今"中缥缈变幻的浮云;陆游"此身合是诗人未?细雨骑驴入剑门"里旷达飘逸的意境;大千细腻的线条,入木的刻笔,一一涌进你的眼帘。更何况还有青城风光幽深奇幻的山谷、不沾不溢的流泉、杜甫隐居的白云溪读书台侧红芳尚存、张天师结茅传道的"古常道观"巍然雄峙,仙踪遗韵,喷流飘洒,空灵深邃,万象澄澈。

还是徘徊、流连、游赏,还是拾级、眺望、驻足。过溪桥旁"切断众流凭一柱,仰观四面拥千峰"的气势在细雨朦胧中化成一片烟霞,说不清是山邀游人,还是空翠湿人衣。一路上随处可见用天然木草搭建的避雨亭:翠光亭、引胜亭、山阴亭、冷然亭、翼然亭……好个"苔深不雨山常湿,林静无风暑自消"。自然想象不出老子神行青城的奥妙,也无法想象先王仙隐黄帝的洒脱,只是可以明晓，花雨天香能寻川道，宗风日永可观人心。

青城有一百〇八景，景景清幽入丹梯；青城有三十六峰，峰峰旷达如翠浪。只可惜这一次受时间的约束，那些玲珑交替的亭台楼观无法一一登临，不过顺着丹梯曲道直上，可以领略苍翠的万岭千峰，倾听婉转的溪流飞瀑，蒙蒙的细雨，夹杂着湿湿的空气，衬着斑驳的树木，古意浩茫。

传说中，唐代青城道士徐佐卿化为孤鹤，飞至长安沙苑，虽身中御箭而安然返回山中；后蜀的费氏花蕊夫人，出生于青城，长于诗文，赋有宫词百首，与纪念宋代谯定幽居青城大面山而命名的谯岩争相媲美；唐代蜀人王柯，居青城翠园山，得仙诀而服丹，升天，丹鼎犹存；南唐谭峭，"居南岳炼丹，丹成入水不濡，入火不灼"，抛鞋子于东海，入青城仙去。可是，这些仙人道客，也禁不住岁月的长流，青衣江、岷江波涛滚滚，古今多少英雄，也只是短暂的过客而已！

老子有句格言，现在已成为普遍的口头禅，叫作"知足不辱，知止不殆"，其意思常常会表现为田园思想，归结为乐无主义。我们常常可以在中国文学的字里行间中寻到踪迹，看青城的文人墨客的笔迹，很能感受到这种情绪，此种情绪使得他们安居茅舍之中而乐知天命。不同的是，现在的人常常会被"欲望"左右，面对诱惑、竞争、差距感到茫然无措，但是我们真正需要什么，又一无所知。

为了这个缘故，第俄泽尼（Diogenes）的故事常常令人发笑，同时又让人嫉妒，他宣称他是一个快活的人，原因是他没有任何欲望，当他看见一个小孩双手捧水而饮，索性把自己的饭碗也摔掉。生活在现代的我们，常常觉得在许多问题中挣扎，我们一方面羡慕第俄泽尼逃禅的思想，一方面又舍不得任何一个机会，这恐怕就是现代人不安顿之源吧！我们偶尔能够在知足常乐中寻求安逸，但是逃禅的程度不及第俄泽尼深，正像林语堂所言：中国人与第俄泽尼不同之点在于，中国人到底还有一些欲望，还需要一些东西，不过他所欲望的是足以令他快乐的东西，但是倘若无法达到目的，也没有坚持之意。今天于青城见老子，我们的心又能否安顿？

上清宫前一墙上有四个大字"大道无为"，道家的深邃也许不是我能够理解，只是感觉自道家之后我们有了一种心境，也可以说是有了一种人生观，一种应付人生的方法，可谓：

因过竹院逢僧话，

又得浮生半日闲。

（原载：春暖花开公众号，2017年4月7日）

阿尔（Arles）·黄色咖啡厅

向往普罗旺斯有两个原因，一个是薰衣草，一个是梵·高。第一次看到梵·高作品时，有一种直觉的欢喜，向日葵金灿灿的色泽，幽兰色的星空，明亮黄的咖啡厅，不记得是谁说的，"看遍梵·高的风景，看遍世界的美"。每次看梵·高的画，总会感受到那种纯纯的自然之美，浓烈而炙热的阳光，鲜明而丰富的色彩，以及画家独特敏锐的视角。

看过丰子恺编著的《梵·高生活》，其中一段话令我印象深刻："夏日的阿尔，每日赤日行空，没有纤云的遮翳。生于北方的梵·高身体上当然感到苦痛与疲劳。然而日出期间，他从不留在家里，总是到城外的全无树影的郊野中，神魂恍惚地埋头于制作。他呼太阳为'王'！制作中反把帽子脱去，以表示对太阳王的渴慕。'啊，美丽的盛夏的太阳！使我的头脑震栗！人们都说我发狂，其实我何尝是发狂？'梵·高在阿尔的太阳下，是'以火向火'，不久将要被他烧尽了。"

每当看到这段文字，总是浮现出梵·高在骄阳下创作的样子，一个仰慕阳光，融入自然的样子。也许如他而言，他是在发狂，这份狂由太阳反射到今天我的敬畏之中，才有了无论如何要到南法，寻找梵·高足迹的念头。

去阿尔的路上，道路两旁有茂密的梧桐树，枝叶的繁茂让车行驶其中，有一种很动态的感受。雪芹说用摄像模式录制下来，很像大片的感觉，照做了一下，还真是如此，梧桐树——退后，我们一路向前，车中传出朴树的"白桦林"的曲子，一切都刚刚好。

梵·高第一次打动我的是《瓶中的十二朵向日葵》。也许是因为自己在黑龙江长大，常常会看到大片大片的向日葵地，一片金金灿灿耀眼。小的时候，不理解为什么叫向日葵，大一点知道它是面朝太阳生长，这感觉真是极好。在成熟季节，剥离饱满的瓜子总是给人一份特别的满足感。看到梵·高的向日葵，就有这种特别的满足感，饱满丰富的黄，金灿灿地填满你的眼，即便是离开画面很久，这黄也会深深地印在目光中和脑海里。

所以，那一刻我就在想，这个画家一定是生活在向日葵旁，充满狂热，生性执着的人。后来再去寻找梵·高的其他作品，了解他的生平，更加觉得奇特。关注梵·高时，爱上了他的《阿尔夜间的露天咖啡座》，深爱他的《星月夜》，然后暗暗地告诉自己，一定要去阿尔，坐在那间黄色的咖啡厅里；一定要到圣雷米，看看蓝色的星空。现在就在实现梦想的路上，真好。

梵·高出生在荷兰北部一个古村落，一间数百年前的老屋里。父亲是一位新教牧师，母亲也出身牧师家庭。梵·高承受这样的血统，生于这样的环境，所以童年时就被赞为"这一定是有深刻的宗教心，与单纯的信仰力，而能到处窥见神意的人"。梵·高在亲近田园的自然中长大，富于冥想，画画的笔迹却非常灵动，他向来不习雕塑与绘画，一旦心有所感，形象就会得心应手地产出。他一生从未受过正统的绘画教育，他的成绩不是技术的产物，乃热情的产物，这是我被他吸引的缘故。

在阅读他的传记中，有几个故事令我深深感动。他在贩卖绘画及美术品公司工作时，因为对艺术的真实性创见、常常对顾客宣传自己的主张："商卖是图利。图利是上品的盗窃！"这样也就自然无法再从商。他去当教师，虽然他很喜欢孩子，也欢喜这份职业，但是因为他还有一个职责是收学费，当看到学生家中的"贫""苦"，悲惨的印象深深地刻在他心中，他无法收费，只在贫民窟中徘徊、伤感了一回，带了空囊和充满悲哀的心回到学校，教师的职业自然也就失去了。

梵·高在比利时做过传教士，他走到坑夫中，劳工里，用尽自己的精神来鼓舞大家，"到了冬天，坑夫之间盛行伤寒的传染病，梵·高日夜在一个个病人的枕畔慰问、看护，忠诚的心与绵密的注意，实践了基督徒的全般的慈爱与谦让之后，终于损害了自己的健康。"当他的父亲接到此信息赶过去接他的时候，坑夫们为他和父亲举行了一个送行的祈祷会，在坑夫为他致辞的那一刻，许多教徒的颜面上充满了一种不可思议的荣光，这是梵·高一生中永远不能忘却的一晚。

这些感动我的片段，让我对梵·高有着一种特别的喜爱，他细腻而深刻的同情心，虔诚而谦让的付出和专注，忠实于自然而不落入世俗的坦率，慷慨忘我的情怀，都深深地打动着我，使我更加喜爱他的画作。记得一句话说"生活是作品的说明文"，这句话来描述梵·高和他的作品，是极为贴切的。

就是这些故事，引发我对梵·高的喜爱，让我对去寻访梵·高生活过的地方充满渴望。虽到法国的行程极为紧张，我还是告诉雪芹，想到普罗旺斯，特别需要去看"梵·高"。雪芹真好，并没有问为什么，也没有告诉我如何设计这短短的时间才合理（其实我的要求在行程设计上，根本就不合理），而是二话不说，把一切都安排妥当。

此时几位好友就在我身边，一起去梵·高生活过的阿尔，车依然在高大茂盛的梧桐树中安静地行驶，熟悉的歌曲缭绕在整个车厢中，看着窗外宽阔无垠的原野，心也一样开阔起来。梵·高留给我的印象不是割了耳朵的疯狂，也不是潦倒贫苦的拮据，更不是苦恼忧愁的困顿。梵·高给我的印象就如他笔下的向日葵、蓝色的星空夜，灿烂而丰富，深邃而明亮。我真的很喜欢自己对梵·高的认知。

车子驶入阿尔，停留在一个小小的教堂旁，周律师需要去找停车场，雪芹、Amanda，我们几个开始走进城中小巷，寻找那间黄色的咖啡厅。也许是目的性太明确了，所以并未很好地去观赏这座古城，相反只是照着地图，单纯地找梵·高画中的景观。

阿尔是一座淳朴的古城，这个罗曼时期的古城，拥有丰富又独特的世界艺术遗产，我们随意停车的地方，就可看到古老的建筑所散发的时光痕迹，望向四周，每一座建筑似乎都可以挖掘出一段不同寻常的故事，所以阿尔也是让艺术家和诗人找到灵感的形象之都。我们穿行在街巷之中，无数私人宅邸建造在17与18世纪期间，2000年前的古老建筑，使阿尔城更添其魅力。不过最具魅力的还是梵·高，这里每年都能吸引成千上万的游人，我相信大部分人都是为了到此追寻梵·高的足迹。

阿尔的大街小巷，处处可见露天的咖啡馆和餐馆，几乎每个巷子转弯的地方，就可看到一间咖啡厅或者餐厅。透着历史的建筑，在骄阳之下，泛着温暖的味道。Amanda在一间房子门槛下，看到主人细心画上的小老鼠，好像它要破门而入的样子，很是可爱。有些房子涂上红色，大部分的门窗都有着不同的色泽，穿行其中，也有在画面里的感受。闲坐在各色咖啡厅的人，分不清是游客还是当地人，只是感觉大家都很闲适，觉得此时此地，时间真的可以交由你自己去安排，我想也许这也是梵·高可以在这里达到创作高峰的缘由吧。

来到阿尔，梵·高的信中写道："此地空气的透明，与愉快的色彩的效果，无异于日本，真是美丽！""我在这里比在北方健康得多。我在正午的烈日之下，也在麦田里工作。像蝉一般地欢喜它。唉！我悔不早十年，二十五岁的时候来这地方！——那时我只晓得欢喜灰色，或竟是无色……"

虽然我不知道，现在置身的阿尔，与1888年的梵·高所生活的阿尔有多大区别。不过，所有眼见的纯净，悠久与丰富的色彩，真是给我很深的触动。穿行在阿尔的巷中，我终于明白，尚塞为什么推荐阿尔给梵·高，因为他知道，梵·高寻找明亮的光线和色彩，而阿尔正是这样一个色彩丰富的古城。梵·高在阿尔停留的十五个月里，创作了约二百幅油画，我最喜爱的《瓶中的十二朵向日葵》和《夜间的露天咖啡馆》就是在此期间创作的。

Amanda知道我的心思，所以认真寻找那间咖啡馆，也看到游客如我们一般，似乎都在寻觅中。不过穿行巷子本身，也给了我们很多快乐，甚至跑到一家小店，买到了我喜欢的T恤。

我们终于走到弗洛姆广场，看到了那间著名的《夜间的露天咖啡馆》的画址。相传梵·高在这里作画时，就住在这幢通宵营业的兰卡珊尔咖啡馆里。我没有急于走近它，反而停顿在远处，看那黄色的建筑，用梵·高的视角，观赏这间本来很普通的咖啡馆，却因进入了梵·高的画笔，而成为令人向往之地。

我们是在接近中午的时候来到这里，所以在我观赏这间黄色的咖啡馆时，无法看到梵·高在夜晚观赏它的角度。我尤为喜爱这幅作品，是因为画中缀满星星的深蓝色的夜，总是让我不自觉地想到浩瀚与深邃；橙黄色的棚架又让这深邃有了温暖的调性，配上暗黄色的街灯，小巷向深处延展，细碎的石子地面，散步的人和咖啡桌前的人，站在顾客身旁的侍者；这一切组合在一起，让我看到一个安静与平常的夜晚，透着动感与生活的气息。梵·高精湛的笔触，以及强烈色彩的对比，透露出他内心平静与躁动，渴望安宁却又不安的张力，我被这份宁静中带着张力所打动。

我们几个人终于走进这间咖啡馆，咖啡馆已经改名为"梵·高咖啡馆"，三个人选择一张桌子坐下来，也点了一杯咖啡，靠着黄色的墙壁与店名照了一张相，也许是三个人内心的想法不同，照片上三人的神情各异，雪芹看到照片时乐翻了，哈哈，这也算是梵·高的魅力吧。

在阿尔，梵·高的作品极为丰富，同时在这短短的十五个月里，他的人生遭遇也极为复杂。他遭遇了与挚友高更从"共同生活"及"协同制作"的美梦中坍塌的极度痛苦，以至于梵·高神经错乱的旧病复发，他拿刀袭击高更不果，竟然拿了剃刀割下了自己的一只耳朵。也遭遇了阿尔市民联名要求市长，把他关进医院的情形，最后不得不离开阿尔的结局。

也许我并不喜欢他在阿尔的这些遭遇，所以并没有想办法去找他与高更一起住过的"黄房子"，也没有去寻找"梵·高医院"。内心里，我多么希望没有高更的出现，没有阿尔市民的排斥，没有割自己耳朵的疯癫。只有金灿灿的向日葵，以及蓝色星空下的黄色咖啡馆。

就是这样的想法，所以在阿尔没有再去寻找梵·高其他作品的画址，心满意足地走出咖啡馆。回望整个广场和街市，想象每天梵·高往来这里的情形，觉得一切都刚刚好。

走出咖啡馆后，我们打算也和梵·高一样，离开阿尔去圣雷米（Saint-Rémy）。去与周律师汇合的路上，沐浴在强烈的阳光下，人似乎被某些东西唤醒，恍惚间好像看到1888年梵·高充满激情的样子，而太阳投射下来的光，也让我感受了梵·高居留在此的温暖。

（原载：春暖花开公众号，2017年4月14日）

枫萨克（Fronsac）·不朽者

从波尔多开车去酒庄的路上，雪芹开始介绍酒庄，我是一个完全不喝酒的人，竟然被雪芹介绍的酒庄打动，那份感受极为奇特。

酒庄坐落在法国著名的葡萄酒产区波尔多（Bordeaux）的利布尔讷（Libourne）市，一个叫作枫萨克（Fronsac）的小镇，百度上官方翻译为"弗龙萨克"，只是我更喜欢当地人所发的谐音，所以自己决定命名为"枫萨克"，感觉更美一些，如同"波尔多"一样，只要说出名字来，美的想象也随之而出。

车子进入枫萨克小镇，视野一下子丰富起来，起伏的山丘铺满了葡萄树，茂密的森林切割着田园，老藤与新芽、幼嫩的葡萄珠以及高大的树，层次感也因此呈现了出来，如诗如画般，有人把这里称为"波尔多的小托斯卡纳"，果不虚传。

枫萨克位于波尔多右岸，靠近多尔多涅河（Dordogne River），有着天然独到的自然优势，现在更多的人认为枫萨克可以和梅多克（Medoc）、苏玳（Sauternes）、波美侯（Pomerol）和圣爱美隆（Saint-Emilon）这些著名的葡萄酒产区相媲美。懂红酒的人知道这意味着什么，而我只是被枫萨克优美的风光折服，心里认为，这样美的地方，也自然可以生产出最美的葡萄酒。

来到小镇中心，有一个功能齐全的超市，说其功能齐全是因为这个超市兼邮局、印花税等等；有旅游局，不过这里的旅游局主要是卖酒而不是介绍风光，旅游局把枫萨克镇里各酒庄出品的酒放在这里出售；有一间药店兼兽医院，医生一家人就住在药店的二楼；有一间餐厅，没有去用餐，也就无法知晓味道如何；自然有一间教堂，教堂旁是一墓园，钟声响起时，带来很安逸的感觉；最令我惊喜的是有一间图书馆，每逢周三、周四的时候，镇里的老人就会到图书馆里看书；有一个镇政府，以及镇政府门前的广场。所有的这一切，都好像是迷你版的，相反，这里的人们居住的房子都很大，而镇子四周的葡萄园更是一望无际。

枫萨克历史悠久，1623年（中国明末崇祯年间），阿尔芒·让·迪普莱西·德·黎塞留（Armand Jean du Plessis de Richelieu，1585.9.9—1642.12.4）为他的家族收购了枫萨克大公国的土地，他是路易十三的老师和宰相，及天主教枢机，波旁王朝第一任黎塞留公爵，自此，枫萨克的葡萄酒声誉隆起。

我很早关注黎塞留公爵，是因为他为法国创立第一支远洋海军，第一个殖民贸易公司，第一份官方报纸，第一个官方邮局，第一座皇家学院（法兰西文学院）。1635年黎塞留公爵创立法兰西学院，扩大了巴黎大学。他首次建立了出版检查制度，并在1630年创办了法国历史上最早的报纸《法兰西报》。

黎塞留公爵下令成立了索邦大学（后来的巴黎大学）并促成了法兰西学院的建立，旨在吸纳法国文学和思想界泰斗加入，以保卫和弘扬法兰西语言和文化。这座著名文化殿堂一直只保留40把椅子，即40位终身院士，只有院士辞世空出名额方能投票补选，入选的院士也因此被称为"不朽者"。学院创立后，为世界各国人民耳熟能详的法国文学艺术大师拉辛、拉封丹、孟德斯鸠、夏多布里昂、雨果、拉马丁、梅里美、小仲马等先后坐上椅，成为"不朽者"。

在黎塞留公爵当政期间，法国王权专制制度得到完全巩固，为日后太阳王路易十四时代的兴盛打下了基础。同时，为巩固中央集权制度，黎塞留公爵镇压胡格诺派起义、收买御用文人。黎塞留公爵是法国专制制度的奠基人，同时他也是将法国改造成现代国家的伟大改革家，更是现代实用唯利主义外交的开创者，被西方誉为现代外交学之父。

在总结其一生政治活动的著作《政治遗嘱》中，黎塞留宣告："我的第一个目的是使国王崇高，就是削平贵族，加强专制王权；我的第二个目的是使王国荣耀"，就是提高法国在欧洲各国中的地位。"这是他的宗旨，同样导致了他主导的当时的法国，对于国民的苛刻与残酷，世人对此有自己的评价。几百年后，人们又回过头来感恩他对法国伟大的贡献，这就是他复杂而伟大的一生。

只是令我想不到的是，因为雪芹的缘故，我竟然可以如此近距离地感知一种与黎塞留公爵的关联，雪芹的酒庄名字"公爵夫人庄园"（Chateau De Laduchesse），是黎塞留家族中一位公爵夫人的产业。这是一个有着101年历史的庄园，沿袭黎塞留家族的脉络，庄园刚好在离镇政府不到一公里的山丘上，拥有着枫萨克镇最美丽的风景，简洁的城堡四周森林环绕，葡萄田延绵到多尔多涅河畔，安静中透着淡淡的自信。

公爵夫人庄园在山丘的一侧，山丘的另一侧依然住着黎塞留公爵家族第七代成员，是一位优雅的老太太，她就是在这个城堡里出生的，现在经常住在巴黎，每年都会回到城堡小住。整个山丘被高大的树木环绕着,其城堡完全被覆盖着,以至于我们无法窥见其貌,只有守候在山丘下庄园的大门旁的小狗,每天忠诚地守护着,才让人觉知树林中还有宅院。

而最靠近山丘的一片葡萄园以及城堡,则是黎塞留公爵儿子的产业,有意思的是,现在这份产业也属于一位中国庄主,四周的葡萄园郁郁葱葱,城堡同时兼做民宿,会有很多游人来这里度假,使得城堡与现实紧密地联系在一起。当我每天散步经过这家城堡的大门时,看着不同游人的车子进出,觉得很新奇。说实话,我总是无法把游人与黎塞留公爵联系在一起,因为在我的认知里,黎塞留公爵是不亲民的,完全忠诚于国王。但是想不到几百年后,他为家购买的土地,却与民众完全融合在一起,也正是这份融合,让我有机会加深对他的理解。

站在公爵夫人庄园的门前,山丘上和山丘下刚好都是黎塞留公爵家族成员的领地,大片的葡萄园包裹在每一个庄园的四周,树木与原野相间其中,说不出名字的果实挂满枝头,田园间的小路蜿蜒,伸向多尔多涅河,一切都在安静中存在着,到底什么才是"不朽者"?

在俄罗斯的高加索山脉发现了公元5000年前的葡萄核,一粒种子繁衍了几千年,成为"不朽者";传说耶稣在欣赏那不勒斯海湾的美景时,不禁为人类的丑恶罪行流下了眼泪,在他眼泪滴下的土壤中悄然出现了一棵葡萄树,这被称为"基督之泪"(Lacryma Christi)的葡萄酒成为"不朽者";生长在这片土地上的葡萄树,因为生发成酒而成为"不朽者";生于波尔多的孟德斯鸠(Montesquieu),这位伟大的法国哲学家,用尽心血培育葡萄酒,同时花同样的心血制定法律,他的"三权分立"学说成为"不朽者";这位在枫萨克拥有大片土地的黎塞留公爵,更因为那些"不朽者"而成为"不朽者"。

阳光明亮亮地注满公爵夫人庄园的四周,让我知觉到,其实,不朽内含在每一种事物的美德里。一粒种子,一个传说,一种信仰,一杯葡萄酒,一片土壤,一种主张,一束阳光,只要是出于爱、责任与贡献,就是"不朽者"。

傍晚来临的时候,雪芹、国强、释心和我四个人沿着枫萨克小镇散步。从公爵夫人庄园的后门出去,是一条徒步路线,这条路线穿行在葡萄园的中间,田园间的每一棵大树,都是云冠四周,刻着时光;葡萄树老藤,透着年轮;空气中散着葡萄特有的芳香,带着一点点夏季的温度,夕阳投射的金晖,以及小镇橙黄色的街灯,相互烘托着,好像时光就这样凝驻在枫萨克的空间里,瞬间即永恒!

(原载:春暖花开公众号,2017年4月21日)